诉讼有方

年轻律师修炼手册

第二版

阙清华◎著

TRAINING MANUAL FOR
LITIGIOUS YOUNG LAWYERS

法律出版社 | LAW PRESS
北京

图书在版编目(CIP)数据

诉讼有方：年轻律师修炼手册 / 阙清华著. --2版. --北京：法律出版社，2022(2025.2重印)
ISBN 978-7-5197-6675-7

Ⅰ.①诉… Ⅱ.①阙… Ⅲ.①民事诉讼法-中国-手册 Ⅳ.①D925.1-62

中国版本图书馆CIP数据核字(2022)第065563号

诉讼有方——年轻律师修炼手册(第二版)
SUSONG YOUFANG——NIANQING LÜSHI XIULIAN SHOUCE (DI-ER BAN)

阙清华 著

策划编辑 朱轶佳 程 岳
责任编辑 朱轶佳
装帧设计 汪奇峰

出版发行 法律出版社
编辑统筹 司法实务出版分社
责任校对 王 丰
责任印制 胡晓雅
经 销 新华书店

开本 710毫米×1000毫米 1/16
印张 19 字数 338千
版本 2022年8月第2版
印次 2025年2月第3次印刷
印刷 三河市兴达印务有限公司

地址：北京市丰台区莲花池西里7号(100073)
网址：www.lawpress.com.cn
投稿邮箱：info@lawpress.com.cn
举报盗版邮箱：jbwq@lawpress.com.cn
销售电话：010-83938349
客服电话：010-83938350
咨询电话：010-63939796

书号：ISBN 978-7-5197-6675-7
定价：68.00元

第二版说明

笔者于 2019 年 4 月开始写作本书,第一版于 2020 年 5 月出版。本书第一版出版后,与本书主要内容相关的最高人民法院《关于民事诉讼证据的若干规定》经修正后自 2020 年 5 月 1 日起施行;《民法典》以及最高人民法院修改后的民事类司法解释,则自 2021 年 1 月 1 日起施行;《民事诉讼法》和最高人民法院《关于适用〈中华人民共和国民事诉讼法〉的解释》亦经修改后,分别自 2022 年 1 月 1 日和 2022 年 4 月 10 日起施行。这导致本书第一版中援引的法律法规的内容和条文顺序均发生了较大变化。

此外,本书主要内容源于笔者的工作经历,自本书第一版出版以来,笔者在工作上遇到的新问题和新经验,不断积累起来,成为新的素材。同时,一些热心的同行和读者,分别通过不同方式指出本书第一版中的错漏,提出建议,或者与笔者讨论书中有关问题。

鉴于上述原因,笔者认为,有必要在第一版的基础上,继续完善本书内容,以适应民商事诉讼领域发生的新变化,服务更多的年轻律师。恰好此时法律出版社与笔者沟通本书第二版出版事宜,因此笔者于 2022 年 1 月开始,着手对本书进行修改。

让本书更适合年轻律师阅读、更贴近工作实际、更符合民事诉讼发展趋势,是笔者本次修改的努力方向。为此,相对本书第一版,第二版主要做了以下修改:

首先,根据法律法规的变化,对书中引用案例所适用的法律条文进行了必要说明。书中的案例分析内容结合的是案件审理之时适用的法律法规,但为了更好地与现行法律法规相对应,便于读者理解适用,以脚注的方式说明相关法律法规的变化情况,并注明与之对应的现行有效的法律条文(同一案例中仅在第一处标注),如案例 6 – 1 涉及原《合同法》第 54 条,增加脚注注明对应的现行法律条文为《民法典》第 147 ~ 151 条;非案例分析部分的内容,则将涉及的法律法规对应更新为现行有效的规定,如关于减损规则,第一版援引的法律为原《合同法》第 119 条,现修改为《民法典》第 591 条。

其次,更换了 1 个案例,新增了 7 个案例。因第一版中的案例 1 – 5 案情稍显复杂,部分年轻律师读起来有可能不易理解,笔者将原案例 1 – 5 更换为案情相对简单的案件;同时,根据笔者近期的工作经历,新增了 7 个案例,现全书案例由 13 个增加到了 20 个。

再次,新增了部分章节,并对个别章节做了较大幅度的调整。根据律师处理案件的实际需要,增加"庭审后的工作"一章,作为第十二章,并据此调整章节顺序;根据近年来民事诉讼领域的发展趋势,在第八章增加"无纸化办案注意事项"作为第四节;在第十五章第一节新增"巧用办案辅助软件不能替代案例研习"作为第四点。同时,由于删除了原案例 1 – 5,对第十三章的内容进行了较大调整,修改后的内容更适合年轻律师阅读。

最后,对本书其他章节的内容进行了微调,对部分字句进行了润色,以增强本书的可读性。

阚清华

2022 年 5 月 28 日

前　言

如果有一个资料多达数百页的案件需要你处理,你将如何整理繁杂的案件材料?

如果你正在处理的案件法律关系错综复杂、事实扑朔迷离,你将如何确定案件的处理要点?

如果笔者参与处理过的多起疑难复杂案件最终反败为胜,你是否愿意倾听背后的故事?

本书以笔者参与处理的真实案件为例,分享整理案件材料、绘制辅助文件、分析案件要点、把握庭审技巧,以及确定诉讼策略和运用程序规则的经验与方法,探讨影响疑难复杂民商事案件处理结果的关键因素,以求在处于不利地位时捕捉反败为胜的机会。第一篇主要分享收集、整理、分析案件材料以及绘制相关辅助文件的经验;第二篇主要探讨处理案件应当具备的思维方式、工作方法以及影响案件处理结果的关键因素;第三篇针对民商事案件的庭审特点,介绍庭审前后的工作方法和经验;第四篇主要介绍如何确定诉讼策略以及运用诉讼程序,实现客户目标;第五篇主要介绍提高处理案件能力的方法。其中案例7-1贯穿本书第一篇至第五篇有关内容,第二篇为本书的重点。

随着我国市场经济的蓬勃发展以及中国特色社会主义法律体系的逐步完善,经济活动所对应的交易模式日趋复杂,同一交易涉及的主体亦日趋多样,由此导致部分民商事案件具有法律关系复杂、专业性强等特点,这无疑对代理律师提出了更高的要求。具备专业知识、专业思维并据此树立专业口碑的律师团队,将在竞争中脱颖而出,法律服务市场的"马太效应"也将随之出现,强者恒强。因此,养成良好的工作习惯,形成处理民商事案件的正确思维方式,提升处理疑难复杂案件的能力,是新时代对从事民商事诉讼业务律师提出的客观要求。

笔者从事法律工作十余年,主要执业方向是民商事诉讼。因笔者所在团队以处理疑难复杂案件为主,笔者有幸参与了众多疑难复杂案件的处理过程,亲历了多起案件反败为胜后激动人心的场景。总结办案经验,笔者发现,尽管案情各异,受理法院不尽相同,但案件反败为胜的关键大同小异。具体而言,运用科学的材料分析方法,具备法律思维和创造性思维,在此基础上,站在请求权基础和抗辩理由的角度,分析各方当事人的主张是否符合事实和法律,是取得胜利的关键因素。

此外,如果能够在诉讼过程中结合法律和实际情况,恰当运用程序规则,确定正确的诉讼策略,则可以确保客户在诉讼过程中处于优势地位,从而实现客户的诉讼目的,甚至达到"不战而屈人之兵"的良好效果。

每个律师都有自己独到的办案方法和办案思路,每个案件也有其特异性,因此,没有一成不变的案件处理方法,也难以确立案件处理的标准流程。但是,如果每个人都愿意真诚地分享成功经验,愿意探讨更为有效的工作方法,对于提升律师队伍的专业性,形成崇尚法律精神的社会风气,必然大有裨益。

为此,尽管能力有限,见识浅薄,笔者依然十分愿意分享经验,讲述每个案件背后的故事。

律海无涯,诉讼有方。本书既是写给年轻律师的参考书,也是笔者写给法律事业的"情书"。如果你读完本书后能够感受到笔者的真诚,那是笔者此生的荣幸。

阙清华

2020 年 5 月 5 日撰写

2022 年 5 月 28 日修订

目　录

第一篇　分析案件材料的方法

第二篇　影响案件胜败的关键因素

第三篇　庭审前后相关工作

PART 01

第一篇

分析案件材料的方法

收集、整理、分析案件材料，是律师日常工作的重要组成部分，甚至成为律师生活的一部分。通过自己科学、独到的工作方法，快速掌握、分析案件材料，从而发现线索并从中获得解决问题的突破口，是律师的必备技能和看家本领。

疑难复杂的民商事纠纷发生后，由于案件对应的标的较大、法律关系复杂，客户提供给律师的资料，往往会有几百页甚至上千页的书面文件。以合作开发房地产合同纠纷案件为例，客户初次提供的资料可能有：

1. 合作意向书、合作开发房地产协议书、系列补充协议；

2. 各方当事人工作邮件打印件，就合同履行涉及的有关问题形成的会议纪要、备忘录；

3. 付款凭证、审计报告、评估报告；

4. 项目公司、各方当事人的工商登记档案；

5. 合作开发地块的相关证书、工程资料、预售资料等；

6. 各方当事人或者项目公司为履行合同与其他第三方签订的合同、付款凭证、发票；

7. 争议发生后各方当事人进行交涉形成的往来文件、律师函等；

8. 如果客户此前已经委托其他代理人处理案件，甚至法院已经作出一审判决或者已经产生其他关联案件，还会有案件起诉状、答辩状、各方证据、代理词、判决书、开庭传票等一系列诉讼资料。

如果客户提供资料时，相关资料已经由经验丰富的专业人员分门别类地整理好，且提供的资料非常全面，律师可以较快地熟悉案件材料，并提出解决方案。然而，就笔者个人实际工作经验而言，尽管笔者在初次沟通时，总是会嘱咐客户提供与案件相关的全部资料，但由于客户对何为“与案件相关的全部资料”理解有偏差，且对如何获取案件材料、如何整理案件材料缺乏经验，因此客户初次提供的案件材料，往往是不全面的，杂乱的。

面对众多杂乱无章的资料，执业不久的年轻律师难免会感到束手无策。如果没有掌握行之有效的分析和整理案件材料的方法，不懂得使用或者怠于使用先进的文件处理工具，即便是久经沙场的执业律师，也有可能在分析研究案件时，遗漏案件的关键细节，最终导致案件的处理结果不甚理想。

但是，如果一名律师掌握了分析和整理案件材料的科学方法，则可以在每一个案件中，均按照已经掌握的工作方法对案件材料进行整理和分类，在此过程中熟悉案件大致情况、判断案件的主要争议焦点，并据此提出解决争议的方案，撰写相应的法律文书并准备证据，从而保证案件获得理想的处理结果。

因此，为了有效地收集、整理、分析客户提供的案件材料，有必要运用科学方法，养成良好的工作习惯，确保全面掌握案件情况，不遗漏任何可能影响案件处理结果的细节，为胜利奠定坚实的基础。

笔者成为实习律师的第一天，指导老师就针对如何收集、整理、分析案件材料，如何提取相关文件的关键信息，如何保存和运用资料对笔者做过系统指导，在此后经办的多个案件中，笔者反复按照指导老师的要求收集、整理、分析案件材料，并结合科技的发展运用新的文件处理软件，增加了若干工作步骤，优化了部分工作方法。

笔者非常乐意介绍该等工作方法，讲述与此相关的经历，希望以下文字能为读者的工作带来启发。

第一章 通览全部案件材料

影响案件处理结果的因素多种多样,所以,即便是相同类型的纠纷,也会因为案件的具体事实存在差异,或者因当事人的应对策略不同,而出现不同的裁判结果。正因如此,律师无法在没有阅读案件材料的情况下,即对某一个案件的问题出具全面的专业意见,这就像中医在没有“望闻问切”之前无法开出对症的药方,西医不看化验单、CT 报告就难以开出正确的处方一样,如果律师在没有阅读全部案件材料的情况下,就对相关问题出具了口头咨询意见,那么这种意见往往不准确或者不全面。

故当事人在咨询律师之前,有必要将与争议问题相关的全部资料提供给律师分析,而律师也只有在获得全部案件材料的情况下,才有可能就争议问题出具准确意见。

第一节 提示客户准备资料

一般而言,客户不是法律专业人员,不太清楚什么是“与案件相关的全部资料”,如果律师仅仅要求客户提供与案件相关的全部资料,却未具体说明客户初次提供的资料往往存在缺漏,律师拿到该等资料时,还需要进一步提示客户再提供其他资料。所谓“一叶障目,不见泰山”,如果客户遗漏的资料恰恰是分析案件争议焦点必不可少的文件,律师就无法在初次接触案件材料时作出准确判断,并有可能因此耽误处理案件的时机,甚至作出错误的判断。

为避免发生上述情况,律师一般应在与客户第一次联系时,通过书面方式提示客户应当准备哪些资料,并让客户在初次见面时将全部资料一并提供给自己分析研究。

不同类型的案件有不同类型的文件,但某种类型的纠纷一般会有特定的文件。比如,股权转让合同纠纷,会有对应的股权转让协议、付款凭证、工商登记档案等文件,而且各方当事人基于税务考虑,一般情况下都有两套内容不同的股权转让协议(一套用于办理股权转让备案登记,仅作备案登记之用;另一套是各方当事人之间实际履行的协议)。特殊情况下,当事人之间还有可能有股权代持协议、股权回购协议等文件。而合作开发房地产合同纠纷中,除了相应的交易文件之外,一般还有项目用地的产权证明文件,以及与合作项目开发建设有关的一系列配套资料(如选址意见书、建设用地规划许可证、建设工程规划许可证、施工许可证、设计变更文件、预售许可证等)。基于特定类型的案件有特定资料,律师可以根据客户在电话中陈述的案件概况,向客户发送《需要提供的资料清单》,以列举方式提示客户需要准备的案件材料。

以下是笔者在某个案件中提示客户准备案件材料的函件,以供参考。

需要提供的资料清单

致:××银行深圳分行

关于:(××××)深福法民二初字第A、B、C号三起案件处理事宜

承蒙贵行信赖,委托敝所处理题述案件。为妥善处理题述案件,准确分析案件争议要点,敬请贵行配合提供以下案件材料:

1. 题述案件对应的借款合同、借款借据(承兑汇票),以及最新一期的利息计算表(含罚息、复利);

2. 题述案件的抵押合同、保证合同、担保函等担保文书;

3. 题述案件的抵押物产权证明文件、他项权利证书以及最新的产权电脑查询表(含抵押、查封信息);

4. 题述案件的起诉状、证据目录、证据复印件、受理案件通知书、举证通知书;

5. 题述案件的财产保全裁定书(含保全结果通知书);

6. 题述案件各被告提供的答辩状、证据复印件；

7. 其他与题述案件有关的法院通知书、裁定书、评估报告等；

8. 抵押物的租赁合同(包括备案合同、补充协议等全部资料)、贵行与承租人签署的相关协议、备忘录等资料；

9. 各被告的主体信息(身份证、营业执照等复印件)。

广东××律师事务所

××××年××月××日

第二节　倾听客户陈述

在律师与客户的初次会见中，客户一般会在提供案件材料的同时，陈述与案件有关的事实和背景。此时律师应根据客户陈述，询问与案件相关的核心信息，并在与客户的交流过程中核实客户陈述的事实所对应的文件。也就是说，律师与客户初次沟通的主要工作，是倾听客户对案件背景、案件事实、争议问题以及争议进展情况的陈述，并适时就案件相关问题询问客户，获取与案件处理相关的必要信息。

每一起案件都将影响客户的切身利益，甚至将决定客户今后事业发展的轨迹，所以客户即便此前已经就案件处理事宜咨询过多位律师的意见，但在与新的律师见面时，依然是怀揣希望，甚至忐忑不安而来，都希望律师能够肯定自己的主张是完全正确的。

律师应当理解客户的心情，并掌握与客户第一次见面的谈话技巧。从心理学角度分析，陌生人之间的第一印象将会影响双方的后续关系。所以，自信而不卑不亢是律师与客户沟通时应当具备的基本态度，谨慎、专业、敬业，则是律师应当给客户留下的基本印象。

既然客户满怀希望而来，那么其在第一次与律师交流时，往往会急于了解律师对案件的看法，而且会明确询问律师对案件的处理意见。所以，律师第一次与客户沟通的场景很微妙，不同风格类型的律师，面对同一个客户时会有不同的表现：

第一类律师会在简单了解案件情况，并翻阅几页案件材料后，以非常笃定的语气,判定客户一定会是案件的胜诉方,拍胸脯是他们惯常的动作,打包票则是“例牌菜”。

第二类律师在整个沟通过程中,几乎一直忙于埋头翻阅客户提供的材料,但对客户急于获得肯定意见的心态,却缺乏必要的了解,因此这类律师在询问客户相关事实时,往往会使用过多包含怀疑色彩的疑问句。

第三类律师则会通过浏览案件材料和倾听客户陈述,根据法律规定和工作经验,对案件可能的处理结果作出初步判断,并说明影响诉讼结果的因素主要有哪些,告知客户详细的意见需要在全面分析案件材料后才能确定。

笔者团队一直以来坚持第三种做法。如果是重大疑难复杂的案件,笔者还将根据团队的工作习惯,在客户委托意向较为明确的情况下,编制相应的案件事实明细表、法律关系图、关键事实时间轴图,并起草《案件要点及处理方法》,在此基础上确定律师收费方案。

需要说明的是,除上述工作习惯之外,基于对客户心态的理解,此时应当结合事实和法律,告诉客户:前途是光明的,但道路可能会是曲折的。

个别急切获得律师肯定意见的客户,以及认为“关系”万能的客户,或许会觉得笔者的工作方法缺乏杀伐决断的魄力,此类客户往往会更喜欢听取第一类律师的意见。这意味着,笔者在第一次与客户沟通时的处理方式,将会导致个别潜在客户的流失,这确实是一个问题。不过,如果客户不愿意倾听专业意见,甚至认为只有“关系”才是案件胜诉与否的唯一因素,那么失去这样的客户,似乎并不值得惋惜。

第三节 整理案件材料

一、整理案件材料的要点

在获得客户提供的案件材料、听取客户的陈述后,可以由法律秘书复印或者扫描一套客户提供的资料存档,另一套供主办律师分析案件使用。主办律师应根据客户陈述的案件背景、基本事实以及争议问题,带着问题通览客户提供的全部材料,对案件材料中有价值的信息进行必要的标记,或者添加相应的眉批,同时将与案件争议焦点无关的材料剔除(放置在不同位置,但不应丢弃)。

剔除无关资料后，再根据案件性质，将与案件争议焦点相关的文件资料，按照时间顺序排序，整理出案件主要事实材料。

将客户提供的资料进行分类、整理，看似简单，但深入研读一系列复杂的合同、函件、财务资料，需要一颗安静的心和一双锐利的眼睛。如果能真正投入案件材料中，你会感觉整个世界是沉寂无声的，只有与案件有关的信息能够吸引你的注意。

通览案件材料，是律师了解案件来龙去脉的"不二法门"，此时的律师应当像一台 CT 机一样，扫描案件的每个"角落"。对每一份文件上的每一个字、每一个符号，包括某份文件中的传真号码、微信聊天记录中的每一张图片〔1〕等，都应当考虑其与案件的关联性。律师需要关注每一份文件资料的内容与案件争议焦点之间的关系，以及这些文件材料有什么意义，这是整理案件材料的要点。

如果律师有足够的耐心，或许就会在不经意间得到幸运女神的眷顾，就像笔者下面要讲述的案例一样。

二、通过整理材料发现突破口实例

案例 1－1　深圳融发投资有限公司诉深圳市雅豪园投资有限公司股权转让合同纠纷案

在该案件中，笔者作为原告深圳融发投资有限公司（以下简称融发公司）的代理人，参与处理了该案件二审阶段、再审阶段以及另案起诉时的全部法律事务。

需要说明的是，案例 1－1 的案情较为复杂，为更好地理解案情，建议读者先翻阅第 14 页图 1－1 的本案法律关系图，再看案情概要。

【案情概要】

2001 年 6 月 27 日，融发公司与深圳市雅豪园投资有限公司（以下简称雅豪园公司）签订《股权转让合同》及《补充合同》，该等合同约定：融发公司

〔1〕 客户提供的微信聊天记录截图中，如果包含了发给对方的或者对方发过来的其他图片，直接将微信聊天截图打印出来后，嵌在微信截图中的图片往往模糊不清。有必要要求客户通过微信转发相关图片，以核实该图片的内容。

将其持有的深圳龙岗融发投资有限公司(后更名为深圳市东方置地有限公司,以下简称东方置地公司)75%的股权转让给雅豪园公司,雅豪园公司向融发公司支付股权转让款5419万元,并代东方置地公司偿还尚欠融发公司的往来款13,381万元,两项合计18,800万元;双方一致确认,位于龙岗坪地的4万多平方米的土地不属于本次股权转让所涉及的财产,由融发公司负责对该土地进行处理。

2002年7月12日,融发公司与雅豪园公司再次签订《补充合同》,重申龙岗坪地4万多平方米的土地不属于本次股权转让所涉及的财产,并由融发公司占有、使用、收益、处分,雅豪园公司应积极协助融发公司对该财产的清理工作。

融发公司认为,上述合同约定的"龙岗坪地4万多平方米的土地",包括登记在东方置地公司名下的融富花园商住项目地块,该地块面积为7848.70平方米,由G10205-3(1)号、G10205-0011号、G10205-12号三宗土地组成(以下简称融富花园地块),在融发公司与雅豪园公司签约时,尚有3018.20平方米没有开发。

上述合同签订后,融发公司与雅豪园公司并没有因上述合同条款出现争议。融发公司是上市公司深国商[1](股票代码:000056)的子公司,深国商在进行2010年度审计工作时,因融发公司无法找到融富花园地块的房产证原件,会计师事务所就融富花园地块的权益是否归属深国商的问题,出具了保留意见。

为此,融发公司于2011年5月向深圳市龙岗区人民法院起诉,要求判决雅豪园公司交付融富花园地块或者赔偿2600万元损失。深圳市龙岗区人民法院经审理后认为,融发公司无法提供证据证明其确实拥有龙岗坪地4万多平方米的土地,而且"4万多平方米"的概括表述与《股权转让合同》中关于其他项目的详尽表述不同,融发公司主张融富花园地块归其所有不符合交易习惯,并认为"融富花园地块在股权转让时相应的面积就是确定的,融发公司不可能不清楚",为此驳回了融发公司的全部诉讼请求。

融发公司不服一审判决,提起上诉。

---

〔1〕 现股票简称为"皇庭国际"。

【处理过程】

该案件一审判决后，融发公司与原代理人解除了委托关系，并将相关资料提供给多个律师事务所研究，希望能够妥善处理该案件。但是，由于融富花园地块一直登记在东方置地公司名下，而且融富花园地块的面积(3018.20 平方米)与《补充合同》中约定的“龙岗坪地的 4 万多平方米的土地”不一致，加上融发公司曾在 2009 年发生控制权变更，现在的工作人员无法说明“龙岗坪地的 4 万多平方米的土地”的具体含义，导致融发公司就融富花园地块提供的资料有限，因此相关律师事务所均认为该案件二审很难改判，没有接受委托。

该案件定于 2012 年 5 月 17 日进行二审开庭审理工作。2012 年 5 月 10 日前后，融发公司才将案件材料交给笔者所在团队。当时笔者清楚该案件情况以及其他律师事务所的意见，因此笔者并没有将该案件作为重要案件处理，笔者当时的真实想法是：代表融发公司参与该案件二审审理工作，将已经发起的诉讼流程走完。

虽然已经将该案件二审庭审活动定调为“走程序”，但是为了开庭时不至于一问三不知，笔者还是将全部资料重新整理了一遍，了解了案件的来龙去脉，以及一审期间双方的主要观点。在整理案件材料的过程中，一份不起眼的资料引起了笔者的注意，那就是融富花园地块的付清地价款证明。

该份付清地价款证明的落款时间为 2005 年 5 月 17 日，是国土部门出具给东方置地公司的，复印件夹杂在案件参考材料中，既不是融发公司提供的证据，也不是雅豪园公司提供的证据。笔者当时好奇的是，该份付清地价款证明的落款时间是 2005 年 5 月 17 日，此时东方置地公司的股权已经全部登记在雅豪园公司[1]名下，东方置地公司的控制权归雅豪园公司所有，按常理应由土地使用权人保管的付清地价款证明的复印件，怎么会出现在融发公司提供的资料里？这是否意味着融发公司有该份付清地价款证明的原件？

为了核实这个问题，笔者立即拨打了融发公司法务部工作人员肖律师

---

〔1〕 因该案股权转让发生之时施行的《公司法》(1999 年)规定有限责任公司必须要有两个以上股东，东方置地公司另外 25% 的股权原登记在融发公司另一关联公司名下，2001 年 6 月同时转让给雅豪园公司；融发公司与雅豪园公司之间的交易实际上是转让东方置地公司 100% 的股权，但仅在融发公司与雅豪园公司之间签订了补充合同以明确各方权利义务。

的电话,肖律师经与融发公司档案管理人员核实后,明确答复融发公司有该份付清地价款证明的原件。

付清地价款证明的原件在融发公司保管,意味着什么呢? 这是个非常重要的问题。笔者认为,这意味着:融发公司将东方置地公司的控制权移交给雅豪园公司之后,依然在管理融富花园地块,即融富花园地块属于两份《补充合同》约定的"龙岗坪地的 4 万多平方米的土地"的范围,因为如果融富花园地块不属于两份《补充合同》约定的"龙岗坪地的 4 万多平方米的土地"的范围,融发公司不可能会保存有在股权转让完成 4 年之后才形成的文件原件。

确认上述问题后,笔者认为,一审判决是错误的,剩下的工作就是如何证明一审判决是错误的。经进一步分析融发公司提供的文件材料,笔者发现与该案件有关的以下事实:

1991 年 12 月 28 日,融发公司与宝安县[1]坪地镇经济发展总公司(以下简称陶基公司)签订《合作开发兴建综合性商住楼合同书》,约定双方合作开发坪地镇 15 万平方米(约 225 亩)左右的土地。

1995 年 10 月 28 日,融发公司(乙方)、陶基公司(甲方)签订《〈合作开发兴建综合性商住楼合同书〉补充协议》,约定将合作开发土地的面积减为 4.26 万平方米,位置在 19 小区教育路边,并在第 2 条明确约定:"按原合同约定,乙方兴建的 4 幢及待建的 2 幢,建筑面积共 1.6 万平方米的商住楼,经协商,为使乙方减轻开发负担,降低开发成本,加快开发进度,甲方分成利润及坪地镇物业发展公司房地产挂靠费 50 万元全部免收。"该补充协议第 3 条还进一步约定:"……甲方负责在 1995 年 11 月底办理好此 6 幢商住楼的用地及售楼手续给乙方……其余款项在 1996 年 10 月底前付清(含已付给物业公司的房地产挂靠费 50 万元)。"

1995 年 11 月,深圳市国土资源局龙岗分局[2](以下简称龙岗国土局)、东方置地公司就融富花园地块签订《土地出让合同》,约定将融富花园地块出让给东方置地公司,该《土地出让合同》第 21 条明确约定:融富花园地块的土地系带资开发补偿的土地,东方置地公司是坪地镇物业发展公司的合

[1] 现为深圳市宝安区。

[2] 现为深圳市规划和自然资源局龙岗管理局。

作方,因此坪地镇物业发展公司指定将融富花园地块办理至东方置地公司名下。

上述“坪地镇物业发展公司”是陶基公司的控股子公司。从上述约定和其他证据反映的事实可知:融富花园地块之所以登记在东方置地公司名下,是基于“坪地镇物业发展公司”的指示,而“坪地镇物业发展公司”之所以指示国土部门将该地块登记在东方置地名下,是基于融发公司与其股东陶基公司的合作,双方的合作是通过各自的子公司相互配合实现的,但子公司之间没有就此签订合同。

也就是说,融发公司与陶基公司共同合作开发的土地面积最终变更为4.26万平方米,融发公司因此享有开发龙岗坪地4万多平方米土地的权益,融富花园地块属于双方合作开发的范畴,是双方合作过程中已经实现的权益,剩余面积则未落实;融发公司与陶基公司之间的合作,通过融发公司“挂靠”陶基公司下属公司坪地镇物业发展公司,并以土地使用权等登记在东方置地公司名下的方式实现。

上述交易和融富花园地块的历史演变过程不但非常复杂,而且涉及深圳地区特有的“带资开发补偿用地”[1]、国有企业改制等政策,以及因政策原因导致的挂靠现象,仅凭文字陈述,很难理清长达十余年才形成的交易关系。为此,笔者在该案件开庭前,制作了该案件的法律关系图(见图1－1),列明了各方关系以及融富花园地块的演变过程,并提供给本案合议庭参考。

同时,为证明融发公司在2001年6月之后一直管理、维护融富花园地块,笔者亲自前往融发公司的档案室,通过倒查融发公司财务凭证的方法,将融发公司档案中,尤其是财务凭证中与融富花园地块有关的所有资料,查阅了一遍。经进一步调查核实,了解到以下事实:

1. 2005年3月,融发公司协调坪地镇物业发展公司(此时已更名为深圳市坪宇物业发展有限公司)开具工程款发票,冲抵了融富花园地块262万元地价款,因此产生的税金150,650元则由融发公司全额支付,而办理换票冲抵地价款手续的是融发公司员工黄某强;

[1] 为筹集开发建设资金,深圳市各区在20世纪90年代均实行过带资开发补偿用地政策,即由企业出资负责建设市政道路或者进行土地平整,政府部门不支付工程款,而是以转让某个地块的土地使用权给企业的方式对企业进行补偿(用企业应付土地使用权出让金冲抵企业应收工程款)。

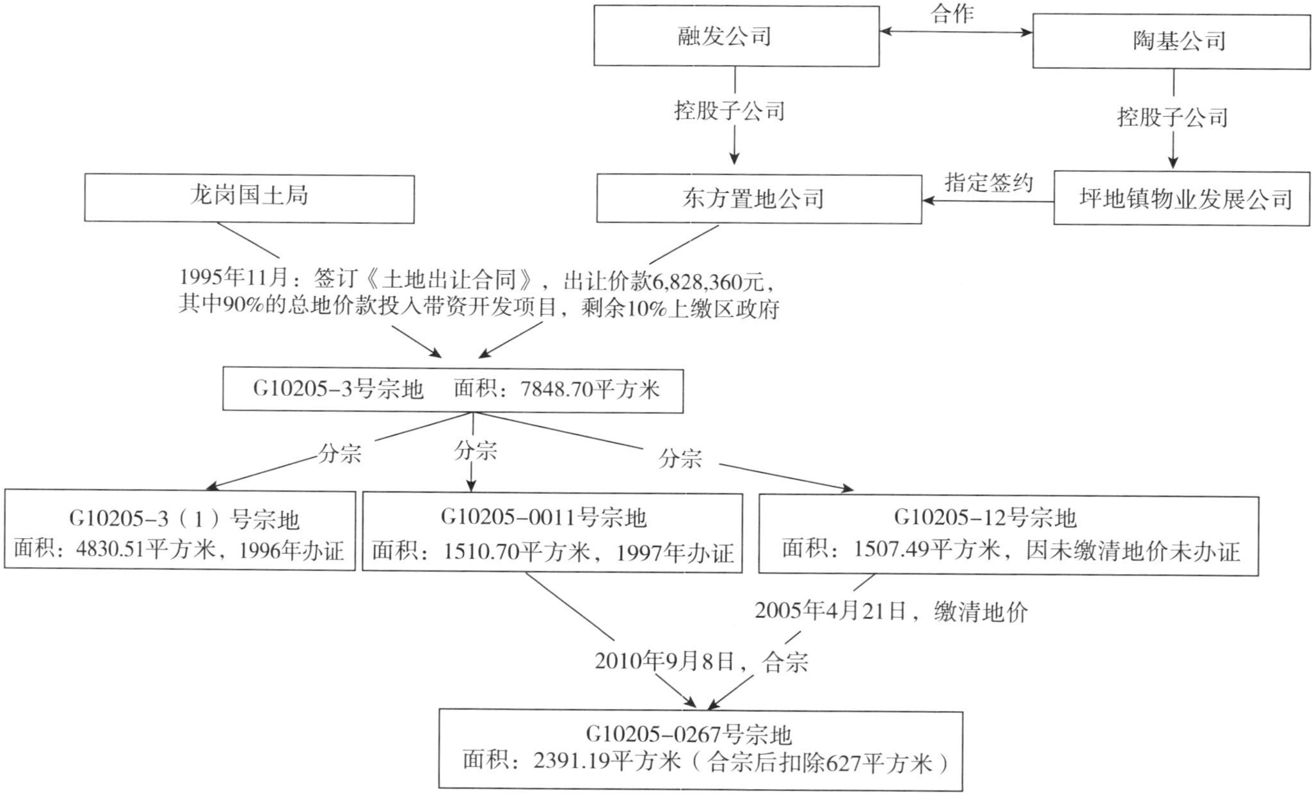

图1–1　案例1–1的法律关系图

2. 2005 年 5 月 17 日，龙岗国土局开具了融富花园地块的《付清地价款证明》，融发公司在龙岗国土局查询的土地档案显示，办理该事宜的仍是融发公司员工黄某强；

3. 2006 年 2 月，融发公司委托湖南省第二测绘院深圳分院对融富花园地块剩余 3018.20 平方米土地进行测量；

4. 2006 年 10 月，融发公司委托深圳市坪地长乐广告装饰有限公司修建融富花园临时围墙；

5. 2007 年 6 月，融发公司支付了融富花园地块的"土地使用费"19,190 元。

上述证据证明，在双方完成股权交割后，融富花园地块一直由融发公司管理、维护并行使相应权利，融富花园地块确实不属于股权转让涉及的财产，两份《补充合同》约定的"龙岗坪地的 4 万多平方米土地"包括了融富花园地块。一审判决的错误之处在于：将"《补充合同》约定的龙岗坪地 4 万多平方米土地是否包括融富花园地块"这一争议焦点，误判为"融发公司是否实际拥有龙岗坪地 4 万多平方米土地"。

为此，笔者重新制定了诉讼方案，积极参加该案件二审庭审活动。

【处理结果】

深圳市中级人民法院作出的二审判决，认定融富花园地块属于《补充合同》约定的"龙岗坪地 4 万多平方米土地"的其中一部分，但维持了一审判决，维持的理由是两份《补充合同》关于剥离融富花园地块的条款违反了资本维持原则而无效。但是，该二审判决同时载明：融发公司可以就损失赔偿问题，另循法律途径解决。

雅豪园公司在该案件二审审结后，向广东省高级人民法院申请了再审，这是笔者第一次也是唯一一次遇到胜诉方申请再审，广东省高级人民法院驳回了雅豪园公司的再审申请；而融发公司则基于该案件二审判决的裁判指引，于 2013 年 4 月再次起诉雅豪园公司要求赔偿损失。2016 年 2 月，融发公司收到了雅豪园公司支付的全部判决款项。

该案件是笔者执业以来，投入精力最多的案件之一，笔者在处理该案件的过程中慢慢成长，不但收获了宝贵的实战经验，而且获得了客户的信任。每当想起该案件，笔者心中总有感慨。一方面，虽然有时候案件事实会因各种原因扑朔迷离,但如果代理律师掌握了科学地分析案件材料的方法,穷尽一切手段探求案件事实,并且善于理解案件材料所代表的法律事实,就能够在繁杂错乱的案件材料中发现有用的材料并发掘其法律意义,从而在诉讼中处于有利地位。另一方面,疑难复杂案件的处理周期相对较长,律师作为代理人参与处理疑难复杂案件,应当有足够的耐心与定力,坚持做好代理工作的每一个环节,这样才能确保案件处理进程朝着对己方有利的方向发展。由于案件复杂,肯定会遇到各种困难,但只要找到正确的路径,就一定会到达胜利的终点。

第四节　进一步核实案件事实

在阅读客户提供的材料时,律师可以通过登录政府网站查询等方法,自行核实与案件有关的材料。例如,查询相关当事人的工商登记信息,并据此整理出当事人的控股关系、历史沿革信息;又如,案件争议涉及某上市公司的股票在某天的具体价格,可以登录上海、深圳或者北京证券交易所的网站查询;再如,案件争议涉及争议房产的政府租金指导价,可以直接登录相关政府网站查询。原则上,可以自行查询核实的政府公开信息,无须向客户核实。

除了自行查询政府公开信息之外,在通览客户提供的案件材料的过程中,还需要根据案件类型和案件材料记载的内容,核实客户是否遗漏了重要的材料。

所谓根据案件类型核实客户是否遗漏了重要材料,是指特定案件一般会有特定材料,例如,前文所述合作开发房地产合同纠纷,一般会有项目用地的产权资料,如果客户提供的案件材料中没有项目用地的产权资料,则需要与客户核实是其忘记提供了,还是根本没有保存,或者是其无法获取该等产权资料,并考虑是否需要到政府部门查询。

根据案件材料记载的内容核实客户是否遗漏了重要材料,则是指某份文件已经明确记载了另一份文件(如客户提供的补充协议提到了某次会议的会议纪要,以下简称待查文件)的存在,但客户提供的文件中并没有该份待查文件,那么代理律师就应当核实是客户遗漏了该份待查文件,还是其他原因导致该份待查文件无法获得。

笔者一般在通览案件材料后，会就需要向客户进一步核实的问题，或需要客户进一步补充的资料，以《需进一步补充核实资料清单》的方式逐一列明（注意，如果是电话沟通就可以核实的简单问题，如客户是否已交纳上诉费、何时收到一审判决书等，则无须列入清单），并发给客户核实。在通览案件材料并核实客户是否遗漏案件材料后，就可以着手编制案件事实明细表了。

第二章 编写案件事实明细表

“以事实为根据，以法律为准绳”是民事诉讼制度的重要原则之一，法官只有在清楚案件事实的情况下才能判案，律师只有在清楚案件事实的情况下才能根据有关法律形成正确的观点。

然而，社会生活纷繁复杂，事实与表象往往并不一致；进入诉讼阶段后，案件当事人基于自身的诉讼利益而主张的事实，往往各不相同，甚至针锋相对，截然相反。在这种情况下，无论是法官、仲裁员还是律师，都必须通过审查各方提交的证据核实证据的真实性，并运用逻辑推理及日常生活经验，判断证据的证明力大小，在此基础上确定案件事实。而通过指出对方证据存在的瑕疵，反证自己主张的事实，是律师的基本办案技巧之一。

那么，如何寻找对方证据的瑕疵呢？根据笔者的理解和经验，形成良好的工作习惯，充分注意证据之间的数据关系和逻辑关系，据此发现对方证据的瑕疵，进而确定案件事实，是非常重要的方法。其中，编写案件事实明细表，是律师掌握案件事实尤其是案件细节，进而发现对方证据瑕疵的重要方法。

第一节 编写案件事实明细表的方法

案件事实明细表是按时间顺序，记载与案件争议有关的资料的关键信息的辅助文件。“与案件争议有关的资料”包括客户提供的资料和对方当事人提供的证据材料，以及律师通过网络检索或者到政府部门查询的案件相关信息。编写案件事实明细表的目的是使律师清楚案件事实，尤其是各事项之间的时间关系、因果关系。

一、编写案件事实明细表实例

表2-1是笔者在2015～2017年代理的一起港口货物保管合同纠纷的案件事实明细表，下面将以该案件[1]为例，介绍案件事实明细表的编写方法。

表2-1 案件事实明细表范例

案件事实明细表		
东莞市A国际石化仓储有限公司（以下简称A公司） 广东B能源投资有限公司（以下简称B公司） SINACO INDUSTRIES PTE LTD（以下简称C公司） D市××油品经销有限公司（以下简称D公司） 中国××事业（香港）有限公司（以下简称香港E公司） ……		
时间	事项	内容
2010年11月18日	A公司与B公司签署编号为DZITC C20101118A的《合同》	双方……就储存液体形态下的汽油、柴油、石脑油、混合芳烃、甲基叔丁基醚达成以下一致协议： …… 4.服务 ……A公司向B公司提供装船、卸船、装车、卸车、储存、转罐、码头过驳转输服务…… 5.支付 ……B公司应在合同签订后的5日内向A公司支付1,000,000.00元作为本合同的保证金…… ……B公司应在每月10日前向A公司支付当月的**基本周转费**，其他费用如**操作费等根据实际发生额按月计费**。B公司进一步同意在收到A公司的收费通知后的10日内向A公司支付条款19“费用一览表”内规定的其他费用。如B公司逾期支付，B公司必须在上述金额未被缴付的不足一个月的时间内付清或每月承担1.5%的月息。 ……

[1] 该案件的基本事实，详见本书第二篇第七章案例7-1。

续表

时间	事项	内容
		7. 责任与赔偿 ……混合芳烃的年均储存损耗率为0.3%…… …… 9. 所有权之变更 位于A公司库内任何属于B公司之货物的所有权的变更,B公司都应书面通知A公司,**若任何位于A公司库内属于B公司之货物被出售、互换或发生其他所有权的改变,B公司仍应对所有的费用和本合同**中规定的条款负责,犹如货物仍归B公司所有时一样。 …… 14. 适用法律及争议解决 ……如协商不能解决,合同双方同意提交中国国际经济贸易仲裁委员会华南分会,按照申请仲裁时该会实施的仲裁规则进行仲裁…… …… 19. 费用一览表 ……储罐的月基本周转费费率为每立方米21元/月,按现有60,000立方米计算,则储罐的月基本周转费为1,260,000.00元/月…… …… (3)操作费(略)
2012年12月13日	B公司致A公司《关于混合芳烃保税入罐的委托说明》(电子邮件发送)	……我司客户C公司于2013年1月14日至20日有一船混合芳烃(41,937.047吨,约51,964立方米)到东莞东洲港口,储存于我司的仓储罐中,发货地为荷兰阿姆斯特丹。兹请贵司做好保税入罐准备,代表我司办理相关海关手续…… 【手写:经协商,现指定T1102/T1103/T1201/T2106罐申请为保税罐接卸上述外贸来货,请贵司办理相关海关手续并通报结果。谢谢! 落款:B公司仓储部业务专用章,2012-12-14】
2013年1月14日	进口货物提货单	船名:(马士基地中海,英文) 共8张提货单,每张记载货物**重量约为5000吨(部分提单有尾数,不是完整的5000吨。所有提单记载货物重量加在一起为41,937.047吨)**
……	……	……
2013年11月1日	D公司致A公司《发货通知书》	……我司存放于贵司东莞东洲油库混合芳烃8237.047吨,现我司委托"运达油23"拖船前去东莞东洲油库提货混合芳烃2300吨,预计到港时间2013年11月3日…… "运达油23"拖船提货后,剩余货物混合芳烃5937.047吨(以提货后数量为准),我司计划于2013年11月7日至9日前去提货,请贵司安排相关发货事宜。 备注:以上货物混合芳烃8237.047吨,我司承担仓储费用

续表

时间	事项	内容
2013年11月3日	【“运达油23”拖船到港信息】	【暂无,需要核实】
……	……	……
2015年2月10日	东莞市第二人民法院民事裁定书	裁定将案件移送至广州海事法院审理

二、编写要点及方法

如表2-1所示,案件事实明细表的第一部分,填写案件当事人的具体名称及其简称,使用简称是为了简化表述内容。各当事人的简称按照容易区别的原则,自行确定,一般应当参照法律判决书通常采用的方式,即以当事人的商号加“公司”作为简称,或者以商号加公司业务范围作为简称,如深圳融发投资有限公司,可以简称为“融发公司”或者“融发投资”;如果同一个案件中涉及的关联公司商号相同,则以在前面加地域的方式作为不同当事人的简称,如一个案件中同时有“深圳融发投资有限公司”“深圳市龙岗区融发投资有限公司”两个当事人,则可以分别用“深圳融发”“龙岗融发”作为两者的简称。

案件事实明细表的主要部分是按照案件事实发生的时间顺序,分别填写相关案件事实发生的时间、事项、核心内容。

其中,填写案件事实发生的时间以及事项名称相对简单,摘录或者表述案件事实对应的核心内容,则需要对案件事实非常熟稔,并有较高的悟性。这种“悟性”源于编写前的整理工作,也与个人的知识积累以及思维方式有关。正因如此,笔者所在工作团队,经常在律师助理试用期间要求其整理已经结案的案卷并编制案件事实明细表,以考察其整理资料和把握案件重点的能力。

客户提供的案件材料可能有成百上千页,尤其是部分案件对应的交易合同长达几十页,案件事实明细表不可能摘录交易合同的全部内容。因此,录入案件事实明细表的,应当是与案件争议焦点直接相关的、可能影响案件处理结果的信息,或者是对证明客户主张确有帮助的内容;与案件争议焦点或者基本事实无关的信息,不需要录入案件事实明细表。

案件性质以及各方当事人争议的焦点,决定了应当录入案件事实明细表的内容。如合作开发房地产合同纠纷,如果各方当事人是在签约后不久,因为对某一方应当履行某种义务产生争议,另一方主张解除合同的,编写案件事实明细表时应当关注的信息,是合同条款中对当事人应当履行某种义务的约定,以及各方履行义务先后顺序、违约责任的信息,此时关于各方利益分配的条款就不是重点;反之,如果各方当事人是在项目用地建设的房产出售后,对如何分配利益问题产生争议,则应当将合同中关于如何分配利益的条款,以及可能影响各方当事人可分配利益的条款作为核心内容。

表2-1对应的港口货物保管合同纠纷,争议焦点是A公司有没有权利拒绝发货,这与A公司可以向货权人收取的费用直接相关,因此,对应的交易合同涉及费用如何确定、货权如何转移,或者与A公司留置权有关的信息,就应当作为核心内容录入案件事实明细表;至于其他诸如如何装货或者卸货等具体操作规程等内容,则无须录入。

除了合同条款之外,其他文件材料也同样遵循上述原则,录入与案件争议焦点有关的核心内容。

在编制案件事实明细表时,如果认为某些内容将对解决各方争议产生重大影响,可以用加粗或者加下划线的方式,突出显示该等内容。

如果律师在编制案件事实明细表时,对部分案件材料的真实性存在疑问,可以用文字标明相应的问题,以便在案件后续处理过程中进一步核实,避免因其他工作干扰而遗忘曾经怀疑的事实,甚至忘记突然而至的灵感。如在表2-1中,该案件的争议焦点是保管人A公司拒绝货权人D公司的提货要求有没有合理理由,因此,编写案件事实明细表时,对于2013年11月1日D公司致函A公司,表示其委托的"运达油23"拖船将会在2013年11月3日前到A公司提货这一内容,除了录入相关信息之外,还应当核实"运达油23"拖船在2013年11月3日前后有没有到A公司,并且将相关问题编入案件事实明细表(见表2-1中"2013年11月3日"栏标记内容),以便向客户核实相应情况。只有这样,代理律师才不会遗漏重要事实,并在起草法律文件和庭审时准确处理该问题。[1]

---

[1] 在该案件中,经与客户核实,"运达油23"拖船并没有在2013年11月3日前后到A公司,因此笔者在质证和庭审辩论过程中特别强调了该情况。该案件一审、二审、再审均支持了A公司的抗辩理由,A公司没有赔偿D公司任何款项。

编制好案件事实明细表后,将其打印出来,放置在核心案件材料前面,这样案件事实明细表就可以在日后准备案件材料以及庭审时,作为重要的参考资料使用。

第二节　编写案件事实明细表的意义

下面以一起笔者所在团队代理的案例为例,说明编写案件事实明细表的重要意义。

一、发现对方破绽

案例 2－1 | A 房地产公司诉 B 实业公司不当得利纠纷案

在该案件中,笔者作为原告 A 房地产公司的代理人之一,参与处理了该案件重审期间的全部法律事务。

【案情概要】

A 房地产公司主张的事实是:A 房地产公司因有意参与深圳市南山区某旧村改造项目,向 B 实业公司支付了 200 万元作为诚意金;当时双方口头约定,如果 A 房地产公司不能参与该旧村改造项目,则 200 万元需要退还。其后,A 房地产公司并未参与该改造项目(该项目已经明确由其他房地产公司负责旧村改造),但是 B 实业公司却拒绝返还该 200 万元。因此,A 房地产公司于 2006 年 10 月提起诉讼,要求 B 实业公司返还该 200 万元并支付自付款之日起的利息。

B 实业公司主张的事实是:A 房地产公司因有意参与涉案旧村改造项目,而且 A 房地产公司的法定代表人与 C 贸易公司的法定代表人是老乡,为表示诚意,A 房地产公司主动代 C 贸易公司清偿了 C 贸易公司欠 B 实业公司的债务 200 万元。为证明其主张的事实,B 实业公司提供了其内部记账凭证作为证据,该内部记账凭证显示,B 实业公司于 2005 年 4 月 20 日收到 C 贸易公司还款 200 万元。

A 房地产公司起诉后,案件经深圳市南山区人民法院一审,支持了 A 房地产公司的诉讼请求,但深圳市中级人民法院于2007年11月撤销了一审判决,改判将案件发回重审。

【处理过程】

案件发回重审并不是A房地产公司希望获得的结果,A房地产公司担心重审期间法院有可能会作出与原来不同的判决,对于A房地产公司而言,收到发回重审的裁定书的感觉,无异于收到一份败诉的一审判决书。

然而,详细分析本案案件事实不难发现,在该案件中,双方当事人对于A房地产公司因表示参与某旧村改造项目的诚意而支付了涉案200万元诚意金的事实,并没有争议;对于双方只有口头约定,而没有书面约定的事实,也没有争议。双方唯一的争议在于:口头约定的具体内容是什么。

从证明的角度看,由于双方唯一的争议是口头约定的具体内容是什么,而口头约定不像书面约定那样可以提供书面文件予以证明,因此,如果有办法证明其中一方主张的事实与常理相悖,那么该方当事人的主张被证伪后,合议庭自然会采纳另一方的主张。

为便于了解案件的主要事实和有关事实的时间顺序,该案件的主办律师周律师按照案件材料的时间顺序,将相应的事项以及该事项的关键内容填入案件事实明细表,其中关于涉案200万元的会计凭证和付款凭证信息,如表2-2所示。

表2-2 案例2-1的案件事实明细表(部分)

时间	事项	摘要
2005年4月20日	B实业公司会计凭证	"其他应收款"一栏记载,收C贸易公司还款200万元
2005年4月29日	A房地产公司银行转账凭证	A房地产公司向B实业公司支付200万元

从上述案件事实明细表可以直观地看出:2005年4月29日,A房地产公司通过银行转账方式,向B实业公司支付了200万元。然而,B实业公司提交的证据之一,即B实业公司的会计凭证,却在2005年4月20日的会计账簿的"其他应收款"一栏中已经记载收到C贸易公司的还款200万元。

众所周知,发生经济活动以后,会计才会在账簿上做相应的记载,这是会计核算的常识。B实业公司的陈述,显然与其提交的证据完全不一致,这证明其主张的事实是虚假的。

为此，主办律师周律师在该案件重审阶段的质证和法庭调查、辩论时，均强调B实业公司主张的事实是虚构的，并在代理词中再次强调了这一意见。由于双方代理人对该问题的理解不同，庭审过程中双方代理人针锋相对，庭审气氛可谓剑拔弩张，十分精彩。

【处理结果】

该案件经重审后，一审法院和二审法院均支持了A房地产公司的主张，A房地产公司取得了完全的胜利，并顺利执行完毕。

二、深入了解案件事实

律师通过与客户初次沟通、通览案件全部资料，对案件事实以及各方争议焦点，已经形成了初步判断。在此情况下，再编制案件事实明细表，实际上是对案件事实进行第三次梳理，这是更为细致的梳理方法，梳理过程中可以更为细致地发现与争议焦点相关的问题。

而律师在编写案件事实明细表的过程中，必然会对案件事实有更为深入的理解，并在编写过程中深化和丰富此前形成的意见；有时候，律师有可能通过编写案件事实明细表，发现此前未曾留意到的案件细节，并据此确定诉讼策略，取得胜利；有时候，律师还会通过编写案件事实明细表，发现此前忽略掉的，对解决纠纷非常重要的事实，从而改变诉讼策略，避免走弯路。

此外，如果案件较为复杂，处理周期较长，案件的很多细节在庭审后可能会逐渐被遗忘，在第二次庭审或者二审审理前，律师必须再次温习案情。此时，案件事实明细表就可以作为一种非常有效的辅助文件，帮助律师迅速熟悉案件关键细节。

第三章

运用 Excel 表格分析材料

除了案件事实明细表之外，律师还可以运用 Excel 表格，处理与案件有关的数据问题。

Excel 表格作为一种数据运算工具，早已获得广泛运用，但主要运用在财务运算方面，所以很多公司财务人员非常熟悉 Excel 表格的各种功能，大部分法律从业人员则仅在计算利息和违约金时，才会偶尔使用 Excel 表格。

实际上，Excel 表格除了简单的加减乘除等数据运算功能之外，还有数据排序、筛选等功能。而所谓“数据”，不应当仅仅限定于借款本金、利息、违约金等的数额。当事人提供的收款收据的编号、时间、数量、收款单位，以及送货单的编号、时间、送货数量、收货人等信息，都可作为与案件有关的数据进行分析。

“他山之石，可以攻玉”，律师同样可以在处理案件时，使用 Excel 表格的某些特殊功能，达到出奇制胜的效果。

第一节　利用 Excel 表格排序功能

案例 3－1　A 实业公司诉邢某房屋租赁合同纠纷案

在该案件中，笔者作为原告 A 实业公司的代理人，参与处理了该案件一审阶段和二审阶段的全部法律事务。

【案情概要】

因被告邢某拖欠租金，A 实业公司于 2008 年 11 月提起诉讼，要求解除合同并判决邢某支付租金，限期迁离等。

A 实业公司起诉后，邢某提起反诉，以 A 实业公司出租的房屋不符合约定用途为由，要求 A 实业公司赔偿室内物品及装修损失，并提交了大量的收款收据证明其损失。

【处理过程】

笔者收到邢某提供的证据后，发现其提供的拟证明其装修成本的收款收据有许多疑点：一是大部分装修所需物品只有收款收据，但没有发票；二是该等收款收据记载的物品价格畸高，不符合常理。因此，笔者认为，邢某提供的收款收据系伪造的可能性较大。

但是，如果在庭审时仅仅陈述以上述两点理由进行反驳，可能不会起到多大的作用，因为收款收据上毕竟有收款单位盖章，而印章是否真实很难辨别，如果要求鉴定，一是影响案件处理进程，二是费用太高。

所以，笔者当时就在思考：有没有更直接而简捷的方法，能够证明邢某提交的收款收据确实是虚假的呢？

要证明邢某提供的收款收据是虚假的，最直接的方法是证明收款收据存在违背生活常识的地方，笔者想，如果可以证明邢某提供的收款收据有数据方面的重大瑕疵，就可以事半功倍地解决问题。

为此，笔者将所有收款收据的编号、形成时间、物品名称、票面价格、收款单位等信息，逐一输入 Excel 表格中，然后再对有关数据进行分析。

开始，按邢某提交的收款收据的排列顺序分析数据时，笔者未看出数据之间有何特别关系。不过，在运用 Excel 表格的数据排序功能按收款收据的编号排列各行数据后，得出了许多诸如表 3－1 所示的数据关系。

表 3－1　案例 3－1 的案件事实明细表（部分）

单据编号	形成时间	物品名称	票面价格/元	收款单位	索引
012873	2008 年 2 月 10 日	咖啡机	8700.00	B 单位	附件一第 19 页
012875	2009 年 3 月 10 日	烤箱	900.00	B 单位	附件一第 40 页

表 3－1 的数据有什么奥妙呢？笔者发现，大部分同一单位盖章的收款

收据,其编号相差很小。比如,编号为012873的收款收据,与编号为012875的收款收据,虽同为B单位盖章,但时间相隔却差不多一年。如果B单位是正常营业单位,不可能一年内只使用过三张收款收据;即使个别单位有这种可能性,但如果收款单位出具的收款收据都是如此,显然就不符合常理了。

【处理结果】

为此,在该案件证据交换时,笔者提交了相应的统计表格,指出邢某提交的收款收据存在上述问题,是伪造的。邢某听到笔者的意见后非常震惊,无言以对,最终撤回了全部收款收据。

虽然收款收据不是影响案件处理结果的关键证据,但是笔者的工作方法不但使被告邢某在庭审时产生了怯意,而且获得了法官的采纳,即便现在回想起来,也是一件令笔者颇为得意的往事。

除上述案件外,笔者在2018年处理的一起股东资格确认纠纷,对方当事人提供的收款收据同样存在类似问题,该案件已经审理完结,客户在二审期间反败为胜。由于问题相似,在此不再复述。

第二节　综合运用Excel表格各功能

案例3-2 | A贸易公司诉B科技公司买卖合同纠纷案

在该案件中,笔者作为被告B科技公司的代理人之一,参与处理了该案件一审阶段和二审阶段的全部法律事务。

【案情概要】

A贸易公司在其民事起诉状中陈述:B科技公司因计划生产电视机,与A贸易公司达成战略合作关系,约定由A贸易公司供应生产电视机所需的全部零配件,并签订了战略框架协议(以下简称协议书)。此后,A贸易公司根据双方后续另行签订的采购合同向B科技公司供货,但B科技公司接收了第一份采购合同约定的零件后,拒绝继续接收A贸易公司交付的零件,因此A贸易公司提起本案诉讼,要求B科技公司继续履行第二份采购合同。[1]

B 科技公司陈述的事实,则完全不同:B 科技公司曾与 A 贸易公司签订了一份总括性的协议书,该协议书约定:由 A 贸易公司向 B 科技公司提供电视机零件,并负责联系第三人购买 B 科技公司生产的电视机,B 科技公司支付预付款后,在生产的电视机出售后,再向 A 贸易公司支付剩余货款。其后,为履行上述协议书,B 科技公司在一周内,分别与 A 贸易公司签订了两份采购合同(对应两批不同的电视机生产计划),并支付了巨额预付款。但是,A 贸易公司交付了部分零件后,并没有继续交付零件,导致 B 科技公司无法生产电视机。最后,B 科技公司不得不行使单方解除权,解除了与 A 贸易公司签订的协议书及相关采购合同。因此,A 贸易公司才是真正的违约方。

【处理过程】

上述案件与很多案件一样,双方主张的事实完全不同。笔者所在团队经讨论认为,A 贸易公司提供了部分送货凭证作为证据,可以证明 A 贸易公司曾经向 B 科技公司送货,但仅凭 B 科技公司提供的解除合同的函件,并不能 100% 证明对方违约,因此需要审慎考察双方提供的证据以及案件背景,才能妥善处理该案件。

为此,主办律师周律师带领笔者以及团队其他成员,详细研究了 A 贸易公司的起诉资料,发现其提交的证据之一即送货单,只有寥寥数十张;而该笔交易涉及 3000 套零件,每套有 109 种。虽然 A 贸易公司声称其中一份采购合同已经全部交付完毕,B 科技公司已经利用其交付的零件生产出电视机,但并没有提供任何的证据证明这一事实。

笔者团队还注意到:两份采购合同,一份签订于 2007 年 3 月 29 日,约定交付 1000 套零件;另一份签订于 2007 年 4 月 4 日,约定交付 2000 套零件。但是,A 贸易公司提供的送货单,无法区分交付的是哪一份采购合同项下的零件。

A 贸易公司是否足额交付了零件,是非常关键的问题:如果 A 贸易公司交付的零件不齐全,B 科技公司就无法生产电视机,合同目的就无法实现,B

---

[1] 诉讼过程中,A 贸易公司将诉讼请求变更为赔偿利润损失。

科技公司解除合同就符合法律规定;如果B科技公司已经收到了第一份采购合同约定的1000套零件,并利用该1000套零件生产出电视机,按常理,A贸易公司应当可以提交B科技公司已收讫1000套零件的证据。因此,A贸易公司主张的事实存在疑点。

鉴于A贸易公司提交的送货单数量极少,如果逐一统计这些送货单后,送货单记载的货物大大少于第一份采购合同约定的1000套零件,再结合B科技公司发函解除采购合同的事实,就可以有效反驳对方主张的事实。

为此,笔者负责将A贸易公司提交的送货单对应的某一特定零件的序号、单次交货数量、对应的送货单所在位置等一一输入Excel表格,然后将单次交货数量累加为"总交货数",并将"总交货数"与生产一台电视机所需的该种零件的数量相除,得出A贸易公司所交零件数量可用于生产的电视机数量(实际交货套数)。经过长达一周的反复分析和尝试,笔者统计的成果详见表3-2(以其中一个零部件为例)。

表3-2 案例3-2的某一零件汇总统计

<table>
<tr><th>零件序号</th><th>单机所需数量/套</th><th>总交货数/套</th><th>所交数量可用于生产电视机数量/台</th><th>单次交货数/套</th><th>索引号</th></tr>
<tr><td rowspan="3">77</td><td rowspan="3">1</td><td rowspan="3">756</td><td rowspan="3">756</td><td>200</td><td>证据七第23页</td></tr>
<tr><td>196</td><td>证据七第24页</td></tr>
<tr><td>360</td><td>证据七第7页</td></tr>
</table>

最终,笔者在统计所有序号的零部件送货单后发现,A贸易公司提交的送货单,只能证明其曾经交付过109种零件中的24种,并且该24种零件中还有很大一部分不足1000套;非但如此,A贸易公司提供的送货单中还有很多是重复的。

既然如此,A贸易公司提交的证据显然无法证明其已经交付了第一份采购合同约定的1000套零件。再考虑两份采购合同签订的时间非常近,并且送货单无法区分是哪一份采购合同项下约定的零件,很明显,可以认定A贸易公司主张的事实是不成立的,在双方主张的事实完全矛盾的情况下,这意味着B科技公司主张的事实可以被采信。

统计结果出来后,笔者团队才根据B科技公司提交的证据,以及统计结果起草答辩状，并将统计表、A 贸易公司提交的送货单作为答辩状附件，以便帮助法官清晰地了解案件事实。

【处理结果】

深圳市宝安区人民法院支持了笔者团队的代理意见，驳回了 A 贸易公司的全部诉讼请求。A 贸易公司上诉后，没有交纳上诉费，深圳市中级人民法院裁定按其撤诉处理。案件圆满解决。

该案件一审主审法官在我方提供相关统计表格、提交答辩意见后，依职权要求 A 贸易公司补充提交送货单，但 A 贸易公司根本无法提供新的送货单。据悉，主审法官在审理案件过程中，将我方制作的统计表与 A 贸易公司提供的送货单逐一进行核对后，才作出了本案判决。可见，不仅有谨慎细致的律师，更有认真负责的法官。

在该案件处理过程中，笔者所在工作团队利用 Excel 表格进行了多次的尝试，反复核实数据，多次改变统计表的呈现形式，以使统计结果更准确、直观。Excel 表格的强大功能，使团队的设想成为可能。

因此，律师在处理疑难复杂的民商事诉讼案件的过程中，不但要清楚法律法规和案件事实，在特定情况下还应当注重数据关系。除了熟练使用 Excel 表格等现代化办公软件之外，还要有孜孜不倦地追求案件事实的精神，以及对成功的热切期盼。

第四章 绘制法律关系图

法律关系图是用曲线、箭头和简要文字,演示同一案件中各当事人或者与案件有关的其他主体之间的法律关系的组合图。本书第一章中的图1－1就是一幅法律关系图。

如果律师需要处理的案件材料较少,当事人之间的法律关系非常简单,如一般的劳动争议案件、人身损害赔偿案件、民间借贷案件,律师只需要提供相应的证据材料就可以了。

但是,如果律师需要处理的案件材料繁多,而且交易主体之间具有多重法律关系,或者案件属于历史遗留问题,在历史发展过程中不同主体参与到了同一法律关系中(或者不同主体的某个行为导致了一个或者几个法律事实发生,如案例1－1),那么,代理律师就应当设想:仅凭书面证据和法律文件,法官能否迅速、准确地掌握各方之间的法律关系？能否在看到案件材料后,立即对案件涉及项目的历史演变过程形成清晰的认识？

尽管法官拥有丰富的审判经验,可以较快地掌握案件材料和各方当事人的法律关系,但是,以笔者分析和研究疑难复杂案件材料的经验来判断,如果法官面对的是厚达几百页、时间跨度长达十余年的案件证据材料,应当也需要花费大量的时间和精力进行梳理,才能基本掌握各方之间的法律关系。更何况商业合同以及商务往来文件,并不如武侠小说那样情节动人、扣人心弦——实际上,大部分时候,律师面对的案件材料,其中的文字是枯燥无味的。

因此,如何通过律师的工作,让法官在第一次看材料时就对案件各方当事人之间的法律关系和重要事实产生直观且深刻的印象，就成了律师处理疑难复杂案件时非常重要的一个任务。

一般人都会在短时间内对形象的事物留下深刻印象，但对抽象的事物，却往往难以在第一次阅读时立即产生深刻印象。既然文字有可能枯燥无味，那么由表示不同关系的曲线和文字，将各方当事人的法律关系用组合图的方式演示出来的法律关系图，就是解决上述问题的最佳选择了。

所以，法律关系图的主要目的，就是以更为形象生动的方式，让阅读者（法官、客户等）准确、高效地掌握各方当事人之间的法律关系和案件关键事实。基于这个原因，律师在工作过程中绘制的法律关系图，主要作为相关法律文书，如起诉状、答辩状、代理词等的附件，或者作为向客户介绍诉讼方案时的辅助文件使用。

同样，如果律师团队内部需要就疑难复杂案件有关问题进行讨论，主办律师在讨论之前绘制好法律关系图，也可以大大提高讨论和沟通的效率。

可以说，法律关系图既是处理疑难复杂案件的重要辅助文件，也是展现一个律师的专业水准以及把握案件要点能力的"试金石"。要处理好疑难复杂案件，就需要掌握绘制法律关系图的能力。

下面笔者将介绍法律关系图的绘制方法，希望你会记得其中的方法和故事，并忘记笔者那冗长不堪的文字。

第一节　绘制法律关系图的工具

法律关系图用文本框填写当事人的名称，用带箭头的直线和曲线表示各当事人之间的关系，并在直线和曲线之间添加简要文字，表示各当事人之间的法律关系或者核心交易条件。

绘制法律关系图时，一般由主办律师先根据整理、分析案件材料的情况，在纸上手绘出法律关系图的草稿，再由法律秘书用相关办公软件制作出电子版。

笔者以前主要使用 Word 文档软件绘制法律关系图。制作方法是在 Word 文档中插入文本框，填写文字部分，并插入带箭头的直线或者曲线，将文本框与直线、曲线等连接起来，添加相应的文字，这样就可以制作出比手绘更美观、更完整的法律关系图。

但是,利用 Word 文档绘制法律关系图效率很低,主要问题是插入的文本框与直线、曲线之前的连接容易错位,在修改的过程中,如果移动了中间位置的文本框,将导致与其相邻的文本框、直线、曲线等的位置均要移动,而 Word 文档移动文本框非常麻烦,在移动过程中容易因为误操作而放大或者缩小文本框,同时移动的精准度不高。由于这些问题,使用 Word 文档绘制一幅法律关系图,如果加上修改所需的时间,常常需要花费几个小时才能完成。

后来,笔者发现使用 Visio 软件远比使用 Word 文档便捷,因此近几年来笔者团队一直用 Visio 软件绘制法律关系图。Visio 软件是 Microsoft 办公软件系列中负责绘制流程图和示意图的专业软件,便于互联网从业人员和商务人士就复杂信息、系统和流程进行可视化处理、分析和交流。使用 Visio 软件可以非常简便地绘制法律关系图,如果预先已设计好法律关系图的草稿,可以在十几分钟内轻松完成绘制工作。

第二节　绘制法律关系图的方法

一般人看到他人已经绘制好的工作流程图、法律关系图时,通常是被简洁明了的图表吸引,而不会去想绘制该等图表的具体过程。笔者第一次绘制法律关系图时,原以为这是一件再简单不过的事情,但很快就发现,需要一定的方法和技巧,才能绘制出准确而简洁的法律关系图。

接下来,以笔者参与处理的案件为例,介绍绘制法律关系图的具体注意事项。

案例 4 – 1 | 伍某、伍某某、程某诉湖北 A 公司股权转让合同纠纷案

笔者作为伍某的代理人,参与处理了本案二审阶段的法律事务。

【案情概要】

2017 年 9 月 3 日,伍某、伍某某、程某与湖北 A 公司签订《合作框架协议》,约定由伍某、伍某某、程某将湖北 B 公司的股权和控制权,以 3800 万元

转让给湖北A公司，湖北A公司根据约定，对湖北B公司名下的甲地块进行房地产开发，并享有甲地块100%的开发权益，湖北B公司已在乙地块开发的项目，则不属于双方合作范围，乙地块的相关权益归伍某、伍某某、程某所有；双方同意，由湖北A公司在该《合作框架协议》签订后3日内，向伍某、伍某某、程某支付500万元履约保证金，伍某、伍某某、程某收到该500万元履约保证金后，配合湖北A公司对湖北B公司进行尽职调查；湖北A公司将按约定，分三期向伍某、伍某某、程某付清3800万元股权转让款。

2017年9月19日，伍某、伍某某、程某与湖北A公司签订《合作协议》，该《合作协议》的内容与《合作框架协议》基本一致，但对付款时间、付款方式和付款条件作了相应变更，具体如下：

1.《合作协议》签订后3个工作日内，湖北A公司向湖北B公司支付500万元，再由湖北B公司向伍某、伍某某、程某指定账户支付该500万元作为定金，伍某、伍某某、程某收到该定金后，将湖北B公司相关证照、印章交由双方共管；该500万元定金在相关证照、印章共管之后，转为湖北A公司支付的第一笔股权转让款500万元。

2. 双方对湖北B公司有关债权债务进行清理后，由湖北A公司以增资扩股的方式，对湖北B公司增资1500万元，增资完成后，湖北B公司的注册资本由100万元变更为1600万元，其中湖北A公司出资1500万元，占93.75%的股权，伍某、伍某某、程某出资100万元，占6.25%的股权。湖北B公司收到该1500万元增资款，并向伍某、伍某某、程某指定账户清偿湖北B公司的1500万元关联债务后，即视为湖北A公司付清了第二笔股权转让款1500万元。伍某、伍某某、程某在收到该500万元定金和以1500万元增资款方式支付的股权转让款后，将湖北B公司的控制权移交给湖北A公司。

3. 伍某、伍某某、程某在2017年3月31日前完成湖北B公司名下乙地块项目的土地增值税清算工作后，湖北A公司向伍某、伍某某、程某支付第三笔股权转让款400万元。

4. 在湖北B公司名下的甲地块开放的房产开始销售后3个工作日内，伍某、伍某某、程某将持有的湖北B公司6.75%的股权，以100万元转让给湖北A公司，湖北A公司支付该100万元后，即视为其已向伍某、伍某某、程某支付了第四笔股权转让款100万元。

5. 在湖北B公司名下的甲地块开发的项目开始销售后6个月内，由湖北B公司向伍某、伍某某、程某支付固定利润1300万元。湖北B公司支付该1300万元固定利润后,即视为湖北A公司已向伍某、伍某某、程某支付了第五笔股权转让款1300万元,至此双方约定的3800万元股权转让款全部付清。

上述合同签订后,湖北A公司向伍某、伍某某、程某支付了900万元股权转让款,并开始在湖北B公司名下的甲地块进行建设。此后,双方因对合同条款的理解产生重大争议,而发生严重冲突,湖北A公司在争议期间获得了湖北B公司的控制权,并已于2019年12月开始销售在甲地块开发的项目。

为此,伍某、伍某某、程某于2021年5月向湖北甲法院起诉,要求湖北A公司支付剩余的全部股权转让款。湖北甲法院于2021年12月11日,以《合作协议》约定的第二笔股权转让款1500万元、第五笔股权转让款1300万元应当由湖北B公司支付,因此伍某、伍某某、程某起诉的主体有误为由,驳回了伍某、伍某某、程某的全部诉讼请求。伍某、伍某某、程某不服一审判决,向湖北乙法院提起上诉。

【绘制过程】

上述案例4-1的基本情况,是笔者根据双方提供的500多页资料,经过多次简化才整理出来的。即便笔者此前已经看过十几次该等案件材料,现在再看上述案情概要,依然觉得仅凭文字,理解各方当事人之间的法律关系,尤其是其中极其复杂的付款条件(笔者在案情概要中已省略了部分条件),是一件很困难的事情。

面对这样一个法律关系复杂的案件,无论是代理人还是法官,恐怕都无法快速理解各方的法律关系,即便是法官在审理案件时,经询问各方当事人,从而对各方当事人之间的法律关系和权利义务有了准确的认识,也可能会因为案件审理时间较长,导致庭审后几个星期就忘了此前已经理解的内容,仅依稀记得大概情况。

所以,律师在处理类似的疑难复杂案件时,应当在通览案件材料、编写案件事实明细表后,确定各方当事人之间存在的法律关系,并绘制出相应的法律关系图,以便在后续工作中随时利用法律关系图与团队成员、客户讨论案件。

经讨论定稿后的法律关系图，还可以作为相关法律文件如起诉状、答辩状、代理词等的附件，以便法官可以随时快速掌握各方当事人之间的法律关系。

作为诉讼律师，我们的主要工作，就是通过自己的专业知识和工作经验，协助法官尽快查明案件事实，确定争议焦点。其中，核实各方当事人之间的法律关系，是解决事实争议和法律争议的重要环节。从这个角度来说，法官显然非常乐意看到律师制作出准确的法律关系图，甚至部分法官会当庭对律师制作出的准确的法律关系图表示赞扬，笔者就有这样令人愉快的经历。

笔者就案例 4－1 绘制的法律关系图，见图 4－1。

笔者认为，根据图 4－1 可知，伍某、伍某某、程某与湖北 A 公司才是合同当事人，湖北 B 公司只是该次股权交易的目标公司；事实上，湖北 B 公司是接受湖北 A 公司的委托，向伍某、伍某某、程某支付款项，因此湖北 A 公司才是债务人，湖北 B 公司则是民法上规定的第三人。在债务人已经实现了全部合同目的，且其委托的第三人没有履行债务的情况下，显然应当由债务人即湖北 A 公司承担责任，因此湖北甲法院作出的一审判决，是值得商榷的。

【绘制法律关系图注意事项】

不同的律师绘制的法律关系图，有可能会呈现不同的风格，甚至存在较大差异，其中的差异在于如何在法律关系图中放置各方当事人的位置，以及在直线或者曲线中添加什么样的说明内容。

各方当事人的位置摆在哪里，对阅读者有比较大的影响。当事人之间的位置如果摆放得当，法律关系图所呈现的法律关系就会一目了然；反之，则会导致阅读者难以理解，看完之后依然一头雾水。

一般而言，应当先确定同时与几个当事人之间均存在法律关系的当事人的位置，该当事人的位置应当放在便于绘制其他直线和曲线的地方。例如，在案例 4－1 中，湖北 B 公司的位置放在该法律关系图的中间，一方面，可以方便地表示其分别与湖北 A 公司以及伍某、伍某某、程某之间的法律关系；另一方面，可以表明其与甲地块以及第一笔、第二笔、第五笔股权转让款之间的关系。

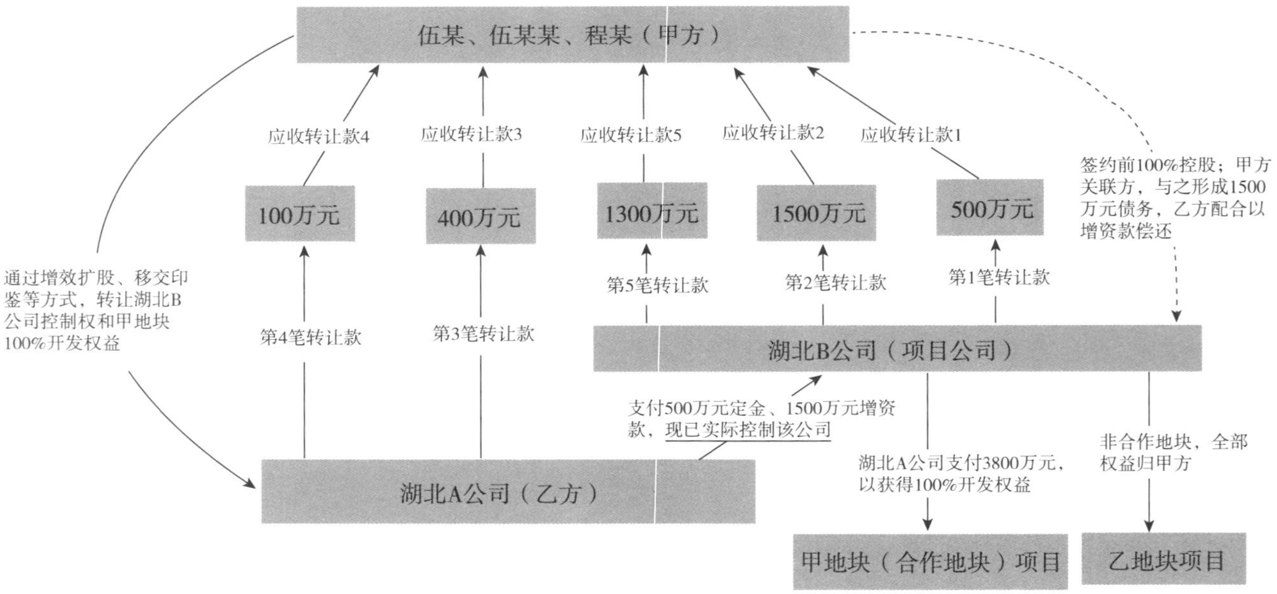

图4–1　案例4–1的法律关系图

确定各方当事人之间的位置之后，就可以通过添加带箭头的直线或者曲线，并添加相应的说明文字，来表示各方的法律关系了。根据笔者经验，以下操作方法是值得推荐的：

1. 用单箭头直线表示当事人之间的控股关系、交易关系、权属关系，或者表示资金流向；

2. 用双箭头的直线表示存在合作关系，用带箭头的曲线表示距离较远的当事人之间的关系（曲线可方便地调整中间的弧度，使法律关系图更美观，更有整体感）；

3. 用实线表示案件真实的法律关系，用虚线表示与案件不直接相关，但对案件处理有影响的其他关系；

4. 为了使阅读者容易辨识不同的法律关系，还可以用不同颜色标示不同的当事人，或者标示不同的线条和文字。

添加好直线和曲线之后，可根据律师对案件争议要点的理解，在直线和曲线中添加简要文字，标注各方当事人之间的关系，或者标明当事人对某个事项、某个当事人负有的核心义务等内容。这样，一张布局合理、清晰明了的法律关系图就呈现在大家面前了。

第三节　绘制法律关系图的意义

如上所述，核实各方当事人之间的法律关系，是解决事实争议和法律争议的重要环节，也有助于法官更为准确且直观地理解各当事人之间的法律关系。笔者在 2017 年至 2018 年处理的一起案件，具有一定代表性，下文将详细说明。

案例 4－2 | 徐某诉张某合作开发房地产合同纠纷案

在该案件中，笔者作为被告张某的代理人，参与处理了该案件重审期间二审阶段的法律事务。

【案情概要】

1992 年 6 月 29 日，济宁市贸工农实业总公司（以下简称济宁贸工农公司)与原宝安县龙华镇上塘村村委(以下简称上塘村村委)签订了一份《合作建设居民新村用地协议书》,约定由上塘村村委将20,075.15平方米用地提供给济宁贸工农公司作为合作开发居民新村用地,开发建设及红线内市政配套设施所需资金,由济宁贸工农公司筹集,上塘村村委按面积收取合作费用。济宁贸工农公司的签字代表为张某。

1992年6月至9月,徐某任职的深圳市X公司贸易部,向张某任职的Y公司开具了4张,金额共计为83万元的转账支票,张某则向徐某出具了4张收条,收条注明"收到徐某住宅小区投资款"等字样。

张某主张上塘村项目在1992年年底转让给了Z公司,Z公司曾向X公司贸易部转账150万元,因此当时的合作已经结束,只因Z公司实际控制人鲁某一直被关押在监狱,而且Z公司早已歇业,时隔多年导致无法查到全部转账记录。

1999年8月30日,徐某因票据诈骗罪被判有期徒刑12年。2008年7月29日,徐某被提前释放。

2012年3月5日,徐某以合作开发房地产合同纠纷为由,向深圳市福田区人民法院起诉(最终案件被移送至深圳市盐田区人民法院审理),要求张某返还投资款83万元并支付利息。深圳市盐田区人民法院于2013年6月28日作出一审判决,以徐某提出的诉讼请求超过了诉讼时效期间为由,驳回了徐某的全部诉讼请求。

徐某上诉后,深圳市中级人民法院经审理认为:徐某与张某均为自然人,没有房地产开发资质,因此两人之间形成的合作开发房地产合同关系无效,由于合同无效后返还财产的诉讼时效期间从法院判决合同无效之日开始计算,因此徐某的起诉并没有超过诉讼时效期间,遂改判张某向徐某返还投资款83万元并支付从1994年5月26日起至实际支付之日止的利息。

张某不服该二审判决,向深圳市中级人民法院申请再审。再审期间,张某委托律师查询到了Y公司于1992年12月28日向X公司贸易部转回30万元的银行转账凭证。为此,深圳市中级人民法院以原判决认定事实不清为由,于2014年12月28日裁定撤销原二审判决,将案件发回深圳市盐田区人民法院重审。

深圳市盐田区人民法院经重审后,于2017年5月23日作出重审一审判决,判决理由和审理结果与深圳市中级人民法院作出的原二审判决一致。

张某不服，提起上诉。

【处理过程】

张某是在提起上诉后辗转找到笔者团队的。张某认为，上塘村项目经历过几次合作方式的变化，最终确有部分地块（该项目最终被划分成若干宅基地建设“农民房”[1]）的权利归张某所有，但这些地块与徐某无关。徐某与张某之间在 1992 年 12 月就已经通过其他方式结算完毕，而且徐某早在 2008 年就已经出狱，并在当年北京奥运会举办期间与张某吃过饭，当时徐某非常清楚该项目已经建设了住宅但没有任何异议。徐某后来没有钱了，才利用该项目年代久远、相关公司已经歇业等便利，提起了本案诉讼。

而徐某在案件中主张的事实，则与张某主张的事实完全相反。徐某认为，双方从来没有进行过任何形式的结算，张某或者张某的关联公司也从未向徐某支付过任何款项，正是因为如此，徐某才持有张某出具的收条。

由于该案件发生的年代确实久远，而且涉及的很多公司已经歇业，银行方面也因年代久远，难以查询到当时的全部银行凭证。因此，本案事实可谓扑朔迷离，处理历程一波三折。

笔者第一次看案件材料时，印象比较深刻的有两点：一是张某与徐某之间主张的事实存在巨大差异，而且关于事实方面的主张，双方均存在难以自圆其说之处。比如，徐某主张其出狱时间为 2010 年，但最终查实为 2008 年 7 月 29 日；徐某主张从未收到过任何款项，但经查 Y 公司曾向徐某挂靠的 X 公司贸易部转款 30 万元；张某主张相关款项已经全部结清，但却无法调查到全部银行凭证。二是法院先认定张某与徐某之间存在合作开发房地产合同关系，再据此认定该合同无效，进而认为徐某的起诉没有超过诉讼时效期间，这一处理方式可谓化繁为简，干净利落，不但避开了查询相关银行凭证的障碍，也避开了诉讼时效的障碍。

（一）案件面临的障碍

然而，上述裁判思路对张某而言，却形成了一张无形的巨网，它使后续参与该案件的人员，无论是法官还是各方代理人，均受到该思维方式的限

---

[1] “农民房”是深圳地区对原村民在宅基地上建设的住房的俗称。“农民房”不同于市场商品房，一般限制对外转让。“农民房”的产权证一般是绿色封面，又称“绿本”。

制,无法破除其形成的框架。在该案件重审阶段的答辩、法庭调查、辩论过程中,各方当事人均未对徐某与张某之间究竟存在什么样的法律关系产生过疑问。

笔者认为,徐某2008年7月29日出狱,此时上塘村项目上已经建设了住宅,假设徐某主张的事实为真,那么即便张某没有告诉徐某上塘村项目的后续建设情况,徐某也应当知道上塘村项目是否已经建设了住宅,并清楚其权益是否已被侵害(假设徐某确实存在合法权益)。因此,该案证据足以证明徐某提起诉讼已经超过了诉讼时效期间。但是,张某提出诉讼时效期间抗辩可以获得法院支持的前提是,张某与徐某之前形成的法律关系不是无效的合同关系,因为按照司法实践以及民法学理论,因合同无效产生的返还财产请求权,其诉讼时效的起点从司法机关确认合同无效之日起开始计算,这样显然无法绕开原审二审判决确立的裁判思路。

也就是说,确认张某和徐某之间存在的究竟是何种法律关系,才是解决张某和徐某之间争议的关键所在。对双方存在的法律关系的理解不同,得出的结论也完全不同。

徐某、原审二审判决和重审一审判决,认为各方当事人之间所形成的法律关系如图4-2所示。

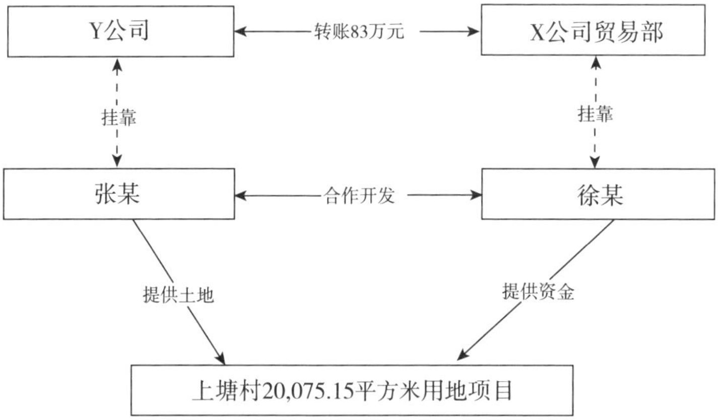

图4-2 案例4-2原审二审判决认为的法律关系

(二)解决障碍的理由

笔者认为,张某与徐某之间并不存在合作开发房地产合同关系,理由如下:

1. 徐某与张某之间的关系不具备司法解释规定的合作开发房地产合同关系的特征

最高人民法院《关于审理涉及国有土地使用权合同纠纷案件适用法律问题的解释》(以下简称《国有土地使用权纠纷解释》)第 14 条[1]规定:"本解释所称的合作开发房地产合同,是指当事人订立的以提供出让土地使用权、资金等作为共同投资,共享利润、共担风险合作开发房地产为基本内容的协议。"

但是,张某和徐某之间并没有签订书面协议,徐某提供的收条,仅记载了张某收到徐某的投资款,但并没有关于一方提供土地使用权、另一方提供资金合作开发房地产的约定,没有任何证据可以证明双方就共同承担风险、如何分配利润等事项达成过合意,因此双方的关系并不具备上述司法解释所规定的合作开发房地产合同的特征。

事实上,张某自该案发生之日起,一直主张相关交易是公司之间的交易,从未主张过其与徐某之间存在合同关系;更为重要的是,无论是张某还是徐某,均不是涉案项目的土地方(土地方为上塘村村委),事实上也不可能在两人之间形成合作开发房地产的法律关系。

2. 济宁贸工农公司与上塘村村委之间形成的才是合作开发房地产合同关系,这足以排除徐某与张某之间存在合作开发房地产合同关系

济宁贸工农公司与上塘村村委于 1992 年 6 月 29 日签订了《合作建设居民新村用地协议书》,确定由上塘村村委提供用地、济宁贸工农公司负责提供资金进行开发建设。因此,济宁贸工农公司与上塘村村委之间形成了典型的合作开发房地产合同关系,两者的关系更符合上述《国有土地使用权纠纷解释》第 14 条规定的合作开发房地产合同关系的基本特征。

在同一时期内,同一项目中只会存在一个合作开发房地产合同关系(一方出地、另一方提供资金作为共同投资的关系),根据各方提供的证据可知,事实上该项目此后一直由上塘村村委配合提供用地手续,其他参与者(除徐某和张某之外,还有其他人参与投资)负责提供资金。既然如此,显然可以排除徐某与张某之间存在合作开发房地产合同关系的可能性。

---

[1] 此处适用的是 2005 年《国有土地使用权纠纷解释》,相关规定参见 2020 年修正的《国有土有使用权纠纷解释》第 12 条。

3. 根据资金流向和交易背景,双方的关系是合伙关系而非合作开发房地产合同关系

徐某挂靠的X公司贸易部与张某挂靠的Y公司之间的账务往来,与徐某提供的收条记载的付款时间和金额相同,但该等资金流向张某,张某则是上述合作开发房地产合同关系的资金提供方济宁贸工农公司的控制人,张某获得徐某提供的款项后,再将相关款项连同张某以及其他人员提供的资金投入该项目中,并将该项目迅速转让给Z公司。

如果徐某提供的款项确实用于项目建设,那么,张某与徐某实际上是该项目的共同出资方(合伙投资),而非其中一方出资,另一方出地的关系。各方交易的历史背景,是当时深圳地区因经济特区建设,掀起了"炒地皮"的热潮,张某、徐某以及其他人员因此共同出资,其目的是通过张某控制的济宁贸工农公司与上塘村村委签约,并在签约后以溢价转让给Z公司的方式迅速获利,这也是徐某挂靠的X公司贸易部,以及张某挂靠的Y公司此后的账务都没有问题的原因——无论是X公司贸易部还是Y公司,在1992年12月之后,都没有向徐某或者张某追查相关账户款项的记录,这说明徐某和张某应当已经通过结算或者其他方法,使各自挂靠单位的账务实现了平衡,即已经平账了。

收条仅记载了相关款项的用途为投资款,但投资的方式多种多样,不能据此得出徐某与张某之间存在以两人为主体对涉案项目进行合作开发建设的约定。例如,假设某个自然人基于其与王石先生的人际关系,出资100万元委托王石先生投资到万科公司的某个项目中,如果王石先生据此出具了收条给该自然人,写明收到100万元投资款,则显然不能据此得出王石先生与该自然人之间存在合资合作开发该项目的合同关系,而只能认定双方存在委托投资关系。

(三)双方实际的法律关系

基于上述理由,笔者认为徐某与张某之间并不存在合作开发房地产合同关系,双方之间是合伙关系,各方的法律关系应当如图4-3所示。

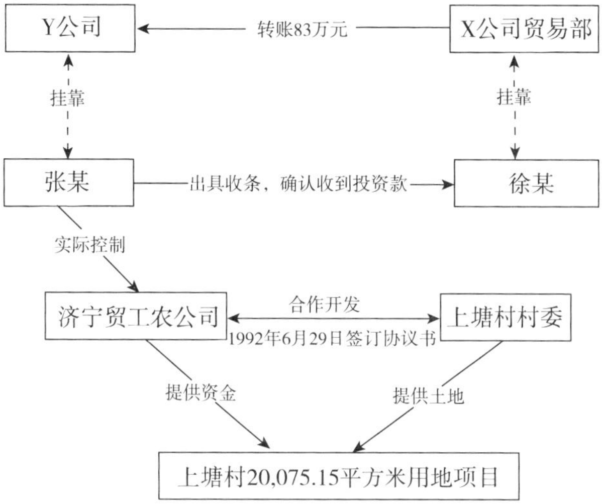

图 4－3　案例 4－2 实际的法律关系

【处理结果】

笔者作为张某上诉期间的代理人之一,与张某的原代理人共同参与了该案件的二审审理工作。张某至此已经先后三次聘请了不同的律师,第一次聘请的律师主要负责原审期间的一审和二审工作,第二次聘请的律师主要负责再审、重审期间的一审和二审工作,第三次是由笔者在案件重审期间的二审阶段代理该案件。

2018 年 12 月 16 日,深圳市中级人民法院采纳了笔者的代理意见,以徐某和张某之间存在的不是合作开发房地产关系而是合伙关系为由,认定徐某于 2012 年起诉已经超过了诉讼时效期间,并驳回了其全部诉讼请求。

徐某此后向广东省高级人民法院申请再审,但广东省高级人民法院于 2020 年 4 月 28 日驳回了其再审申请。

【案例的启迪意义】

从案例 4－2 的处理过程可以看出,准确确定各方当事人之间存在的法律关系,是正确处理案件的前提。如果代理人甚至全部诉讼参与人都对各方当事人之间的法律关系理解错误,必然导致案件审理方向出现问题。而代理人在对法律关系理解错误的情况下所采取的代理措施,必然无法达到正确解决争议的目的。

因此,对于疑难复杂的民商事案件,应当先对案件事实进行全面而透彻地分析,准确认定各方当事人之间的法律关系,并及时绘制法律关系图,将法律关系图提供给法庭或者仲裁庭作为参考,这样可以帮助法官更准确地理解各方法律关系,也使自己的主张更易获得法庭或者仲裁庭支持。

第五章

绘制关键事实时间轴图

关键事实时间轴图是以案件关键事实的发生时间为轴，按案件关键事实的发生顺序在时间轴两侧排列，从而突出各关键事实之间的时间关系和因果关系的辅助文件。

时间轴以中间轴线为界，将一个平面分为左右两边，就笔者的工作习惯而言，通常在时间轴的左边和右边，分别填写性质不同的案件关键事实。例如，可以在左边填入客户的核心义务以及其在交易过程中为履行合同所采取的具体行为，右边则填入对方当事人的核心义务以及其在交易过程中的具体行为，这样就可以方便地对双方当事人的具体行为进行时间先后顺序的比对，凸显案件关键事实之间的时间顺序，阅读者也可以迅速掌握时间轴的关键信息。

律师通过通览案件材料、编写案件事实明细表并确定各方法律关系，基本可以确认案件材料中哪些才是对案件处理结果具有重要影响的事实。如果案件各方当事人履行具体行为的时间先后顺序对案件的审理结果可能产生重要影响，则应当绘制关键事实时间轴图进行比对分析，时间轴可以将相关案件事实的时间顺序和逻辑关系一目了然地展现出来。

绘制出关键事实时间轴图后，就可以方便地分析相关案件事实发生的先后顺序及其逻辑关系。如果案件涉及先履行抗辩权、同时履行抗辩权等争议焦点，关键事实时间轴图的作用则更为明显，因为在简洁的关键事实时间轴图中，各方履行义务的顺序和实际情况将一览无余。

与法律关系图一样，关键事实时间轴图也可以作为相关法律文书，如起诉状、答辩状、代理词等文件的附件之一,提供给法庭或者仲裁庭作为参考。

绘制关键事实时间轴图与绘制法律关系图一样,先绘制出草稿,然后使用 Visio 软件绘制电子版。作为处理流程信息的专业办公软件,Visio软件可以帮助我们非常便利地将设想变成现实。

下面以笔者参与处理的两个案例为例,分别介绍关键事实时间轴图在处理时间关系和因果关系上的实际运用。

第一节 比对时间关系

笔者在 2018 年 9 ~ 12 月,为深圳 A 公司提供了专项法律服务,并曾就该客户涉及的股权转让纠纷向其出具法律意见,其中就使用了关键事实时间轴图。

该案件大致情况如下:黄某与深圳 A 公司先后签订了《股权及项目转让协议》《东莞 × ×项目补充协议》,其中《股权及项目转让协议》约定深圳 A 公司应当分九次付清约定的 4 亿元转让款。而《东莞 × ×项目补充协议》则变更了《股权及项目转让协议》约定的部分款项的付款期限,这导致法官必须分别分析《股权及项目转让协议》《东莞 × ×项目补充协议》的具体约定,才能准确判断深圳 A 公司是否按合同约定如期支付了相关款项。由于《股权及项目转让协议》《东莞 × ×项目补充协议》的篇幅很长(均长达十余页),而且两份合同的主体略有不同、条款相对混乱,仅凭对合同条款的记忆去判断深圳 A 公司是否按照合同约定的期限支付了相关款项,是一件非常困难的事情。

对于上述难题,有人选择使用 Excel 表格对比当事人是否按照合同约定的时间支付约定款项,方法是在 Excel 表格中填写应付金额、支付条件、应付时间、支付情况,并进行比对。例如,黄某的代理人就在其民事起诉状中提供了相应的表格,见表 5 – 1。

表5-1 黄某代理人所列表格

单位:万元

序号	应支付金额	支付条件	应支付时间	支付情况
1	1000	(本书略)	2013年9月底前	已支付
2	2000	(本书略)	2013年10月16日前	已支付
3	5000	(本书略)	2013年10月25日前	已支付
4	5000	(本书略)	2013年10月30日前	已支付
5	5000	(本书略)	2014年1月20日前	已支付
6	15,000	(本书略)	2014年3月、4月、5月每月月底分批支付5000万元	未足额支付
7	800	(本书略)	2014年2月1日前	已支付
8	5000	(本书略)	2014年3月	未支付
9	200	(本书略)	2014年2月1日前	已支付

利用Excel表格显示当事人应付款项和已付款项之间的关系,也是一种可行的方式。但因Excel表格的形式限制,导致使用Excel表格对类似问题进行比对时,不够直观。如表5-1中,如果再加一列,显示深圳A公司实际支付每期款项的时间,一方面,由于深圳A公司分了多笔支付该等款项,会导致表格变得非常复杂;另一方面,阅读表格的人也无法据此一眼看出深圳A公司是从什么时候开始逾期付款的。

为此,关于深圳A公司支付约定款项是否符合约定的问题,笔者决定通过绘制关键事实时间轴图进行比对。笔者根据《股权及项目转让协议》《东莞××项目补充协议》具体条款的约定,将合同约定的付款时间、金额、合同条款等信息,以及深圳A公司的付款时间、金额等信息绘制成关键事实时间轴图。图5-1是笔者就案例绘制的关键事实时间轴图的一部分,需要说明的是,笔者未在本书中列明《股权及项目转让协议》《东莞××项目补充协议》的具体条款。

图 5-1　笔者绘制的深圳 A 公司付款关键事实时间轴图(部分)

根据图 5-1,可以非常直观地获得以下关键信息:

(1)根据《股权及项目转让协议》《东莞××项目补充协议》的约定,深圳 A 公司应当在 2014 年 5 月 31 日前向黄某支付的款项共计为 2.82 亿元;

(2)深圳 A 公司在 2014 年 5 月 31 日前向黄某实际支付了 2.33 亿元,此时尚有 4900 万元款项没有支付;

(3)深圳A公司在2014年2月1日前一直按约定时间付款,此后才开始出现逾期。

此外,由于在关键事实时间轴图每个时间节点的下方都列明了每一笔款项对应的合同条款(本书已省略),审阅人员可以根据该关键事实时间轴图,便捷地在《股权及项目转让协议》《东莞××项目补充协议》中查找具体条款,大大提高了阅读者理解问题的效率。

第二节　突出因果关系

除了比对时间关系之外,关键事实时间轴图还可以作为突出案件各项事实之间因果关系的辅助文件,即通过在关键事实时间轴图中分别罗列与案件有关的事实,突出各事实之间的内在联系,并据此判断各事项之间是否存在因果关系。

案例5-1 | 杨某诉F公司股东资格确认纠纷案

在该案件中,笔者作为原告杨某的代理人,参与处理了该案件二审阶段的法律事务。

【案情概要】

F公司原系某区下属国有医药公司,主营业务为药品批发和零售。2000年6月,F公司上级部门决定对F公司进行改制,将F公司按评估价格转让给F公司全体员工。

杨某主张其在2000年6月23日担任F公司副经理一职,与其余14名员工分别缴纳了4万元诚意金,获得了参与F公司改制的资格,部分没有缴纳诚意金的员工则没有资格参与改制。

2000年7月4日,杨某、何某等15人共同出具授权委托书,授权张某签订改制涉及的合同并办理相关手续。

2000年10月16日,杨某等14人(其中,何某中途放弃参与改制,因此最终签约员工为14人)与F公司股东G公司签订《产权转让协议书》,约定由G公司以114万元的价格将F公司100%股权转让给14名员工,14名员工需要在办理股权变更前解除G公司对F公司340万元的担保责任。其中,G公司转让给杨某的股权比例为10.88%。

2001年1月16日,F公司副经理杨某某向杨某出具收条,确认收到杨某7万元。

2001年2月16日,某区国资办批复同意F公司改制方案;2001年2月22日,某区投资管理公司作出改组F公司的决定。该等批复文件均注明杨某为股东之一。

2001年2月27日,杨某与F公司签订《职工买断经营协议书》,约定F公司以5万元的价格将下属C药店由杨某等三人买断经营,F公司不再向杨某等人支付工资,但可以协助办理杨某等人的社会保险。在本案争议发生后,F公司曾向派出所报案,主张杨某在2001年利用职务之便,擅自转让C药店给他人,构成职务侵占罪;在民事案件中,F公司以及其他四名股东则主张杨某签订《职工买断经营协议书》后带走C药店营业执照,并因此放弃了股东资格。

2001年6月4日,F公司完成股权变更登记,杨某登记为股东之一。

2003年3月21日,F公司配合杨某办理了市内合同制工人流动表,杨某正式将其人事关系调出F公司。

F公司以及其他股东确认,《产权转让协议书》约定的转让价款114万元,最终以F公司提供名下房产给G公司使用10年的方式抵销。关于解除G公司担保责任问题,F公司主张除杨某外的其他股东筹集了340万元偿还了银行贷款,解除了G公司的担保责任,并提供了F公司向13名股东出具的收款收据。

2016年5月10日,杨某委托律师向F公司发函,要求查阅F公司会计账簿,并起诉F公司要求行使股东知情权。F公司则主张杨某并非股东,其在改制时的股权已由涂某等四名股东"承接"。在该知情权案件二审阶段,深圳市中级人民法院以杨某的股东资格存在争议为由,在民事裁定书中以裁判指引的方式,要求杨某提起股东资格确认之诉后,再提起股东知情权诉讼。

为此,杨某于2017年7月向深圳市龙岗区人民法院起诉,要求确认其为F公司股东,享有F公司10.88%的股权。涂某等四人也分别向深圳市龙岗区人民法院起诉,请求判决确认登记在杨某名下的F公司10.88%的股权已经由其"承接",股权权利归其所有。

深圳市龙岗区人民法院经审理后认为，杨某没有出资，而且在F公司改制后没有参与公司管理，F公司10.88%的股权应当归涂某等四人所有，因此判决驳回了杨某的全部诉讼请求，并支持了涂某等四人的诉讼请求。

【处理过程】

（一）案件存在的问题

该案件与案例4-2极其相似，都属于因历史遗留问题导致的诉讼，都经历了前期漫长的诉讼过程，都具有事实难以查实的特点，各方当事人各执一词，互不相让。而且，与案例4-2一样，在该案件中，各方当事人所主张的事实，也均存在难以自圆其说之处，具体表现在：

1. 当事人的主张缺乏完整的证据链条支持

例如，F公司主张另外13名股东筹集340万元用于解除G公司担保责任，但除了F公司单方制作的收款收据之外，没有相应的银行凭证予以印证，且部分收款收据的落款时间在F公司完成变更登记之后，存在矛盾。

2. 当事人主张的事实前后矛盾

例如，F公司在派出所主张杨某利用职务之便将C药店转让给他人，构成职务侵占罪，但在本案诉讼过程中F公司又主张其将C药店给杨某等三人经营，是杨某放弃参与改制（放弃股东资格）的对价，这显然与其在派出所时主张杨某构成职务侵占相互矛盾，因为如果C药店是给杨某放弃股东资格的对价，那么C药店的权益显然与F公司再无关系，F公司在派出所主张杨某职务侵占就没有事实依据，所以，F公司的主张是前后不一致的。

3. 当事人主张的事实无有效证据支持

例如，杨某主张其缴纳了4万元诚意金，但无法提供收款收据证明；F公司主张曾在2000年12月8日召开股东会，讨论将杨某名下股权转让给涂某等四人，但无法提供该手写的会议记录的原件，无法核实其中的关键信息是否属于事后添加，且F公司提供的该会议记录的复印件中也没有杨某签名。

（二）解决方法

由于杨某一审已经败诉，笔者在二审期间代表杨某处理该案件，面临较大挑战。为妥善处理该案件，笔者按照既有的工作方法，在全面分析包括该案件的一审庭审笔录在内的全部案件材料后，将该案件的关键法律事实绘制成关键事实时间轴图，如图5-2所示。

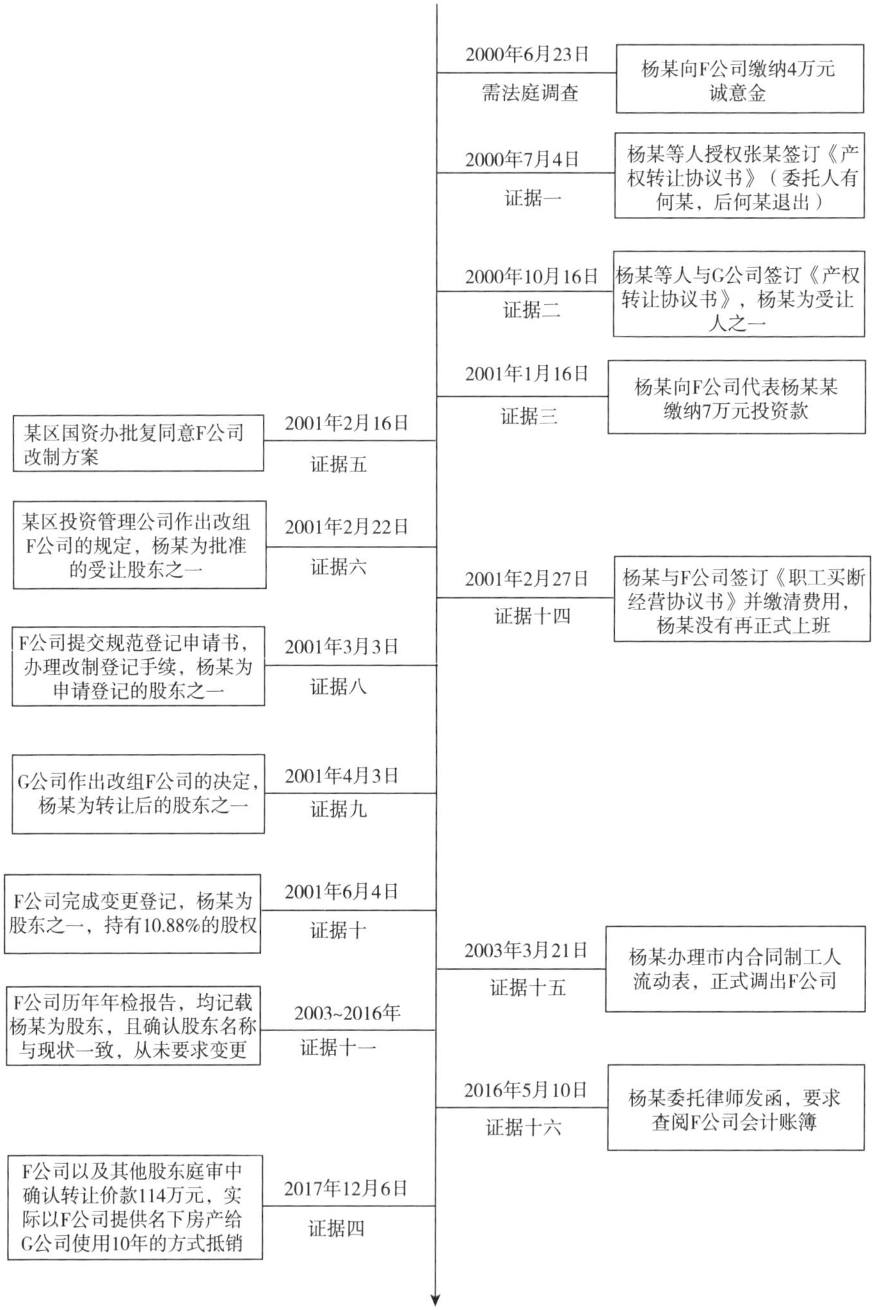

图5－2　案例5－1关键事实时间轴图

1. 依据关键事实时间轴图分析问题

根据图 5 - 2 可知，杨某参与改制并通过受让的方式，从 G 公司获得 F 公司 10.88% 的股权，这一过程非常清晰，前因后果均一一呈现，没有任何矛盾之处：从 2000 年 7 月 4 日杨某出具授权委托书给张某，到 2000 年 10 月 16 日张某代表杨某等人签订《产权转让协议书》，以及此后某区国资部门审批、工商部门办理变更登记，均有相应的证据证明，而且并没有相反证据可以否定。

《产权转让协议书》明确约定 F 公司自行解决职工劳动关系，而杨某等三人是在某区国资部门审批 F 公司改制方案（2001 年 2 月 22 日）后，才与 F 公司签订《职工买断经营协议》，以 5 万元的价格获得 C 药店的经营权的，但《职工买断经营协议》并没有约定杨某将放弃股东资格。如果杨某确实如 F 公司所述，签订《职工买断经营协议》就放弃了股东资格，那么按常理应当会在《职工买断经营协议》中作出明确约定——而且，杨某最终于 2003 年 3 月 21 日才将其人事关系调出 F 公司，此时 F 公司同样没有要求杨某办理放弃股权或者将股权转让给涂某等四人的任何手续，这有违常理。

F 公司主张曾在 2000 年 12 月 8 日召开股东会，讨论将杨某名下的 10.88% 的股权转让给涂某等四人，这与此后 F 公司 10.88% 的股权一直登记在杨某名下的事实不符，加之 F 公司主张杨某签订《职工买断经营协议》即放弃了股东资格，与其在派出所的主张相互矛盾；更为重要的是，除了前述相互矛盾的事实之外，涂某等四人并没有提供其他证据证明其主张。然而，在长达十余年的时间里，如果某一事实曾经实际发生过，显然不会雁过无痕，不留下任何凭证。因此，涂某等四人本可以提供相应的证据证明其主张，其可以提供的证据包括：

（1）2000 年至 2001 年，F 公司解除 G 公司担保责任的全部文件（尤其是偿还银行贷款的转账记录）；

（2）涂某等四人实际行使 F 公司 10.88% 股权的证据（包括历次股东会表决记录、股东会关于分配利润的决议、F 公司分配利润时的转账凭证等）；

（3）涂某等四人曾经向杨某要求将 F 公司 10.88% 的股权登记在其名下的证据。

2. 解决问题的理由

通过对关键事实时间轴图中所列事项进行分析，笔者确信杨某提出的主张更符合法律逻辑,因果关系显而易见,涂某等四人主张的事实则自相矛盾。既然该案件是股东资格确认纠纷,杨某和涂某等四人究竟谁才是法律意义上的公司股东,就应当根据法律规定以及本案事实进行具体分析。

最高人民法院《关于适用〈中华人民共和国公司法〉若干问题的规定(三)》(以下简称《公司法解释三》)第22条规定:“当事人之间对股权归属发生争议,一方请求人民法院确认其享有股权的,应当证明以下事实之一:(一)已经依法向公司出资或者认缴出资,且不违反法律法规强制性规定;(二)已经受让或者以其他形式继受公司股权,且不违反法律法规强制性规定。”

根据上述规定,“依法出资”和“依法继受公司股权”,是依法获得公司股权的两种途径之一,而《公司法解释三》第24条关于代持股的规定,则是对“依法出资”例外情形的规定。

根据本案事实以及上述司法解释的规定,笔者认为,一审判决是错误的。一审判决不但对获得公司股权的法定形式理解错误,而且在没有证据支持的情况下,适用《公司法解释三》关于“代持股”的规定进行裁判,从而导致了错误判决:

首先,杨某等人是通过受让的方式取得股权,无须出资。

依法出资(包括在公司设立时出资,或者在公司增资扩股时认缴出资),以及依法继受公司股权(包括转让、继承、竞买等),都是成为公司股东的方式。在依法出资情形中,股东的义务是根据章程或者出资协议的约定出资;在依法继受情形中,股东的义务是根据转让协议向转让方支付股权转让款。

本案中,F公司在改制前已由G公司完成了出资义务,改制时并未增加注册资本,杨某等14人是因G公司转让而继受获得股权,而非因出资获得股权,本案并不存在因出资取得股权问题;杨某是《产权转让协议书》的当事人之一,依据该协议受让了F公司10.88%的股权,G公司、某区投资管理公司均明确批复杨某为股东之一,该协议约定的股权转让款,也是以F公司出租收益抵销的方式付清,G公司既没有解除该协议,也没有要求杨某返还股权。

既然如此,根据《公司法解释三》第22条的规定,杨某显然已因继受取得F公司10.88%的股权,一审判决认为各股东需要“出资”才能获得股权,对案件性质和法律适用理解错误。

其次，没有任何证据可以证明杨某曾经作出过转让F公司10.88%股权的意思表示。

杨某取得F公司10.88%的股权后，没有任何法律事实导致该F公司10.88%股权的所有权发生过变更或转让，《产权转让协议书》签订后，杨某始终没有承诺过将F公司10.88%的股权转让给任何第三人，F公司和涂某等四人提交的《股东会记录》不但没有原件，而且与案件事实矛盾（2000年12月8日，F公司还没有成立股东会），没有任何事实依据。

需要注意的是，根据《公司法解释三》第24条第1款的规定，实际出资人与名义出资人之间必须订立合同，因此，存在代持股的协议，是认定双方存在代持股关系的前提条件；反过来说，除非相关证据足以证明争议双方存在代持股协议，否则就不能适用《公司法解释三》第24条第2款进行裁判，案情符合第1款是适用第2款的前提。

而该案件中，杨某与涂某等四人从未达成过任何代持股协议，不存在代持股关系，涂某等四人主张其"承接"了杨某名下F公司10.88%的股权，但何为"承接"，《公司法》中没有相应的规定，涂某等人也无法说明该问题。一审判决虽然没有明确援引《公司法解释三》第24条进行裁判，但其裁判思路实际上认为杨某与涂某等四人存在代持股关系，这是导致本案审理结果错误的一个重要原因（作为杨某二审期间的代理人，笔者必须在案件审理过程中强调该问题）。

最后，股东是否参与经营管理，不是确定股权归属的法定条件。

股东是否参与公司的经营管理，并不是确定股权归属的法定条件，并没有任何法律规定公司股东必须参与公司的具体经营管理，才具备股东资格。事实上，大部分股东，如上市公司的社会股东，并不会参与公司的经营管理活动。本案中，杨某在F公司改制后不久就以类似于停薪留职的方式离开了F公司，当然无法参与F公司的经营管理，也就不清楚F公司改制后的具体情况。因此，以杨某没有参与公司经营管理活动为由，否定F公司10.88%的股权已经依法登记在杨某名下的事实，是没有法律依据的。

【处理结果】

根据上述分析，笔者起草了该案件的补充上诉状，详细阐明了杨某才是F公司10.88%股权的股东之理由，并将图5-2作为该补充上诉状的附件；

同时,鉴于杨某此前提交的证据不完整,没有将F公司整个改制过程展示给合议庭,笔者按照关键事实时间轴图显示的各事实发生的时间顺序,重新整理了杨某的证据并提供给合议庭。二审开庭期间,各方当事人就杨某补充提交的证据发表了质证意见。

最终,深圳市中级人民法院采纳了笔者的代理意见,于2019年3月改判F公司10.88%的股权归杨某所有,该案件圆满解决。

F公司以及涂某等人不服二审判决,向广东省高级人民法院申请再审,广东省高级人民法院于2019年10月28日驳回了其再审申请。

【重视案件事实的意义】

重视案件事实,重视案件中各方当事人之间的法律关系,关注证据之间的数据关系,是发现对方证据的瑕疵、找到突破口的重要方法。

笔者在本篇中介绍的几种工作方法,可以作为各位读者办理案件的参考。或许每位律师都有不同的处理案件材料的方式,但律师的主要工作,是将客户陈述的事实和提供的资料转化为简洁明了、条理清晰的法律事实,所以,归根结底还是要重视案件事实。只有清楚案件事实,才能依据法律进行正确的判断;在不清楚案件事实的情况下形成的观点,就像没有基础的大厦,是经不住风吹雨打的,一旦被对方抓住了漏洞,整个"大厦"可能就会轰然倒塌。

作为一名律师,最大的成就感便来自以自己的敬业精神及专业水准赢得委托人、办案法官,甚至对方当事人的认可。

因此,尽管相关工作耗时耗力,但为了胜利的那一刻,任何辛劳都是值得的,不是吗?

PART 02

第二篇

影响案件胜败的关键因素

本书第一篇介绍了收集、整理、分析案件材料的具体方法，但这些只是诉讼律师的基础工作，要处理好诉讼案件，除了需要形成收集、整理、分析案件材料的良好工作习惯之外，还需要运用法律思维对案件涉及的相关问题进行研究和分析，据此形成针对案件的具体应对措施，并以恰当的方式将之付诸实施。

如果将处理一起诉讼案件比喻为建设一栋大厦，收集、整理、分析案件材料就如同建设大厦的基础，而运用法律思维对案件问题进行准确分析，以及在准确分析后恰当地组织证据、撰写法律文书，则如同搭建大厦的框架和主体部分，将直接决定大厦能否如期建成使用，是影响案件处理结果的关键因素。

本篇相关章节将探讨民商事诉讼律师研究和分析案件问题的具体思维方法，以及运用法律思维对案件进行风险评估、据此制作证据和法律文书的方法，即在收集、整理、分析案件材料的基础上，如何开展后续工作的方法。

本篇很多观点均为笔者反复总结办案经验后才领悟的道理，笔者诚挚希望读者能耐心读完本篇有关内容。

第六章 法律思维及创造性思维

法律人有没有自己独特的思维方式？笔者认为，是有的。法律从业人员经过法学教育，获得了关于逻辑学、法理学、法制史以及各部门法的知识，在后续的工作中不断运用法律知识对案件进行研究分析，自然而然地形成了法律人特有的思维方式。这种思维方式的特点是讲究法律依据和事实依据。法律人遇到需要处理的相关问题，一般会在潜意识里默想以下几个问题：

（1）关于该问题，法律是怎么规定的？

（2）与该问题相关的事实究竟是怎么样的？

（3）相关当事人有什么权利？应当承担什么样的责任？

思考上述三个问题的过程，实际上是在运用演绎推理对相关问题进行分析的过程，上述三个问题对应的分别是三段论的大前提、小前提和结论，即：

（1）大前提是什么？

（2）小前提是什么？

（3）结论是什么？

除了面对争议问题的思考方式之外，如果再认真分析相关判决书，你会发现判决书也具有同样的逻辑结构：判决书中的“本院审理查明”部分，是案件的事实部分，对应的是三段论的小前提；而判决书中援引的法律条文，对应的是三段论的大前提；判决书所作出的判决结果，则是三段论中的结论。只不过，判决书的顺序是先讲小前提，再讲大前提。

正如邹碧华法官所述，“……到今天为止，演绎推理仍然是成文法国家最基本的推理形式。这是因为成文法的法律规范制定后,一旦发生与法律规范相对应的事件,就必须从法律规范中寻找对应的具体规定,对应完成后,推理过程即告结束。这一过程,就是典型的逻辑三段论:'大前提+小前提=结论'"。[1]三段论是法律分析中最典型、最常见的逻辑形式,是法律人的基本思维方式,也是法官、律师最常用的逻辑推理方法。律师查找与某一案件相关的法律规定,是在确定大前提;研究分析案件材料,是在识别小前提;律师出具的处理意见,则是根据大前提和小前提得出的结论。作为诉讼律师,需要领悟三段论的重要性及其具体运用方式。

领悟三段论推理方法的重要意义在于:在三段论的推理过程中,确保推理结论正确性的前提是逻辑规律,即大、小前提为真,遵守推理规则。[2]换成更为通俗的说法就是:大前提正确,小前提正确,推论必定正确;大前提、小前提只要有一个错误,推论必定错误。换成法律上的术语,其逻辑规律就是:事实认定正确,法律适用正确,判决必定准确;事实认定、法律适用只要有一个错误,判决必定错误。[3]也就是说,就判决书而言,事实认定和法律适用是否正确,是决定案件判决结果是否正确的关键因素;就律师出具的法律意见、法律文书而言,对案件事实的归纳是否准确,以及对争议问题应当适用哪些法律规定的把握是否准确,是决定律师作出的建议是否正确的关键因素。

受过法学教育的读者想必对上述问题早已了然于胸。三段论推理方法确实是一个老生常谈的问题。笔者之所以在此特别讲述该问题,是想表达这样的观点:三段论推理方法贯穿律师工作的始终,优秀的诉讼律师和一般的诉讼律师,差别就在于理解事实和理解法律的能力不同;优秀的法律文书和一般的法律文书,差别也在于是否恰当运用了三段论推理方法。

当然,除了演绎推理之外,类比推理、归纳推理也是重要的推理方法。在最高人民法院发布《印发〈关于案例指导工作的规定〉的通知》,并陆续公布相关指导性案例后,类比推理得到更为广泛地运用,本篇也将在后续章节中介绍运用类比推理和归纳推理的经验。

鉴于三段论推理方法对律师的工作具有重要指导意义,接下来笔者将

---

〔1〕 邹碧华:《要件审判九步法》,法律出版社2010年版,第33页。

〔2〕 参见邹碧华:《要件审判九步法》,法律出版社2010年版,第34页。

〔3〕 参见梁慧星:《裁判的方法》(第2版),法律出版社2012年版,第12页。

分享运用创造性思维理解事实和法律，从而确定案件关键事实的经验，在本篇后续章节关于如何撰写法律文书的内容中，也会涉及三段论推理方法的具体运用问题。

第一节 以创造性思维理解法律

一、法律需要解释

三段论推理方法中的大前提即法律规定，结论是否正确取决于大前提和小前提是否正确，这说明律师进行判断的时候，适用的法律条文不能是错误的，而且应对法律条文的含义作出正确的解释。

法律条文适用错误，往往是对法律关系判断错误导致的，例如，案例4－2中，由于错误理解了张某与徐某之间的关系，原审二审判决错误适用了《国有土地使用权纠纷解释》相关规定对合同效力进行裁判，从而导致了错误的判决。

而对法律条文作出错误的解释，则是由于对法律条文蕴含的真实意思理解错误导致的，例如，对于知假买假的当事人能否被视为《消费者权益保护法》所规定的"消费者"的问题，几十年来一直争议不断，不同时期、不同地区的法院，基于不同的价值取向，对此作出了完全相反的解释，至今依然没有定论。

法律是需要人去解释的规则，笔者经历了很长时间才领悟这个道理。大约在2005年，王泽鉴老师到笔者所在学校讲课，整个模拟法庭都坐满了人，笔者去迟了，站着听完了讲座。这个讲座令笔者印象最深的有两点，一是王泽鉴老师强调法律需要专业人员进行正确的解释，例如，法律规定"夜间行车应开灯"，但是对于应当开什么灯，是灯笼还是电灯，并没有作出相应的规定，这就需要法律工作者通过自己的知识和生活经验，对具体规定进行正确的解释；二是王泽鉴老师对于法学的热爱以及对广大学子的谆谆教诲，王泽鉴老师勉励大家为实现法治理想而奋斗终生的话，至今言犹在耳。

笔者毕业之后，无意中读了冯象先生撰写的《政法笔记》，这是一本法律评论文集，其中部分文章表达了这样的观点：法律未经适用则形同虚设。法官在进行裁判的时候，必然会对法律作出自己的解释，每一个案件的处理过程,都包括了法官对法律具体条文进行解释的过程。

2014 年 2 月,梁慧星老师在深圳市委党校举办讲座,笔者有幸听课并获赠梁慧星老师亲笔签名的《裁判的方法》一书。回去后笔者认真拜读了该书,其中重点论述了法律解释的必要性、法律解释的类型、法律解释的方法,给笔者此后的工作带来了非常大的帮助。《裁判的方法》一书认为,“法律之所以需要解释,有这样的理由:第一个理由,是法律的本性。法律的本性是什么?法律是立法者用语言文字写出来的……为什么需要解释呢,就是因为语言文字有它的特点,它有多义性和模糊性……第二个理由,是社会生活的复杂性……”[1]并且“民法解释学认为,法律都要进行解释,法律不经解释不能适用……即使非常具体、明确和简单的法律规定,也要进行解释,不经过正确的解释,你就无法正确地适用它”。[2]这本书使笔者对法律需要解释的原因、法律解释的具体方法及其意义等问题有了深刻的认识。笔者此后又重读了两遍此书,每次都有不同的体会,获益匪浅。

法律需要解释,而且每个人对法律的理解可能并不相同。法官对案件裁判时不可避免地需要对法律进行解释,而诉讼律师处理案件又何尝不是如此?律师对于某一法律条文,不是直接引用那么简单,还需要对该法律条文的具体含义、意义、适用范围、构成要件、法律效果等事项,作出自己的解释,即律师需要理解法律的真实含义,才能正确处理具体争议。理解并解释法律,是律师分析案件的必要步骤。

根据解释者身份的不同,法律解释可以分为立法解释、司法解释、裁判解释和学说解释。律师研究和分析案件,首先应当清楚立法解释和司法解释,再分析案件,如果根据立法解释和司法解释对案件进行分析之后依然有疑问,则应当进一步查找学说解释(见下文案例 6 - 1);根据解释的方法分类,可以分为文义解释、体系解释、目的解释、当然解释、社会学解释、扩张解释、限缩解释、合宪解释、比较法解释,其中律师常用的解释方法是文义解释、体系解释、目的解释(见下文案例 6 - 2)和当然解释。至于其他解释方法,或者过于烦琐、复杂而不易被接受(如比较法解释和合宪解释),或者更多用于司法解释的起草(如限缩解释和扩张解释)。

---

〔1〕 梁慧星:《裁判的方法》(第 2 版),法律出版社 2012 年版,第 71 ~ 72 页。

〔2〕 梁慧星:《裁判的方法》(第 2 版),法律出版社 2012 年版,第 67 ~ 68 页。

作为从事诉讼业务的律师，应当理解法律解释的具体方法，因此《裁判的方法》一书，值得每个诉讼律师细读。

二、以创造性思维理解法律的方法

除了书本里讲述的解释方法之外，律师在理解具体法律条文时，不仅需要通过自己的知识和生活经验，对法律条文的具体含义及其意义作出准确的解释，还要跳出既有观念的束缚，作出具有创造性的理解。只有如此，才能在案件处理过程中不人云亦云，另辟蹊径解决问题。

诉讼律师可以从以下几个方面践行以创造性思维理解法律的方法：

一是在符合法律解释方法的基础上，对具体法律条文的含义（包括具体词句的内涵与外延）、适用范围提出自己的见解。

二是多思考具体法律条文的立法目的是什么，并据此判断具体案件能否适用该条文进行裁判。

三是如果案件涉及历史遗留问题或者法律修订情况，应当核实相关法律条文在修改前后的差异，并据此判断现行法律能否适用于具体案件。

四是对法律条文的含义、适用范围等问题，多问一个为什么。

接下来，笔者将以亲自处理的两个案件为例，讲述笔者如何通过理解法律具体条文的真实含义，并据此作为抗辩理由，驳回对方当事人诉讼请求的经历。

三、实例之一

案例 6－1　胡某等 10 人诉融发公司、深圳市规划和国土资源委员会[1]国有土地使用权转让合同纠纷案

在该案件中，笔者作为被告融发公司的代理人，参与处理了该案件一审和二审阶段的全部法律事务。

【案情概要】

2005 年 3 月，晶岛国商购物中心（现名皇庭广场）建设伊始，融发公司计

[1]　现为深圳市规划和自然资源局。

划实施晶岛国商购物中心商铺内部认购计划,并与员工签订了《晶岛国际广场商铺内部认购书》(以下简称《商铺认购书》)。

2008年11月,因晶岛国商购物中心被限制整体转让,以及原方案无法满足中国证监会的监管要求,融发公司的控股股东深圳市国际企业股份有限公司(以下简称深国商)董事会通过了《关于妥善处理员工内部认购商铺的议案》,认为《员工内部认购晶岛铺位的议案》在制订方案时条款考虑得不够完善,晶岛项目尚未竣工验收,不具备实施激励方案的条件,决定放弃实施该认购方案。

2010年12月,深国商股东大会审议通过了《关于妥善解决员工商铺内部认购事项的议案》,确定了晶岛国商购物中心商铺员工内部认购事项的最终解决方案:拟以不超过4.5万元/平方米(含认购本金的返还和补偿款)对员工实施补偿并解除原认购书。

因部分认购人不同意接受上述处理方案,导致双方发生争议。其中,关于《商铺认购书》是否应当继续履行的纠纷,经深圳市福田区人民法院和深圳市中级人民法院审理,均确认《商铺认购书》有效,但因融发公司与政府部门签订的《晶岛国商购物中心项目土地使用权出让合同第一补充协议》的第1条约定"限整体转让、不得分割办理房地产证",而且晶岛国商购物中心办理的房地产证也注明了该条款,《商铺认购书》在事实上和法律上无法履行,遂判决终止履行《商铺认购书》。

为此,胡某等10名员工于2012年以融发公司、深圳市规划和国土资源委员会(以下简称规土委)为被告,向深圳市福田区人民法院起诉,要求确认《晶岛国商购物中心项目土地使用权出让合同第一补充协议》第1条约定的"限整体转让、不得分割办理房地产证"条款(以下简称限制转让条款)无效。

【处理过程】

因晶岛国商购物中心《商铺认购书》产生的纠纷,涉及35名认购人,自2011年一直持续到2018年,在这七年时间里,双方经历了各种各样的诉讼,笔者一直作为融发公司的代理人处理该系列案件。

针对案例6-1涉及的国有土地使用权转让合同纠纷,胡某等人最初的诉讼请求是主张限制转让条款无效,其理由是融发公司与规土委恶意串通,损害了原告的合法权益。然而,限制转让条款实际上是深圳市政府对重点项目进行管理的一项措施，并非融发公司主动追求的结果，晶岛国商购物中心与莲花山公园、市民中心、怡景中心城、会展中心共同组成了深圳市区的中轴线，为了防止项目建成之后，商场商铺归属于不同的主体而导致商场无法统一经营，变得像农贸市场一样杂乱无章，深圳市政府先后要求怡景中心城和晶岛国商购物中心两个项目[1]的开发商签订了限制转让条款，所以限制转让条款并非融发公司要求签订。

鉴于限制转让条款是融发公司与规土委自愿签订的，也没有损害国家利益和公共利益，笔者认为法院判决确认限制转让条款无效的可能性很小，在第一次开庭结束之前，笔者并没有将该案件作为重要案件处理。

(一)第一次庭审的变故

2013年1月29日，该案件首次开庭审理。该系列案件属于上市公司深国商的历史遗留问题，涉及35名认购人的利益，由于深圳地区的房价在2005~2013年发生了翻天覆地的变化，认购人情绪普遍比较激动。虽然本案的原告为10人，但旁听的人员有20多人，庭审尚未开始，气氛已非常紧张。

庭审的过程并不顺利。笔者在收到起诉资料时已经收到了该案件的举证通知书，并在举证期限内提交了证据，融发公司收到的传票也注明2013年1月29日是开庭审理。然而，当笔者到达法庭时，主审法官称，要先明确原告的诉讼请求，再进行证据交换。

庭审过程中，规土委提交答辩状称，规土委并不清楚融发公司与胡某等人签订了《商铺认购书》。基于此，胡某等10名原告中的4人要求将诉讼请求变更为撤销限制转让条款，理由是根据规土委的答辩意见，融发公司是在隐瞒了与胡某等人签订的《商铺认购书》的情况下，与规土委签订限制转让条款的，因此融发公司构成欺诈，依据《合同法》第54条[2]的规定，限制转让条款属于可撤销的合同条款。

对此，笔者立即提出异议：根据法院发出的举证通知书，本系列案件举证期限已届满，原告无权变更诉讼请求；另外，法院发出的传票载明事由为

[1] 除了这两个项目之外，深圳市政府还专门出台了地方性规定，要求符合条件的工业厂房必须整体转让。

[2] 《合同法》已于2021年1月1日因《民法典》的施行而废止，相关规定参见《民法典》第147~151条。

开庭,而非庭前证据交换,合议庭不宜安排证据交换。但是,对于笔者提出的异议,主审法官并未采纳,同时回复将与合议庭成员合议是否接受部分原告变更诉讼请求。

证据交换后,进行了短暂的休庭。休庭后合议庭成员(除主审之外,另外两名合议庭成员为人民陪审员)到庭,开始本系列案件的庭审。就笔者此前提出的异议,主审法官在庭审前表示:关于部分原告变更诉讼请求的问题,合议庭经评议后认为,根据最高人民法院《关于民事诉讼证据的若干规定》(以下简称《民事证据规定》)第 37 条[1]的规定,法院对于证据较多或者复杂疑难的案件,可以组织当事人在答辩期届满后、开庭审理前交换证据。而根据《民事证据规定》第 38 条[2]的规定,法院组织当事人交换证据的,交换证据之日举证期限届满,因此部分原告在今天变更诉讼请求符合规定,合议庭同意其中 4 名原告变更诉讼请求。

就上述问题,笔者代表融发公司再次提出异议:根据《民事诉讼法》《民事证据规定》等相关法律和司法解释的规定,确定举证期限的方法主要有两种,一种是由法院确定并书面通知当事人,另一种是由法院确定证据交换的时间并书面通知当事人,两者不能同时使用。本系列案件中,法院已向各方当事人发出举证通知书,根据举证通知书载明的举证期限,各方当事人的举证期限早已届满,并且法院此前向融发公司发出的传票,载明的是开庭审理而非证据交换,除此之外没有任何书面或口头通知当天需要进行证据交换。因此,不能以当天作为举证期限届满之日,部分原告无权变更诉讼请求。可惜,笔者的意见未被采纳。

接下来,对于另外几名没有变更诉讼请求的原告,主审法官作了如下释明工作:经合议庭评议,根据规土委新提交的答辩状,限制转让条款是规土委在融发公司向主管机关隐瞒涉案商铺已经分别销售这一事实的情况下签订的,融发公司在与主管机关签订限制转让条款时存在欺诈的事实。合议庭经评议认为,本系列案件原告以《合同法》第 52 条第 1 项[3]、第 2 项[4]的规定主张合同无效的理由不成立,目前无证据证明二被告有恶意串通的

---

[1] 此处适用的是 2008 年调整的《民事证据规定》,2019 年修正的《民事证据规定》已无对应规定。

[2] 相关规定参见 2019 年修正的《民事证据规定》第 56 条,条文内容有部分修改。

[3] 相关规定参见《民法典》第 148 条、第 150 条。

[4] 相关规定参见《民法典》第 154 条。

行为,也无证据证明限制转让条款损害了国家利益。本系列案件根据规土委的答辩意见,融发公司系在隐瞒事实的情况下,与主管机关签订了限制转让条款,涉案当事人有权请求予以撤销,原告是否同意变更诉讼请求?

另外6名原告同意变更诉讼请求,将诉讼请求变更为要求撤销限制转让条款。主审法官宣布,因原告当庭变更了诉讼请求,为保证各方当事人的合法权益,法院另行给予各当事人15天的举证期限,从2013年1月30日起算。第一次庭审结束。

(二)思考发现突破口

首次庭审结束后,笔者隐隐感觉到这下事情难办了——按当天的审判逻辑,审判长即主审法官通过当庭释明的方式,认为融发公司构成欺诈,而规土委也声称其签约时不知情,因此合议庭多半会在此后的审理过程中,认定融发公司构成欺诈。而胡某等人,又是在收到规土委的答辩状之时才知道融发公司"欺诈"这一"事实"的,所以关于撤销权除斥期间的抗辩理由,恐怕提了也是白提。

当晚,笔者辗转难眠。不过,天无绝人之路,辗转反侧之时,有一个想法突然闯进笔者脑海:合同之外的第三人,是否有权要求撤销合同?

笔者学习《合同法》的时候,没有人提出过这个问题,工作以后也没有遇到类似的情况,因为一般要求撤销合同的都是合同的当事人一方,从来没有遇到过合同之外的其他人员要求撤销合同的情况。

不过,按照常理,合同是当事人之间就交易事项达成的合意,当事人在签订合同的过程中是否受到胁迫或者欺诈,只有合同的当事人自己最清楚。而且,在明知被胁迫、欺诈或者存在重大误解、显失公平的情况下,当事人依然有权选择是否撤销合同,这意味着撤销权是赋予合同当事人的权利。

(三)论证想法

在这个思路的指导下,笔者第二天认真研究了《合同法》第54条。《合同法》第54条第1款规定:"下列合同,当事人一方有权请求人民法院或者仲裁机构变更或者撤销:(一)因重大误解订立的;(二)在订立合同时显失公平的。"该条第2款、第3款则规定:"一方以欺诈、胁迫的手段或者乘人之危,使对方在违背真实意思的情况下订立的合同,受损害方有权请求人民法院或者仲裁机构变更或者撤销。当事人请求变更的,人民法院或者仲裁机构不得撤销。”

通过对上述具体条文的研究,笔者认为,可撤销合同,是指订立合同时存在重大误解或显失公平,以及因一方以欺诈、胁迫的手段或者乘人之危导致对方违背真实意思订立的合同。由于合同的一方当事人意思表示不真实,违背了公平原则,唯有变更或者撤销合同,才符合公平原则。可撤销合同与无效合同的基本区别,是无效合同将损害公共利益或国家利益,而可撤销合同则有可能损害一方当事人的利益,但不会损害社会公共利益或者国家利益。正因如此,《合同法》第54条才明确规定享有撤销权的是受损害的当事人一方;而《合同法》第52条并没有对确认合同无效的主体作出任何限制性规定,仅规定了何种合同无效。

为了证明上述分析是正确的,笔者还特意查找了能够找到的合同法教材,发现我国合同法教材均认为撤销权人仅限于合同当事人。其中,陈小君、崔建远、王利明等著名法学教授均认为:撤销权人,在因欺诈、胁迫而成立的合同中为受欺诈人、受胁迫人,在因重大误解而成立的合同中为误解人,在显失公平场合为受重大不利之人,在乘人之危场合为处于危难境地之人。〔1〕

除了教科书之外,有没有权威案例也支持这一观点呢?

为此,笔者翻遍了手中的资料,最终找到了支持该等观点的权威判例:最高人民法院民事审判第二庭编的《最高人民法院商事审判裁判规范与案例指导(2010年卷)》一书中收录的“上诉人南宁市荷花味精有限公司诉被上诉人中国东方资产管理公司南宁办事处、原审第三人深圳市国粮实业有限公司债权转让合同纠纷上诉案”,该案件确认合同当事人之外的第三人无权请求撤销合同,其裁判要旨为:“依据合同法的相关规定精神,合同当事人实施的欺诈行为,只有在损害国家利益时,才导致合同无效。通常情况下,仅导致合同被撤销。而撤销权须由合同当事人行使,法院不能依据职权主动撤销合同。根据合同相对性原则,国粮公司的上述行为如果构成合同上的欺诈行为,也应由合同相对人东方公司南宁办主张权利。东方公司南宁

---

〔1〕 参见陈小君主编:《合同法学》,高等教育出版社2003年版,第96页;崔建远主编:《合同法》(第4版),法律出版社2007年版,第110页;王利明、杨立新、王轶、程啸:《民法学》,法律出版社2005年版,第541页。

办没有行使撤销权,也没有委托荷花公司代为行使权利,现荷花公司向法院起诉主张权利,没有法律根据”。除了裁判要旨之外,最高人民法院民事审判第二庭还特别就该案件编写了案例评析,详细阐述了这一裁判规则。

至此,关于合同之外的第三人是否有权要求撤销合同这个问题,答案已经非常清楚了。胡某等原告并不是合同当事人,根据《合同法》第54条的规定以及民法学通说,胡某等原告无权要求撤销限制转让条款,并不是本系列案件适格的原告。

(四)第二次庭审情况

为此,笔者起草了补充答辩意见,并在重新确定的举证期限内提交了该补充答辩意见以及补充证据。

该案件第二次庭审期间,因原告人数众多,情绪激动,庭审气氛依然十分紧张。不过,笔者相信自己对《合同法》第54条的理解是完全正确的,因此充满了信心。

【处理结果】

该案件最终在2013年12月作出一审判决,一审判决采纳了笔者的代理意见,以胡某等人不是合同当事人、无权要求撤销限制条款为由,驳回了被告的全部诉讼请求。尽管本案仅涉及法律争议,案情并不复杂,原告也没有提出具体的赔偿金额,但深圳市福田区人民法院却将本案提交审判委员会讨论后,才作出了一审判决。宣判当天,深圳市福田区人民法院副院长受审判委员会委托,亲自向各原告就判决涉及的相关事项作了耐心的解释。一审判决后,胡某等10名原告提起上诉,深圳市中级人民法院于2014年9月作出二审判决,维持原判。

可见,即便是《合同法》第54条这种每个律师都非常熟悉的法律条文,对于其适用范围,不同的人依然会有不同的理解。胡某等人在变更诉讼请求之前,并没有充分考虑过合同之外的第三人是否有权要求撤销合同的问题,导致他们认为胜券在握的案件,最终却功败垂成。

总结该案件的处理过程,笔者认为,2013年1月29日那个辗转难眠的夜晚的那个小小的想法,才是案件胜诉的关键。如果笔者当时没有思考“合同之外的第三人是否有权撤销合同”这个奇怪的问题,就不会想到这个抗辩理由,那么案件的审理进程,就极有可能按照原告预先设计好的方向前进了。

因此,运用创造性思维去理解法律条文,多问一个为什么,或许转机就在前方。

需要说明的是,上述案件第一次审理的时间为2013年1月,《民法典》对类似情况的规定为第148条:“一方以欺诈手段,使对方在违背真实意思的情况下实施的民事法律行为,受欺诈方有权请求人民法院或者仲裁机构予以撤销。”根据该规定可知,只有“受欺诈方”,才能以一方欺诈为由要求撤销合同,《民法典》第148条的规定比《合同法》第54条的规定更为明确,一般人应当都不会对此产生误解了。但笔者认为,笔者处理该案件的思维方式和具体处理方法,对于读者处理类似问题依然具有参考意义。

四、实例之二

案例6-2 | H公司诉K公司房屋租赁合同纠纷案

在该案件中,笔者作为原告H公司的代理人,参与处理了该案件一审阶段和二审阶段的全部法律事务。

【案情概要】

2013年1月14日,H公司与深圳市水务物业管理有限公司(以下简称水务物业)签订《房屋租赁合同》,约定H公司承租水务物业拥有的,位于深圳市罗湖区的某自来水基地3号楼(以下简称基地3号楼),租赁期间H公司可以转租。

2013年3月20日,H公司与K公司签订《合作合同》,约定H公司将已承租的基地3号楼面积为10,736平方米的房屋(以下简称租赁房屋)交给K公司自用和租赁使用,K公司按月定期向H公司支付场地使用费,合作期限为6年。

2013年3月22日,K公司向H公司支付了约定的保证金944,768元,H公司按约定将租赁房屋交付给K公司使用。

K公司接收租赁房屋后,开始逐步在租赁房屋设立招商处、悬挂招商广告、带领第三方承租人看房、进场进行装修施工,并将租赁房屋部分单位出租给其他第三人。

2013年6月13日，K公司向H公司发出《解除合同通知书》，以H公司没有交付租赁房屋为由，要求解除合同；H公司随后也向K公司发出《解除合同告知函》，以K公司拖欠租金为由，要求解除《合作合同》。

2013年7月，H公司向深圳市罗湖区人民法院起诉K公司，要求没收K公司支付的租赁保证金944,768元、限期搬离、支付拖欠租金；K公司则提起反诉，要求H公司返还租赁保证金944,768元。

【处理过程】

该案件本来是一起不太复杂的租赁合同纠纷案件，一开始双方的争议焦点主要是H公司是否已经向K公司交付了租赁房屋。双方之所以有这样的争议，是因为H公司向K公司交付租赁房屋的时候，并没有按惯例与K公司签订交接确认文件，也没有确认租赁房屋内的水表和电表读数。而K公司的目的是承租之后再转租以获取差价，但因转租情况不理想，K公司想毁约，拿回租赁保证金，所以就抓住H公司没有与其办理交接手续的瑕疵，主张H公司没有完成交付义务，构成根本违约。

关于H公司是否已经完成交付义务的问题，H公司提供了K公司在合作合同签订后，在租赁房屋设立招商处、悬挂招商广告、带领第三方看房、进场进行装修施工的证据，并且K公司已经将租赁房屋的部分单位出租给了其他第三人（其中一份租赁合同已经交给H公司备案）。笔者在代理该案件过程中，曾经亲自到租赁房屋现场了解租赁房屋的具体情况，并在庭审时说明，租赁房屋在双方签订合同之前是一栋停用较久的楼房，没有安装门锁（当时每一层都是空置且敞开的），也没有安装水表（因为租赁房屋属于水务集团下属物业，此前无须支付水费），而电表已在《合作合同》中约定由K公司另行更换。所以，交付租赁房屋与交付一块什么东西都没有的空地无异，H公司与K公司因此才没有办理交接手续，仅约定按现状交付租赁房屋。

（一）K公司变更诉讼策略，主张合同无效

基于H公司提供的证据以及对双方没有办理交接文件的合理解释，K公司主张H公司没有完成交付租赁房屋的主张，显然很难获得支持。为此，K公司在该案件一审庭审时，突然主张《合作合同》无效，其理由是租赁房屋没有办理建设工程规划许可证,而且租赁房屋不能作办公使用。

K 公司的上述主张使该案件一下子变得复杂起来。笔者在代理该案件之前,曾经就该案件向 H 公司出具过一份《案件要点及处理方法》,其中即提及租赁房屋是否已经办理了建设工程规划许可证的问题,因为最高人民法院《关于审理城镇房屋租赁合同纠纷案件具体应用法律若干问题的解释》(以下简称《房屋租赁合同解释》)第 2 条[1]明确规定,出租房屋没有获得建设工程规划许可证的,租赁合同无效。而 H 公司的主要诉讼目的就是没收 K 公司支付的租赁保证金,如果《合作合同》无效,那么根据《合同法》第 58 条[2]的规定,双方必须返还因合同取得的财产,H 公司就无权没收 K 公司的租赁保证金了。

(二)租赁房屋规划报建情况

为此,笔者代表 H 公司,多次向水务物业核实了租赁房屋已经办理的各项报建手续的具体情况。深圳市罗湖区人民法院也向深圳市规划局[3]调查了与租赁房屋规划设计有关的材料。根据法庭调查到的证据以及笔者向水务物业核实的情况,租赁房屋于 1984 年开始建设,当时办理过一份建筑许可证;2005 年,租赁房屋对应的地块补办过一次建设用地规划许可证,该建设用地规划许可证完全按照租赁房屋在 2005 年的状况填报,其中明确记载该地块的用地性质为"办公、二类居住用地"。由于历史原因,租赁房屋对应地块与相邻地块的红线图存在重叠,所以租赁房屋一直没有办理房产证。

因此,在该案件一审审理期间,水务物业确实无法提供租赁房屋的建设工程规划许可证。

(三)面临的问题

《房屋租赁合同解释》第 2 条规定:"出租人就未取得建设工程规划许可证或者未按照建设工程规划许可证的规定建设的房屋,与承租人订立的租赁合同无效。但在一审法庭辩论终结前取得建设工程规划许可证或者经主

---

[1] 此处适用的是 2009 年的《房屋租赁合同解释》,但 2020 年修正的《房屋租赁合同解释》对此条规定未做修改。

[2] 相关规定参见《民法典》第 157 条。

[3] 现为深圳市规划和自然资源局。

管部门批准建设的，人民法院应当认定有效。”

如果一审法院适用上述规定进行裁判，那么《合作合同》被认定为无效合同的可能性很大。怎么办？

（四）从法律的历史演变角度解释法律的适用范围

解决的办法只有说服法庭本案并不能适用《房屋租赁合同解释》第 2 条。而如何说服法庭在本案中不适用该条规定，需要理解该条规定的目的，并对我国城市规划法规的变化有所了解。

经查询城市规划法规的历史演变过程，笔者发现，在涉案租赁房屋建设期间（1984 年），《城市规划法》还没有颁布，当时适用的是 1984 年 1 月 5 日施行的《城市规划条例》。而综览《城市规划条例》，并没有关于在城市建设建筑物需要办理建设工程规划许可证的规定，当时需要办理的是建筑许可证。《房屋租赁合同解释》第 2 条规定的建设工程规划许可证，最早出现在 1990 年 4 月 1 日施行的《城市规划法》的第 32 条中。此后，《城市规划法》被《城乡规划法》废止，但《城乡规划法》第 40 条依然规定城市建设项目应当办理建设工程规划许可证。

既然涉案租赁房屋建设时的法律法规并没有规定需要办理建设工程规划许可证，那么根据法不溯及既往原则，在租赁房屋建成使用之后，无须再按照此后实施的《城市规划法》或者《城乡规划法》的规定办理建设工程规划许可证。这个问题看上去很好解释，但实际上还有一个问题，《房屋租赁合同解释》是否有溯及力？或者说，《房屋租赁合同解释》对于在其施行之前（2009 年 9 月 1 日之前）建设的房屋，有没有溯及力？

司法解释是否有溯及力是一个很复杂的问题。一方面，《房屋租赁合同解释》第 25 条〔1〕规定：“本解释施行前已经终审，本解释施行后当事人申请再审或者按照审判监督程序决定再审的案件，不适用本解释。”这意味着《房屋租赁合同解释》的适用是以案件是否审结为依据，而非以具体行为的发生时间为依据；另一方面，理论研究中对于司法解释是否有溯及力的问题存在争议，但在司法实践中，除非司法解释明确规定了在司法解释发布前的行为

〔1〕 相关规定参见 2020 年修正的《房屋租赁合同解释》第 16 条。

不适用该规定[1],否则符合司法解释规定情形的都按司法解释的规定进行裁判,即司法解释具有溯及力是很现实的问题。

既然如此,那么在说服法庭的时候,就应当避免将问题变成“根据法不溯及既往原则,《房屋租赁合同解释》第 2 条不适用于本案”,而是“根据法不溯及既往原则,《城市规划法》《城乡规划法》均不适用于本案,因此《房屋租赁合同解释》第 2 条不适用于本案”。

(五)笔者提出的代理意见

为此,关于《合作合同》是否有效的问题,笔者代表 H 公司向合议庭提出了以下意见:

1. 涉案租赁房屋于 1984 年开始建设,并已按当时的规定办理了建筑许可证

根据 H 公司提供的证据,涉案租赁房屋于 1984 年开始建设并于 1986 年竣工,当时规范城市规划的法律法规是 1984 年 1 月 5 日施行的《城市规划条例》,其中并未规定建设单位需办理建设工程规划许可证,而是规定应办理建筑许可证。

根据 H 公司提供的证据,深圳市自来水公司已在 1984 年 7 月 23 日根据《城市规划条例》第 44 条的规定,办理了涉案租赁房屋的建筑许可证,并于 1986 年办理了相应的验收手续。因此,涉案租赁房屋已按当时的法律规定办理了报建和验收手续,并不是违法建筑。

2. 根据法不溯及既往原则,《城市规划法》《城乡规划法》等规定不适用于涉案租赁房屋,因此《房屋租赁合同解释》第 2 条不适用于本案

《房屋租赁合同解释》第 2 条规定,出租没有取得建设工程规划许可证的房屋租赁合同无效。然而,如上所述,涉案租赁房屋建设时并无法律规定

---

[1] 比如,最高人民法院于 2020 年第二次修正的《关于审理民间借贷案件适用法律若干问题的规定》第 31 条规定:“本规定施行后,人民法院新受理的一审民间借贷纠纷案件,适用本规定。2020 年 8 月 20 日之后新受理的一审民间借贷案件,借贷合同成立于 2020 年 8 月 20 日之前,当事人请求适用当时的司法解释计算自合同成立到 2020 年 8 月 19 日的利息部分的,人民法院应予支持;对于自 2020 年 8 月 20 日到借款返还之日的利息部分,适用起诉时本规定的利率保护标准计算。本规定施行后,最高人民法院以前作出的相关司法解释与本规定不一致的,以本规定为准。”即明确规定 2020 年 8 月 20 日之前成立的借贷合同,可以按之前的司法解释,计算自合同成立到 2020 年 8 月 19 日的利息,自 2020 年 8 月 20 日之后的利息,则适用起诉之时规定的利率保护标准。

建设工程应办理建设工程规划许可证，最早规定建设工程应办理建设工程规划许可证的《城市规划法》于1990年4月1日才实施，而且《城市规划法》以及《城乡规划法》也并没有规定此前建设的建筑物需要补办建设工程规划许可证。

既然要求办理建设工程规划许可证的《城市规划法》是在涉案租赁房屋建成4年之后才开始施行，那么根据法不溯及既往原则，《城市规划法》《城乡规划法》并不能适用于涉案租赁房屋。

《房屋租赁合同解释》第2条的立法本意是要求出租房屋具有合法性（违章建筑不得用于出租使用）。然而，涉案租赁房屋已经按建设之时的规定办理了相关审批手续，显然不是违法建筑。

既然如此，那么《房屋租赁合同解释》第2条关于没有办理建设工程规划许可证的租赁合同无效的规定，不适用于《城市规划法》《城乡规划法》实施前已建成的建筑物，即不适用于本案。

3. 规划部门按涉案租赁房屋现状确定该地块的用地规划条件，实质上已确认了涉案租赁房屋的合法性

根据H公司提交的证据，除上述建筑许可证外，深圳市规划局还在2005年向水务集团颁发了建设用地规划许可证，并完全按照相关建筑物当时的状况，确定该地块的各项规划设计要求。

建设用地规划许可证是根据《城市规划法》第31条的规定颁发的，是确定用地规划条件的行政许可文件。规划部门按涉案租赁房屋2005年的状况确定该地块的规划条件和用地指标，足以说明1984年建设的涉案租赁房屋符合现行的法律规定；而由于该地块无须新建其他建筑物，显然就无须再另行办理建设工程规划许可证。因此，规划部门完全按照涉案租赁房屋2005年的状况确定该宗地块的用地规划条件，实质上也确认了涉案租赁房屋等有关建筑物的合法性。

4. K公司认为涉案租赁房屋改变了规划用途，导致《合作合同》无效的观点，同样没有任何的事实和法律依据

首先，涉案租赁房屋的建设用地规划许可证明确记载该地块的用地性质为“办公、二类居住用地”，而房产租赁部门也同意按办公用途办理H公司与水务物业签订的租赁合同备案手续，这足以说明涉案租赁房屋可以用于办公使用。

其次,并没有任何法律明确规定出租人未经行政主管部门批准而改变房屋用途的租赁合同无效。与之相反的是,原国家工商行政管理总局《关于住所(经营场所)登记有关问题的通知》[1]明确规定,住宅经业主和其他利害关系人同意的即可改为经营性用房用于企业登记。由此可见,关于房屋用途的相关规定显然是管理性规定而非效力性规定,否则原国家工商行政管理总局出具的规范性文件不可能作出上述规定。

最后,即使涉案租赁房屋改变了房屋用途,那么根据深圳市当时处理类似问题的裁判尺度,只要租赁房屋不存在重大安全隐患、损害公共利益的情形,一般不会认定房屋租赁合同无效。

【处理结果】

最终,一审法院和二审法院均支持了笔者的代理意见,认定《合作合同》合法有效,且 H 公司已经完成了交付义务,K 公司拖欠租金导致 H 公司依法解除合同,H 公司有权没收 K 公司支付的租赁保证金。

从上述案件的处理过程可知,律师处理案件时,必须就具体法律条文的含义、能否适用于具体案件等问题,向法庭作出合理解释。而理解法律条文的具体含义和目的,不能局限于对具体法律条文的字面含义的理解,还需要跳出固有的思维方式,结合相关法律条文的历史演变、具体案件事实,从更高的层面,就具体法律条文的适用问题进行分析,这样才有可能说服法官。

第二节　以创造性思维理解事实

由于人们的生活经历、价值观以及看问题的角度不同,对同一个客观事物的理解也会有所不同,这是经常发生的事情,所谓"横看成岭侧成峰,远近高低各不同",就是这个道理。如果每个人对同一事物的看法都相同,也就不会产生任何纠纷了。

因此,人们对于同一事物所蕴含的法律意义,或者说对同一生活事实所反映的法律事实,也会产生不同的看法。案件之所以疑难,很多情况下是因

[1] 该通知已于 2014 年 7 月 14 日因原国家工商行政管理总局《关于公布规范性管理文件清理结果的公告》而失效。

为人们基于不同的角度或者不同的经验,对同一事实所代表的法律事实的理解产生了不同看法。三段论中的小前提即案件事实,需要人们对某一案件已经发生的事实进行识别和概括,才会形成该案件的法律事实。由于不同的人对案件事实是什么、什么才是影响案件性质的关键事实的理解不同,对某一具体案件应当如何裁判,就会得出不同的结论。

当案件的当事人对同一事实产生不同解释时,法官必须依法查明案件事实,因此法官要么采信原告的主张,要么采信被告的主张,要么对原告和被告的主张均不采信,而是根据自己的理解认定案件事实。而律师的主要工作,就是利用专业知识,协助法官快速查明案件事实,所以律师应当是法官的助手而非对手。因此,律师作为某一方的代理人,对于当事人之间就案件事实产生的不同理解,必须对什么才是事实作出合理解释,以说服法官。

那么,如何对事实进行合理解释呢?《民事证据规定》第 85 条第 2 款规定:"审判人员应当依照法定程序,全面、客观地审核证据,依据法律的规定,遵循法官职业道德,运用逻辑推理和日常生活经验,对证据有无证明力和证明力大小独立进行判断,并公开判断的理由和结果。"该条规定是对法官对证据进行判断的原则性规定,但其所确定的原则,同样可以作为律师对案件事实进行解释,并说服法官的指南。当律师需要理解案件事实究竟是什么的时候,同样需要全面、客观地审核案件材料,恰当运用推理和日常生活经验,对当事人争议的事实作出判断;一旦作出判断,则应当从案件背景、生活常识,以及可以印证客户主张的其他事实、交易习惯等方面,将客户陈述的事实提炼为法律事实,充分说明客户的主张才是符合事实的。

一方当事人关于事实争议的主张能否被法官采纳,很大程度上取决于该方当事人提出的主张是否与其他事实吻合、是否符合情理。与案件其他事实相冲突的主张,或者与生活常识明显相悖的主张,是很难获得采信的,因为法官在裁决案件的过程中,对于基本事实应当如何认定,需要形成内心确信。

比如,笔者曾参与处理的一个案件,原告提供的由其亲笔书写的《借款合同》记载的借款金额为 40 万元,但在"乙方向甲方借款 40 万元"处,可以很明显看出"40"是由"10"改过来的,并且在该行手写字体下方,还特意添加了一个"四十"字样。该《借款合同》的金额部分存在涂改而非连续书写的情况非常明显,原告、被告之间也没有直接的转账记录。原告对此作出的解释是:该《借款合同》是被告代他人向原告借款,签订合同时被告先是说借款10万元,但是签字后又当即提出增加30万元,为了避免再次书写合同的麻烦,双方一致同意在原条款中直接修改了金额。被告则对此提出强烈质疑,认为金额是原告擅自篡改的。最终,二审法院认定该《借款合同》中的金额是原告自行篡改的,因为该《借款合同》条款不多,如果真的如原告所主张的那样,被告在签字后又立即提出增加30万元借款,那么重新书写一份《借款合同》并非难事,而且即便不再重新书写《借款合同》,按常理也应当由双方在修改的地方捺手印确认,而不会如此简单地将数字修改为“40”。原告的主张不符合常理,法院据此驳回了原告的诉讼请求。

一、以创造性思维理解事实的含义

除了遵循《民事证据规定》第85条第2款确定的原则之外,对于案件的事实争议,律师还需要以创造性思维去理解,挖掘案件证据材料所蕴含的内容及其法律意义。所谓创造性思维,是指在理解案件事实之时,不局限于对证据的真实性、合法性、关联性的简单思考,而应当通过自己的知识、经验以及逻辑推理能力,发现证据材料中与案件争议焦点有关的内容,多想一想这些内容说明了什么问题,并通过自己的思考,在达到内心确信之时,揭示其中所蕴含的法律意义,从而使全部案件事实都可以得到合理解释。

比如,本书第一篇中讲述的案例1-1,一份付清地价款证明本身仅有寥寥几十个字,但是该证明形成于股权交割之后且在融发公司处保管,说明在股权交割之后,融富花园地块依然是由融发公司管理和维护的,这意味着融富花园地块肯定是两份《补充合同》约定的“龙岗坪地4万多平方米土地”的一部分。确信该事实后,再通过各种手段调查相应的证据证明这一事实,并对相关事项作出合理解释,在这种情况下,融发公司的主张获得支持的可能性显然会大大提高。案例1-1最终的处理结果也证明了这一点。

接下来,笔者将以实际案例为例,分享运用创造性思维理解事实,解决问题的经验,希望可以给读者带来启发。

二、以创造性思维理解事实的实例

当事人双方对合同条款的具体含义各执一词,这种情况经常发生,因为当事人在签订合同时并没有考虑用词的准确性,很多当事人都是根据双方口头协商的内容起草合同,并且签订合同时没有征询律师的意见,导致合同中有很多口语化用词,当双方发生争议时,就会为了各自的诉讼利益,竭力作出对自己有利的解释。

梁慧星老师在《裁判的方法》一书中,就举了一个双方对相关用词理解不同的典型例子:被告出具的一份欠条,上面记载的欠款金额是6700元,被告在偿还了部分欠款后,在该欠条上批了一行字:“还欠款5700元”。原告对此的解释是“被告已还1000元,还欠原告5700元”,而被告则说“我已经还了原告5700元,还欠原告1000元”,问题就在于双方对“还”这个字的理解存在差异。如果作为动词(此时读音是huán),那么其意思是“归还”,但如果作为副词(此时读音是hái),其意思是“依然”。[1]笔者认为,对于这种情形,需要结合其他证据综合判断欠条中“还”这个字的具体含义。该书没有提及该案件最终的处理结果,不过笔者想,被告的主张或许更为合理。如果作为被告的代理人,应当举证证明在欠条批注“还欠款5700元”之前,被告确实有超过5700元收入(如工资收入、其他第三人转来款项,或者其他第三人提供现金给被告的证人证言);如果被告在偿还借款之前曾经到银行取现,还可以提供其到银行取现的凭证作为证据之一。除了上述提供辅助证据的办法之外,还需要强调这样一种观点:如果被告仅归还了1000元,那么6700元减去1000元等于5700元,是非常简单的算术题,一般人不会将如此简单的事项记录在欠条中,因此欠条中的“还”字作为副词理解,不符合生活常识。

除了梁慧星老师所举的典型案例之外,笔者在2017年处理的一起房屋买卖合同纠纷,同样存在因对合同条款的理解不同而出现争议的情况。最终,笔者根据法律规定,阐明关键条款的法律意义,从而反败为胜。详见案例6-3。

案例6-3 | 马某诉朱某、李某房屋买卖合同纠纷案(之一)

在该案件中,笔者作为被告朱某的代理人,参与处理了该案件二审阶段的法律事务,以及双方随后因返还定金产生的纠纷。

---

〔1〕 参见梁慧星:《裁判的方法》(第2版),法律出版社2012年版,第22页。

【案情概要】

2014 年 1 月 20 日,朱某向李某出具《授权委托书》,委托李某代为出售其位于深圳市龙岗区坂田街道十二橡树庄园某房产(以下简称朱某房产),并办理了公证手续。

2014 年 5 月 27 日,朱某在《深圳商报》刊登声明,声明即日起撤销对李某的委托。朱某在一审时还主张:除了刊登该声明外,其还曾电话通知李某撤销委托的有关事宜,李某知道朱某撤销委托后,便要求朱某偿还其缴纳的契税 22 万元,为此朱某委托其兄朱某某向李某以现金方式偿还了李某缴纳朱某房产契税的 22 万元,并在此后将房产出租给案外人高某使用。朱某房产一直由朱某偿还按揭贷款并收取租金。

2015 年 12 月 15 日,李某以朱某代理人身份与马某签订《二手房买卖合同》,约定以 1050 万元的价格将朱某房产转让给马某,并在"备注"条款明确约定:"双方友好协商:卖方承诺帮买方找好按揭银行,并贷款金额不低于人民币 10,500,000 元整。若因买方个人征信或其他问题导致银行不能正常贷到 10,500,000 元整,双方解除合同,退回所有定金及办理贷款等所有费用,双方互不追究法律责任……卖方不能帮买方搞定银行贷款,卖方自愿赔偿买方筹集首期款所产生的利息。"

上述合同签订后,马某向李某支付了 100 万元定金以及 50 万元办理按揭代理所需费用,该等费用均由李某以朱某的名义收取。

李某的丈夫凌某与李某共同处理出售朱某房产的有关事宜。在一审期间,凌某向一审法院出具了一份自述证词,并提供了其与光大银行工作人员詹某的微信记录,该等证据证明:凌某于 2015 年 12 月 21 日联系光大银行信贷科人员詹某,詹某最终回复因马某的银行流水太少等原因,最多只能贷款 850 万元;此后,凌某已告知马某无法贷款 1050 万元的事实,并曾三次与马某夫妇见面商谈无法贷款 1050 万元后如何退款的问题,且已根据涉案合同"备注"条款的约定,向马某的丈夫支付了 15 万元"利息"。

马某因无法办理贷款和过户手续,于 2016 年 5 月以朱某为被告、李某为第三人,向深圳市龙岗区人民法院提起诉讼,要求朱某继续履行合同并协助办理将其房产过户至马某名下的手续。深圳市龙岗区人民法院于 2017 年 6 月作出一审判决,支持了马某要求继续履行合同的请求。朱某不服一审判决,提起上诉。

【处理过程】

朱某在提起上诉后通过其朋友找到笔者工作团队。由于李某、凌某、马某以及中介公司在交易过程中均使用微信进行交流，所以案件证据中有非常多的微信聊天记录。各方对微信聊天记录的真实性没有异议，一审法院也采信了该等微信聊天记录。现在回想起来，翻阅上百页的微信聊天记录，从碎片化的信息中寻找关键信息，还真是一件费力气的事。

一审期间，朱某主张李某是在明知朱某已经撤销了对李某的委托后，擅自与马某签订合同的，因此李某无权处分朱某房产，涉案《二手房买卖合同》无效；而李某则否认朱某曾电话通知其撤销委托、偿还 22 万元的事实，并声称其不清楚朱某在《深圳商报》刊登声明的事实；马某则声称其是在看到李某持有经过公证的《授权委托书》后才签订涉案《二手房买卖合同》的，是善意的买受人，与李某之间不存在任何恶意串通的情形。

深圳市龙岗区人民法院作出的一审判决认为，朱某在《深圳商报》刊登声明，并不能证明朱某曾通知过李某，因此《授权委托书》有效；马某并不清楚朱某刊登声明的行为，因此涉案《二手房买卖合同》对朱某有约束力，并据此判决朱某继续履行涉案《二手房买卖合同》，协助马某办理过户手续。

朱某在《深圳商报》刊登声明，说明朱某确实曾经有撤销对李某的委托的想法和行为，而李某在朱某出具《授权委托书》将近两年后，才与马某签订涉案《二手房买卖合同》，则非常不符合情理；此外，2015 年 12 月，深圳地区的二手房市场非常火爆，全市房价暴涨，大部分地区的房价与 2014 年 1 月相比已经翻倍。蹊跷的是，涉案《二手房买卖合同》却在备注条款中约定马某需要贷款 1050 万元，而 1050 万元是朱某房产的成交价，这明显不符合商业惯例。所以，笔者在翻阅案件材料的过程中，很为朱某惋惜。

不过这个世界上不公平的事情很多，西谚云，“上帝的归上帝，恺撒的归恺撒”，法律的事情还是需要通过法律解决，同情并不能解决问题。

（一）面临的问题

朱某并没有在刊登声明的同时，向李某邮寄解除委托的函件，或者向李某发送撤销委托的短信。所以，仅凭朱某在《深圳商报》刊登的声明，以及其兄长朱某某的证言，很难证明李某在签订涉案《二手房买卖合同》之前，知道或者应当知道朱某已经撤销委托的事实。如果二审阶段不改变策略，朱某还是有很大可能败诉。

朱某一直以来都没有出售其房产的想法,更何况涉案《二手房买卖合同》约定的价格为1050万元,与诉讼时朱某房产的市场价值相差500多万元,因此驳回马某要求继续履行涉案《二手房买卖合同》的诉讼请求是朱某最主要的诉求,而法院可以驳回马某该诉讼请求的理由,要么是涉案《二手房买卖合同》属于无效合同,要么是涉案《二手房买卖合同》已经依法终止。在认定涉案《二手房买卖合同》属于无效合同的可能性较小的情况下,寻找涉案《二手房买卖合同》应当终止履行的事实和理由,对朱某而言非常重要。

关于涉案《二手房买卖合同》是否应当终止履行的问题,朱某一审期间的代理人没有提出相应的主张,反而是李某的代理人曾提及马某无法按时支付购房款,涉案《二手房买卖合同》应当依法解除。对此,一审判决认为,即便解除合同的条件成就,第三人李某也应明确通知马某合同已解除,由于李某并没有书面通知马某解除合同,因此涉案《二手房买卖合同》并没有解除。

《合同法》第96条[1]明确规定,解除合同应当通知对方,朱某在收到该案件起诉资料之前,根本不知道李某与马某已经签订了涉案《二手房买卖合同》,在一审期间也没有向马某发出解除合同的通知,而李某同样没有向马某发出解除合同的通知,现案件已经就该问题作出了对朱某不利的一审判决,所以朱某在二审阶段不宜依据《合同法》第94条[2]的规定,主张合同已经依法解除。

(二)从不同角度理解案件事实

那么,还有其他办法吗?笔者一直在思考这个问题。经反复研究各方提供的证据材料以及一审庭审笔录,笔者终于找到了一个突破口:涉案《二手房买卖合同》的"备注"条款有如下约定:"双方友好协商:卖方承诺帮买方找好按揭银行,并贷款金额不低于人民币10,500,000元整。若因买方个人征信或其他问题导致银行不能正常贷到10,500,000元整,双方解除合同,退回所有定金及办理贷款等所有费用,双方互不追究法律责任"。这段话的真实意思是什么?其中的"双方解除合同"这句话又应当如何理解?朱某并没

---

〔1〕 相关规定参见《民法典》第565条。

〔2〕 相关规定参见《民法典》第563条。

有参与涉案《二手房买卖合同》的谈判和签约过程，所以朱某也不清楚该条约定的真实含义。不过，笔者认为，可以根据该案件的一些细节，来探究该条款的真实意思。

以下事实和细节引起了笔者的注意：

其一，按照银行相关规定，按揭贷款的借款人必须支付30%以上的首付款，才能向银行申请按揭贷款。所以，一般情况下二手房买卖合同均会约定买方支付的首付款不低于成交价的30%。但涉案《二手房买卖合同》却特别约定马某需要贷款1050万元，即需要贷款的金额与成交价一致，出现如此特殊的约定，要么是因为马某本身缺乏资金，要么是马某意图利用高杠杆购买该套房产。

其二，涉案《二手房买卖合同》"备注"条款，提及马某需要筹集资金并将会产生利息，而马某与李某之间的聊天记录，也多次提及其需要向提供款项的人员支付高额利息，并多次要求李某、凌某支付利息，这意味着贷款1050万元对于马某而言非常重要。

其三，马某与李某在合同中约定由卖方(实际上指的是李某)找好按揭银行且贷款金额不低于1050万元，并约定如果马某不能贷款1050万元，则"双方解除合同，退回所有定金及办理贷款等所有费用，双方互不追究法律责任"，这是马某和李某在签订合同之时，对预先想到无法贷到1050万元所作的特别约定，即无法贷款1050万元就解除合同，是双方在签约之时预先约定的合同解除条件。

关键问题是，"双方解除合同，退回所有定金及办理贷款等所有费用，双方互不追究法律责任"这句话，属于《合同法》第93条[1]规定的约定解除权的解除条件，还是《合同法》第45条[2]约定的附解除条件的合同所附的解除条件?

《合同法》第45条第1款规定："当事人对合同的效力可以约定附条件。附生效条件的合同，自条件成就时生效。附解除条件的合同，自条件成就时失效。"根据该条规定，合同中可以对合同的效力约定附条件，附条件分为附生效条件和附解除条件，附解除条件的合同，自条件成就时失效。涉案《二

---

〔1〕 相关规定参见《民法典》第562条。

〔2〕 相关规定参见《民法典》第158条。

手房买卖合同》"备注"条款,实质是将未来可能存在的、不确定的且不属于双方履行合同的行为是否恰当的事项,作为合同继续履行与否的条件。因此,该项约定是关于合同自行解除条件的约定,涉案合同是"附解除条件的合同",只要解除条件成就,则涉案合同失效,不存在继续履行的问题,这与《合同法》第 93 条第 2 款所规定的"当事人可以约定一方解除合同的条件",即单方解除权,具有本质区别:依据《合同法》第 45 条规定的解除条件,当解除条件成就之时,合同即失效;当事人是否违约,在所不问,不存在违约责任等问题,亦不存在某一方享有解除权的问题。《合同法》第 93 条第 2 款规定的单方解除权,则是赋予合同某一方(而非双方)解除合同的权利,需要根据《合同法》第 96 条的规定,由享有解除权的一方行使,一般以一方违约为另一方享有解除权的前提条件,且适用违约责任条款,违约方应按照《合同法》第 97 条[1]的规定赔偿损失等。

因此,涉案《二手房买卖合同》"备注"条款约定的是该合同所附解除条件。该条件以未来不确定的、有可能发生的事项作为合同自行解除的条件,且约定的后果是返还财产并互不追究责任,并非赋予某一方在对方违约时的单方解除权。一审判决误将合同所附解除条件理解为合同约定的单方解除权条件,导致认定事实错误。

该案证据足以证明李某已办理了马某贷款事项,而且李某的丈夫凌某也已经将银行无法贷款 1050 万元的事实告知马某,并因此向马某支付了 15 万元"利息",而无法贷款 1050 万元的主要原因是马某的"银行流水太少",即因马某个人原因导致,这完全符合涉案《二手房买卖合同》约定的解除条件。

【处理结果】

为此,笔者起草了补充上诉意见,将上述观点作为最重要的上诉理由;同时将李某与马某构成恶意串通、成交价 1050 万元远远低于当时的市场价格(按当时的市场价格,朱某房屋的价值在签约时约为 1200 万元,在二审期间约为 1500 万元)作为次要理由。二审庭审期间,朱某与马某就各争议问题展开了比较激烈的争论,庭审一直持续到中午才结束。

---

[1] 相关规定参见《民法典》第 566 条。

2017 年 12 月 20 日,深圳市中级人民法院采纳了笔者的代理意见,认定涉案《二手房买卖合同》"备注"条款约定了合同解除条件,属于附解除条件的合同,而且该案证据足以证明马某无法贷款 1050 万元,因此涉案《二手房买卖合同》应当终止履行,并据此撤销了一审判决关于继续履行涉案《二手房买卖合同》的判项,改判驳回马某该项诉讼请求。

马某不服二审判决,向广东省高级人民法院申请再审,广东省高级人民法院于 2020 年 7 月 21 日驳回了其再审申请。

三、与"指鹿为马"相区别

案例 6－3 的处理过程,就是以创造性思维理解法律事实的一个比较典型的例子。笔者在处理该案件的过程中,通过自己的知识、经验以及逻辑推理能力,发现了"备注"条款的约定,并对该条款所蕴含的法律意义进行了充分考量,由此使案件圆满解决,这的确是一件令人欣慰的事情。

需要特别说明的是,笔者提倡的以创造性思维理解事实,与毫无根据地对案件材料的内容进行歪曲,或者在没有事实依据的情况下,对对方当事人的目的进行恶意揣测、嘲讽,具有本质区别:以创造性思维理解事实虽然强调思维方式应当具备开放性,但是,这种开放性是指基于事实和常识,在符合逻辑推理的情况下,对案件事实作出合乎情理的解释,而非"指鹿为马"。

第三节　大胆怀疑,小心求证

作为人类的基本思维方式,怀疑常常发生。哲学上有怀疑主义学派,其中的代表人物为著名哲学家笛卡尔,笛卡尔的《第一哲学沉思集》中的第一个沉思,就是从普遍的怀疑开始的。怀疑主义的怀疑是手段而非目的,怀疑主义是哲学上必不可少的,对哲学的发展有至关重要的作用。怀疑精神则是推动知识拓展的动力。笛卡尔怀疑一切知识,因而有其名言"我思故我在",据说马克思最喜欢的格言也是"怀疑一切"。从哲学角度考察,怀疑才是内心确信的基础,在怀疑产生后才会追求知识,获得真知。

对于法律从业人员而言,怀疑精神非常重要,也是一种独特的思维方式。无论是法官、仲裁员还是律师,面对各方当事人的不同陈述,需要根据自己的知识和经验,对事实问题和法律问题进行判断,因此怀疑精神必不可少,怀疑某个事实,才会有动力去探究事实是什么,从而不会人云亦云。

怀疑是一种思维方式,但并不是目的。律师在怀疑当事人,尤其是对方当事人主张的事实并不存在后,还需要根据既有资料和自己的知识、经验,运用科学的方法,获得相应的证据来证明自己的想法,小心翼翼地求证。很多时候,你可能找不到证据支撑,以致无法证明自己的怀疑是正确的。不过,如果具备怀疑精神,而且采取了正确的方法去探究事实真相,有时候就会得到幸运之神的青睐。下面几个案例,就是如此。

一、怀疑制胜实例之一

案例 6-4 | 惠州 A 公司诉汕头 B 公司合作开发房地产合同纠纷案

在该案件中,笔者作为被告汕头 B 公司的代理人之一,参与处理了该案件一审阶段的法律事务。

【案情概要】

2007 年 2 月 11 日,惠州 A 公司与汕头 B 公司签订《合作开发房地产项目协议书》,根据惠州 A 公司在该合同"鉴于"条款的陈述,惠州 A 公司是由原某国有企业惠州 C 公司改制成的有限责任公司,惠州 A 公司的前身惠州 C 公司于 1992 年征用惠州市文头岭 17.5 万平方米土地用于商业开发,并已经支付了征地补偿款及预交了 800 万元地价款,因历史原因没有办理用地手续,但签订了用地协议书。惠州市政府建设用地审批小组对上述历史遗留问题进行讨论,同意以"东江新城"内土地使用权面积为 130,509 平方米、总建筑面积为 283,070 平方米的地块(以下简称东江新城地块)按公开出让价(成本价)标准安排给惠州 A 公司,并且惠州 A 公司原来已经交纳的地价款 800 万元可以抵扣挂牌成交的地价款。该合同附有惠州 C 公司与惠州市国土资源局[1]签订的《用地协议书》。

该《合作开发房地产项目协议书》还约定:惠州 A 公司与汕头 B 公司共同合作设立联营公司,参与竞买东江新城地块。其中,惠州 A 公司在公开挂

[1] 现为惠州市自然资源局。

牌楼面地价底价2800元/平方米的基础上溢价250元/平方米(溢价后共计70,767,500元)作为向联营公司的出资,因此享有联营公司暂定23.8%的股权,汕头B公司以承担地价款作为向联营公司的出资,因此享有联营公司暂定76.2%的股权;出资期限为2007年5月之前注册成立联营公司,注册资金为3000万元,注册时双方按暂定股权份额比例所需资金各自直接划入联营公司账户;如汕头B公司未按约定的期限和数额投入注册资金,导致联营公司不能依法注册,视为汕头B公司单方违约,汕头B公司应向惠州A公司支付3000万元违约金。

2008年7月19日,惠州A公司向汕头B公司发函称:现惠州市政府、惠州市国土资源局已通知将于2008年9月底前将东江新城地块挂牌出让,请汕头B公司按约定的合作条件准备好参与竞买所需的资金等,以便届时能及时报名参与竞买,并及早与惠州A公司商定挂牌前的准备工作。

2008年7月30日,惠州A公司向汕头B公司发出《关于履行〈合作开发房地产项目协议书〉有关事项的函》,通知汕头B公司准备好注册联营公司所需的资料及注册资金,于2008年8月20日前和惠州A公司一起到惠州市工商行政管理局[1]办理联营公司注册手续。

2008年8月27日,惠州A公司向汕头B公司发出《关于履行〈合作开发房地产项目协议书〉有关事项的第三次催促通知函》,要求汕头B公司在2008年9月10日前明确地书面答复惠州A公司。

2009年4月24日,汕头B公司向惠州A公司回函称:由于不可归责于汕头B公司的原因,以及惠州市政府一再延期对东江新城地块进行挂牌转让,导致联营公司迟迟未能成立。因项目协议原预期的目的已经不可能实现,双方目前已经不具备履行项目协议的基础条件,为此汕头B公司决定不再履行项目协议。

2009年5月,惠州A公司向惠州市中级人民法院起诉,要求汕头B公司支付违约金3000万元。根据惠州A公司提供的资料,东江新城地块已于2008年10月由惠州市国土资源局挂牌出让,竞买人为其他公司。

---

〔1〕 现为惠州市市场监督管理局。

【处理过程】

作为汕头B公司的代理人,处理该案件是一件令笔者头疼的事情。在合同签订之后,惠州A公司曾经三次发函给汕头B公司,但是汕头B公司在2009年4月之前从未给予任何回应。即便汕头B公司在2009年4月作出了书面回复,回复的内容却是告知惠州A公司其不再履行合同。虽然汕头B公司主张惠州市政府延期对东江新城地块进行挂牌,但毕竟是汕头B公司没有履行合同义务在前;关于赔偿金额,由于惠州A公司主张其前身惠州C公司在20世纪90年代就垫付过800多万元补偿款,因此惠州A公司现要求赔偿3000万元违约金似乎也没有过分高于其损失。据悉,汕头B公司在委托笔者所在团队之前,曾经咨询过其他律师的意见,得到的回复意见均是无法胜诉。

为了妥善处理该案件,笔者所在团队的其他律师,曾查询过惠州A公司向汕头B公司发出的函件的快递单,并发现惠州A公司在2008年7~8月向汕头B公司发出的三份函件,并不是从惠州邮寄的,而是从珠海邮寄的,邮寄人员黄某并非惠州A公司的股东或者董事——这是比较奇怪的事情。为此,笔者所在团队经讨论后,拟主张惠州A公司的三份函件不是惠州A公司邮寄的,而且并未有效送达给汕头B公司。而联营公司的设立时间,取决于对东江新城地块挂牌出让的合理预期,由于惠州市国土资源局迟迟未将标的地块挂牌出让,汕头B公司没有配合设立联营公司也不构成违约。

虽然提出了上述处理策略,但说实话,笔者在开庭前对上述答辩意见能否获得法院支持,心里并没有底。这样的抗辩理由可能过于勉强。

该案件定于2009年1月22日9:00开庭审理,当时笔者还是实习律师,而且此前该案件的代理人是笔者的指导老师周律师以及另一位同事刘律师。2008年12月,刘律师离职,为便于案件后续工作的处理,汕头B公司将代理人由刘律师变更为笔者。

2009年1月21日,笔者与周律师计划于17:00由深圳出发前往惠州,第二天参加庭审。根据工作团队的工作习惯,笔者作为实习律师,需要进行庭审准备工作,重新温习案件材料,并草拟庭审要点。为此,笔者在2009年1月21日上午开始温习该案件,再次翻阅案件材料。

(一)发现疑点

案件材料中有一份惠州A公司提供的证据,是一份惠州市工商行政管理局于2001年11月6日出具的证明,证明内容为惠州A公司是由惠州C公司改制而来,惠州A公司概括承担了惠州C公司的权利和义务。

在1998年之后,我国出现了一波国有企业改制的浪潮,很多国有企业通过员工持股、管理层收购等多种方式改制为有限责任公司。惠州A公司主张其由惠州C公司改制而来,并提供了惠州市工商行政管理局出具的证明,还提供了惠州C公司与惠州市国土资源局签订的《用地协议书》,因此笔者所在团队的成员此前均没有对该份证明的真实性产生过怀疑。

然而,在2009年1月21日上午重新阅读案件材料的时候,笔者却突然觉得该份证明有些蹊跷。该份证明全部文字都是由手写字体组成的。为什么是手写字体呢?笔者大学毕业后曾在湛江市某大型国有企业法务部工作,当时笔者的主要工作就是协助处理该大型国有企业改制过程中的工商登记工作,因此经常到工商行政管理部门打印公司档案。根据笔者的工作经验,工商行政管理局出具的公司名称变更证明文件,都是机打的(电脑系统自动生成并由打印机打印出来),而不会由人工手写证明内容再盖章。再联想起周律师在2007年处理过的一起仲裁案件,对方当事人有伪造工商行政管理部门证明文件的事实。笔者对该份证明的真实性产生了怀疑。

为此,笔者立即向周律师反映了该问题。周律师当时也觉得奇怪,但对该证明是否真实,还是有些迟疑,因为伪造政府机关证明文件是非常严重的违法行为,他认为惠州A公司不至于伪造该份证明。在2009年1月,并没有企查查、启信宝等商业信息服务平台,而且当时各地的工商行政管理局网站也没有公开企业的登记信息,并不像现在这样可以随时便捷地查询企业的注册信息。为此,笔者想了一个办法,在百度搜索栏中输入惠州A公司的全称,看能否找到相应的信息。

结果,百度搜索帮了笔者一个大忙。经搜索,笔者找到一个类似公司黄页的网站,该网站登载的信息显示,惠州A公司设立于2002年1月29日——这与惠州A公司提供的证明记载的变更时间(2001年1月29日)不一致!笔者立即将该网页打印出来提供给周律师,当时周律师正在处理文件,但看到该网页后,二话没说,马上关掉笔记本电脑,带上开庭所需的全部资料以及查档所需的介绍信,我们二人直接驱车前往惠州市。当时是14:30,比我们原计划的17:00出发提前了两个半小时。

我们到达惠州市区的时候已经是17:00了,由于不清楚惠州市工商行政管理局的具体地址,为了在下班前赶到惠州市工商行政管理局,我们立即找了一辆出租车,由笔者在出租车上带路(2009 年智能手机、车载导航均尚未普及),周律师开车跟随,一路狂奔到了惠州市工商行政管理局。

(二)确定对方伪造证据

我们到达惠州市工商行政管理局时,已经是 17:20 了,而惠州市工商行政管理局的下班时间是 17:30,我们马上到查询窗口提交了查询惠州 A 公司基本信息的申请资料。惠州市工商行政管理局打印出来的资料显示,惠州 A 公司确实成立于 2002 年 1 月 29 日,而且完全是新设立的公司,没有任何关于惠州 A 公司由惠州 C 公司改制而来的信息。

此时已经到了下班时间。要证明惠州 A 公司不是由惠州 C 公司改制而来,除了惠州 A 公司的基本信息之外,我们还需要进一步查询其全部工商内档,以核实其中有没有惠州 A 公司由惠州 C 公司改制而来的文件。为此,我们请求惠州市工商行政管理局的工作人员打印惠州 A 公司的全部工商内档。感谢这位认真负责的年轻人,他答应了我们的请求,加班将惠州 A 公司的全部工商内档打印出来。

我和周律师一边翻阅惠州 A 公司的工商内档,一边暗暗高兴!事实证明,笔者的怀疑是正确的,惠州 A 公司是由三个自然人于 2002 年 1 月 29 日申请设立的有限责任公司,其工商内档中没有任何关于惠州 C 公司改制的文件。

(三)新证据对惠州 A 公司的不利影响

真的是被幸运之神眷顾的一天,笔者不但获得了怀疑的灵感,还在惠州市工商行政管理局工作人员的帮助下顺利拿到了资料,真可谓天时地利人和,该案件想输掉都不太可能了。

为什么笔者坚信我们一定会取得胜利呢?因为根据已掌握资料,惠州 A 公司与惠州 C 公司毫无关系,那么就意味着惠州 A 公司在与汕头 B 公司签约之时,虚构了其已经支付了征地补偿款并预交了 800 万元地价款,并因此与东江新城地块有承继关系的事实。而汕头 B 公司正是基于惠州 A 公司的这一陈述,才决定与其签订《合作开发房地产项目协议书》,以获得按成本价取得东江新城地块的权利。按照《合作开发房地产项目协议书》的约定,惠州 A 公司以政府安排的东江新城地块,按底价 800 元/平方米的基础上溢价

250 元/平方米(溢价后共计 70,767,500 元)作为出资;如果双方设立的联营公司取得东江新城地块,即视为惠州 A 公司已经向联营公司投入了其出资额 70,767,500 元。也就是说,因惠州 A 公司是东江新城地块的历史承继人,其才享有按成本价获得东江新城地块的权利,并因此可以不投入资金,就视为其已经投入了 70,767,500 元的巨额资金,享有巨额利润回报;而汕头 B 公司则需要付出巨额资金购买东江新城地块。

汕头 B 公司是国有企业,因此汕头 B 公司可以主张《合作开发房地产项目协议书》属于《合同法》第 52 条第 1 款第 1 项[1]所规定的“一方以欺诈、胁迫的手段订立合同,损害国家利益”的情形,属于无效的合同,也可以主张惠州 A 公司构成欺诈并要求撤销《合作开发房地产项目协议书》。无论是主张合同无效还是撤销合同,都会导致《合作开发房地产项目协议书》的法律效力被否定,而惠州 A 公司可以要求汕头 B 公司支付违约金的前提,是《合作开发房地产项目协议书》合法有效。

更为严重的是,如果惠州 A 公司提供的证明中的惠州市工商行政管理局的公章最终被证明是虚假的,那么根据我国《刑法》的规定,惠州 A 公司的相关人员就有可能构成伪造国家机关公文罪、合同诈骗罪。因此,笔者判断,惠州 A 公司将会在看到该等材料后撤诉,因为对其而言这是最好的处理方式。

【处理结果】

在笔者的记忆中,周律师那天一直在表扬笔者,多次竖起了大拇指;而惠州 A 公司的代理人在面对我们当庭提供的惠州 A 公司的工商登记内档时,则显得不知所措,语无伦次。

惠州 A 公司在该案件开庭审理后一周之内,就向惠州市中级人民法院提交了撤诉申请并获得批准。因笔者有立功表现,合伙人决定就该案件奖励给笔者 5 万元,这对一个实习律师而言是极大的鼓励。

二、怀疑能力的来源

为什么同一个人,在遇到某个问题时,立刻就可以反应过来应当向哪个

---

[1] 相关规定参见《民法典》第 146 条、第 148 条。

方向核实问题,但遇到另外一个问题时,却没有那么快反应过来?为什么同一个人,很容易怀疑相关文件中当事人的签名是伪造的,但对盖有政府部门印章的材料却总是深信不疑?

这或许与怀疑精神和怀疑能力有关。怀疑精神很好理解,就是具有常常怀疑的习惯。但怀疑是否需要相应的能力?应该说,能否怀疑某些问题,与律师是否具备某方面的知识或者经验有关,如果缺乏某方面的知识或者经验,则很难对该方面的事实产生怀疑。比如,人们尚未在大洋洲的大陆上发现黑天鹅之前,没有人会怀疑这个世界上只有白天鹅这个结论;笔者之所以在案例 6 -4 中怀疑惠州 A 公司提交的证明文件是伪造的,就与笔者此前参与国有企业改制的工作经验有关。

但有怀疑精神并不代表已经获得案件事实,有了怀疑的对象后,还需要通过谨慎、细致的调查工作去核实事情真相;怀疑也不等于否定一切,而是要对不符合常情常理的事项多打一个问号,多问一个为什么。

三、其他因怀疑获得有效证据的实例

(一)怀疑对方使用多个公章

公司印章是否真实,是民商事案件中的常见争议,笔者在 2017 ~2019 年处理的案例 6 -5,即为其中一例。笔者接手处理该案件时,该案件已被发回重审,深圳 A 药业公司已处于不利地位,但笔者在处理过程中,基于合理怀疑,申请对惠州 B 药业公司其他文件中加盖的印章进行“反向鉴定”,最终成功维护了客户的合法权益。

案例 6 -5 | 深圳 A 药业公司诉惠州 B 药业公司买卖合同纠纷案

在该案件中,笔者作为原告深圳 A 药业公司的代理人之一,参与处理了该案件重审期间一审阶段、二审阶段,以及执行阶段的法律事务。

【案情概要】

2013 年 7 月 29 日,深圳 A 药业公司与惠州 B 药业公司签订《销售协议书》(协议书左上角有时间以及“0752235 × × ×0”字样),约定深圳 A 药业公司委托惠州 B 药业公司销售黄柏胶囊等药品,惠州 B 药业公司承诺每月从深圳 A 药业公司购进产品金额不少于 10 万元,双方采取压批结方式(每月 20 号结算一次)进行货款结算,如因滞销导致库存积压,惠州 B 药业公司应当在三个月内提出,深圳 A 药业公司给予退换货。

2013 年 8 月 15 日,深圳 A 药业公司(卖方)与惠州 B 药业公司(买方)签订《购销合同》,约定产品为头孢氨苄胶囊等,付款期限为批结,产品在销售过程中如出现滞销,甲乙双方协商处理。

上述合同签订后,深圳 A 药业公司分批向惠州 B 药业公司交付了约定药品,惠州 B 药业公司在《药品销售出库单》上盖章确认收到了该等药品。

2015 年 9 月 17 日,深圳 A 药业公司向惠州 B 药业公司发出催款函,要求其支付货款 137,630 元。2015 年 11 月 4 日,深圳 A 药业公司委托律师向惠州 B 药业公司发出律师函,再次催告其支付货款。

2016 年 3 月,深圳 A 药业公司向深圳市福田区人民法院起诉,要求惠州 B 药业公司支付货款 137,630 元及利息。

惠州 B 药业公司收到起诉状后,先是提出管辖权异议,此后又在庭审时否认《购销合同》的真实性,并要求对《购销合同》中其印章的真实性进行鉴定,后因惠州 B 药业公司对摇号选定鉴定机构有异议,没有缴纳鉴定费,深圳市福田区人民法院按惠州 B 药业公司放弃鉴定申请处理。

深圳市福田区人民法院作出的原审一审判决,支持了深圳 A 药业公司的诉讼请求,但是深圳市中级人民法院以一审法院处理鉴定问题程序违法为由,于 2017 年 12 月将该案件发回深圳市福田区人民法院重审。

【处理过程】

笔者在该案件发回重审后,接受深圳 A 药业公司委托,参与处理该案件重审期间的有关法律事务。

根据深圳 A 药业公司的陈述,该案件之所以出现惠州 B 药业公司申请鉴定问题,是因为深圳 A 药业公司在起诉时,原代理人向深圳市福田区人民法院提供的《购销合同》复印件只有深圳 A 药业公司领导李某的签字,但没有深圳 A 药业公司的盖章,且合同复印件中惠州 B 药业公司盖的骑缝章比较模糊。庭审时,深圳 A 药业公司提供的证据原件上却有了深圳 A 药业公司的盖章。尽管深圳 A 药业公司原代理人对此的解释为深圳 A 药业公司是在起诉后,发现原件上没有加盖自己的印章,所以才又加盖了自己的公章,但惠州 B 药业公司却因此当庭否认该《购销合同》的真实性,并要求深圳市福田区人民法院对惠州 B 药业公司印章的真实性进行鉴定,此后又因鉴定程序问题,导致案件发回重审。

笔者认为,惠州 B 药业公司坚持向深圳市福田区人民法院申请对其公章进行鉴定,那么《购销合同》上惠州 B 药业公司的公章,极有可能与其备案的公章不一致。

然而,合同上的公章与当事人备案公章不一致,并不能说明合同就是虚假的,因为很多公司在经营过程中会使用多个公章,备案的公章反而不用,尤其是很多规模较小的公司,会存在这种操作方式。笔者认识的部分人员开设公司时,即存在这种操作方式。

此外,笔者当时看过 2016 年第 3 期《最高人民法院公报》裁判文书选登栏目刊登的《陈呈浴与内蒙古昌宇石业有限公司合同纠纷案》,该案件的裁判摘要认为:"印章真实不等于协议真实。协议形成行为与印章加盖行为在性质上具有相对独立性,协议内容是双方合意行为的表现形式,而印章加盖行为是各方确认双方合意内容的方式,二者相互关联又相对独立。在证据意义上,印章真实一般即可推定协议真实,但在有证据否定或怀疑合意形成行为真实性的情况下,即不能根据印章的真实性直接推定协议的真实性。也就是说,印章在证明协议真实性上尚属初步证据,人民法院认定协议的真实性需综合考虑其他证据及事实。"这说明判断合同是否成立和真实,不能仅以印章是否真实为依据。

为此,笔者怀疑惠州 B 药业公司存在同时使用多个公章的行为。既然惠州 B 药业公司已经申请对《购销合同》中加盖的公章是否与其备案的公章一致进行鉴定,意味着惠州 B 药业公司对《购销合同》上的印章不是其备案的印章是很有信心的。此时,从应对策略上考虑,深圳 A 药业公司也应当申请鉴定,否则无异于坐以待毙。

为此,笔者也代表深圳 A 药业公司提出了鉴定申请,要求鉴定惠州 B 药业公司在本案中提交的《授权委托书》(检材)中的公章印文,与其备案的公章印文(样本)是否是同一枚印章形成。

如果鉴定结果表明,惠州 B 药业公司在本案中提交的《授权委托书》的印章印文与其备案的公章印文不是同一枚印章形成,那么就足以证明惠州 B 药业公司存在同时使用多个公章的行为,惠州 B 药业公司就不能以《购销合同》中的公章与其备案的公章不一致为由进行抗辩,至少可以大大削弱其这一抗辩理由。

2018年7月,鉴定机构作出的鉴定结果是,《购销合同》中惠州B药业公司的公章印文与其备案的公章印文不是由同一枚印章形成的;惠州B药业公司在本案中提交的《授权委托书》的公章印文,与其备案的公章印文也不是同一枚印章形成的。这证明笔者的怀疑是正确的。

为此,就合同效力问题,笔者认为《购销合同》有效,理由是惠州B药业公司存在使用多个印章的情况,《购销合同》中的公章可以代表惠州B药业公司的真实意思,而且惠州B药业公司从收到深圳A药业公司的货物到本案一审庭审期间,从未就合同的真实性提出异议,并且在管辖权异议期间,还曾经确认《购销合同》中管辖条款的真实性;此外,本案还涉及双方以传真方式签订的合同,左上角标有“075223×××0”的传真号码,该传真号码的区号“0752”是惠州市的,而惠州B药业公司的住所地在惠州市,深圳A药业公司的所在地在深圳市,区号是“0755”。因此,该合同显然是惠州B药业公司传真过来的。事实上,任何一个商事主体,都不可能在每次与对方签订合同时要求对印章的真实性进行鉴定,此系常识。而部分企业存在同时使用多个公章的情况亦客观存在。因此,惠州B药业公司主张合同无效,没有事实和法律依据。

【处理结果】

2019年6月10日,深圳市福田区人民法院就该案件作出重审一审判决,重审一审判决采信了笔者的代理意见,并支持了深圳A药业公司的主张,判决结果与原审一审判决结果一致。

2019年11月11日,深圳市中级人民法院作出重审二审判决,维持了重审一审判决。2019年12月,深圳A药业公司收到了全部执行款。

(二)找到消灭对方诉求的证据

大约是在2018年3月,有一位律师朋友带着一沓案件材料,与笔者探讨某起案件的解决方案。该案件的案情大概是这样的:李某与张某是夫妻关系,双方在夫妻关系存续期间在深圳开设了L公司,L公司的股东为李某和张某,但L公司现在的实际控制人为李某,L公司的注册地址和经营场所则是张某名下的厂房。现李某与张某因感情破裂而发生离婚纠纷,张某便以L公司长期使用其名下的房产但没有支付使用费为由,向深圳市宝安区人民法院起诉,要求L公司支付自设立以来20多年的房屋使用费1000万元,并查封了L公司账户中的现金1000万元。

对于该案件,笔者的这位朋友有些烦恼,因为经与李某核实,L公司确实没有向张某支付过租金,而且李某与L公司是独立的法律主体,相互之间不能混淆,所以一时之间,除了张某的部分诉讼请求超过了诉讼时效期间之外,想不出更好的抗辩理由。

这位朋友聊的这个问题很有意思,离婚案件居然派生出这么一个奇葩案件。不过关于该案件,笔者当时想到的解决方案,却并非探究各方的法律关系及其权利义务,而是建议这位朋友去查询L公司的企业内档,并告诉他,在2013年之前,在深圳市设立公司必须提供相应的场地证明文件,而合格的场地要么是公司自有物业,要么是租赁物业,要么是其他主体免费提供的场所。在场地由公司股东提供的情况下,大部分公司的股东基于税务方面的考虑,一般会免除该公司支付租金的责任,因此会在公司注册登记时向登记部门提供由公司免费使用场地的证明文件。李某与张某在设立L公司之时,感情并没有破裂,所以张某当时向L公司提供过免费使用该场所的证明文件的可能性极大。

这位朋友立即让助理去查询L公司的工商内档,果然在L公司的设立档案中,找到了张某出具的由L公司免费使用该场地的证明文件。据悉,一审法院当庭判决驳回了张某的全部诉讼请求。

笔者在讨论时怀疑张某曾向L公司出具免费使用该场地的证明文件,是因为笔者此前参与过深圳某些公司的注册登记工作,在其他案件处理过程中,查阅过深圳地区很多公司的工商登记档案,留意过公司设立登记时需要提供的文件类型,所以笔者的工作经验是产生这一想法的前提条件之一。

(三)银行流水出现错误

值得一提的是,很多人对银行提供的银行流水深信不疑,但现实中银行提供的银行流水或者查询证明并不是百分之百准确的,一方面,是因为银行系统可能会出现错误(虽然概率较低,但并非不可能,如果是涉及时间久远的记录,则出现错误的可能性较大);另一方面,则是因为部分银行可以根据查询人提供的查询条件对数据进行筛选,从而出现不同的结果。所以,在审核证据材料中的银行流水单时,同样需要多问一个为什么。

在本书第一篇中讲到的案例 4 - 2 中,张某在该案件中申请再审成功,是因为张某找到了当年 Y 公司转账 30 万元到徐某挂靠的 X 公司贸易部的凭证。关于该凭证,在张某第一次申请调查时,银行回复因年代久远无法查询,原审二审判决后,张某的原代理人亲自到银行档案室逐一查找,才找到了该银行凭证。

另外一个与银行流水有关的错漏,发生在一起笔者同事代理的案件中。该案件的大致情况如下:李某欠张某几百万元债务,张某起诉李某并进入执行程序,发现李某将其名下的房产出租给王某,租赁期限为 20 年且王某一次性付清了全部租金。张某认为,李某与王某是恶意串通,李某在收到该租金后又转出给了王某,为此张某在执行异议之诉中申请调查李某收取租金的银行流水。银行第一次提供的银行流水中没有李某转出款项的记录,但笔者同事对该份银行流水提出了异议,强烈要求法院重新调查。法院要求银行重新打印涉案账号的银行流水,而银行再次打印的银行流水显示:李某在收到该租金后的第二天,又将该租金汇入王某配偶的账户内,这足以证明李某与王某存在恶意串通,案件迎刃而解。对于第一次提供的银行流水与第二次提供的银行流水存在的差异问题,银行则表示是“系统错误”。可见,对于银行提供的银行流水,也需要留意是否存在错误。

第七章 撰写《案件要点及处理方法》

如果一个案件材料众多、法律关系纷繁复杂，而且有比较多似是而非的问题有待代理律师厘清，代理律师仅仅依靠法律关系图和案件关键事实时间轴图等辅助文件，恐怕难以向客户说明具体的观点和应当采取的具体措施是什么。此时代理律师可以考虑起草一份《案件要点及处理方法》提供给客户，详细说明自己对案件争议问题的看法以及建议采取的措施。

对于比较疑难复杂且重要的案件，笔者所在工作团队一般会针对该案件的要点问题撰写《案件要点及处理方法》，归纳出该案件可能的争议焦点，并根据现行法律规定以及案件事实，就每个要点问题逐一进行分析，提出相应的处理措施。所以，《案件要点及处理方法》实际上就是律师在案件处理前期，就案件处理涉及的要点问题所出具的法律意见。

《案件要点及处理方法》的内容一般包括三个部分，第一部分概括该案件的基本事实，类似于判决书中的事实认定部分；第二部分归纳该案件的要点问题，类似于法庭辩论期间法官归纳的案件争议焦点；第三部分针对该案件要点问题进行分析，并就案件处理提出预防性处置措施。

第一节 为什么要撰写《案件要点及处理方法》

《案件要点及处理方法》的作用体现在以下几个方面：

第一，作为律师的一项前期工作成果提供给客户参阅，客户可据此全面了解律师关于案件处理问题的核心观点。

第二,撰写《案件要点及处理方法》的过程,可以检验律师在整理、分析案件材料的基础上形成的观点是否正确。一个人仅仅去“想”一个法律问题,一般不需要严密的分析和论证过程,但如果用严谨的文字表达相关观点,则必须对相关的事实和法律问题均进行细致的分析,两者的思维过程有明显的区别。律师在撰写《案件要点及处理方法》的过程中,有可能会改变此前在头脑里形成的初步意见,甚至将此前已经形成的结论完全推倒,重新确定处理方案。

第三,可以作为律师后续工作的基础文件之一,后续代理工作中需要起草的起诉状、答辩状、代理词等文件,可以在《案件要点及处理方法》的基础上进行加工,提高后续工作的效率。

需要强调的是,《案件要点及处理方法》是在收集、整理、初步分析案件材料的基础上撰写的,在撰写过程中要查找与案件有关的全部法律规定,甚至查找与案件争议问题相关的指导案例、权威案例,在此过程中要对案件可能涉及的相关事实问题和法律问题进行详尽地研究和分析,考虑各种可能性。因此,作为律师向客户和法院提出具体意见之前的基础文件,《案件要点及处理方法》实质上是律师依据已经掌握的案件事实和现行有效的法律规定,对案件处理问题进行“沙盘推演”的过程,最终确定最优的处理方案。如果律师在撰写《案件要点及处理方法》的过程中掌握的案件事实足够全面,分析的方法正确,就可以避免在此后的代理过程中出现重大错误,少走弯路。

《案件要点及处理方法》是用文字详细说明案件争议焦点,并详细记载律师对具体问题的分析意见和应对措施,但部分律师并不习惯于起草《案件要点及处理方法》,而是根据自己对案件要点的理解绘制思维导图,并将思维导图作为辅助文件提供给客户。

绘制思维导图不需要太多时间,简便易行,即便最终无法与客户就收费方案达成一致意见,律师也不会有太大损失,这使绘制思维导图已经成为年轻律师的首选处理方式。但仅仅绘制思维导图,无法深入分析案件涉及的复杂问题,尤其是对部分似是而非的问题的辨析意见,无法通过思维导图表现出来。所以,如果是非常重要的案件,或者是非常重要的客户,笔者依然建议年轻律师在时间允许的情况下,尝试撰写《案件要点及处理方法》,在撰写过程中不断提升自己分析案件问题的能力。

◇ 第二节　请求权基础及抗辩理由

撰写《案件要点及处理方法》与出具法律意见一样,需要准确确定各方之间形成的法律关系和案件争议焦点,在此基础上,运用法律思维对案件涉及的具体问题进行分析,得出相应的结论以及预防措施,即提出律师认为最优的解决方案。

那么,分析具体问题有没有相应的衡量标准?或者说,律师是从哪些方面去考虑《案件要点及其处理方法》所列要点的分析方法的?

经过不断的练习与总结,笔者认为,请求权基础与抗辩理由,是律师撰写《案件要点与处理方法》时据以分析问题的准则,也是律师预测案件走向的具体方法。

一、请求权基础

如果律师是作为原告的代理人撰写《案件要点及处理方法》,思考的重点应当是以下问题:

(1)客户可以提出的诉讼请求是什么?

(2)客户提出的每个诉讼请求,对应的请求权基础是什么?

(3)对方当事人针对客户提出的每个诉讼请求,可能提出的抗辩理由是什么?

(4)针对客户的诉讼请求以及对方当事人可能提出的抗辩理由,客户的诉讼请求获得支持的可能性有多大?

(5)针对对方当事人可能提出的抗辩理由,需要采取什么应对措施?

其中,根据案件事实分析原告的诉讼请求有无请求权基础,以及被告有无相应的抗辩理由,是最为重要的,而确定这一问题的关键,在于对案件的要点问题究竟是什么作出准确的判断,判断是否准确与律师的经验、办案能力直接相关,需要不断地训练以提高识别能力。因此,律师需要了解何为"请求权基础",并具备确定请求权基础和抗辩理由的能力。

所谓请求权基础,是指"此种可供支持一方当事人得向他方当事人有所主张的法律规范,即为请求权规范基础(anspruch - snomengrundlage),简称请求权基础(anspruchsgrundlage)”。[1]换言之,请求权基础指的是支持原告方诉讼请求的法律规范。王泽鉴老师认为,“请求权基础是每个学习法律的人必须彻底了解,确实掌握的基本概念及思考方法”。[2]梁慧星老师则强调,作为原告的代理律师,应当“仔细分析本案在法律上有哪些请求权基础,比较各个请求权基础的构成要件和法律效果,并设想对方可能针对各个请求权基础主张哪些抗辩,然后选择最有利、最容易成功的请求权基础”。[3]当然,最有利、最容易成功的请求权基础确定后,能否依据该请求权基础提起诉讼,还需要在考虑对方可能提出的抗辩理由后确定。

根据王泽鉴老师的分类,请求权可以分为以下几类:[4]

(1)契约上请求权;

(2)无权代理等类似契约关系上请求权;

(3)无因管理上请求权;

(4)物权关系上请求权;

(5)不当得利行为损害赔偿请求权;

(6)侵权行为损害赔偿请求权;

(7)其他请求权。

为了避免检查或者寻找某一请求权基础时受到前提问题的影响,建议按照上述顺序检查和寻找请求权基础。例如,如果不先排除当事人之间是否存在契约关系,直接以不当得利的规定提起诉讼,则有可能对方当事人在庭审时会提交与客户之间的交易合同,从而导致诉讼请求无法得到支持。按照上述顺序检查和寻找请求权基础,可以避免出现该等问题。

未经深思熟虑的诉讼行为,不但会使客户受到损失,而且会损害律师的声誉,增加对方当事人成功的概率。因此,以是否存在请求权基础判断客户是否应当提起某种诉讼,以及分析原告的诉讼请求是否有法律依据,这种思考方法是非常值得提倡的,将会大大提高律师作出判断的准确性。

笔者在2015年曾与一位律师朋友探讨其客户是否应当提起某个诉讼,其中即涉及请求权基础问题。该案件的大致情形如下:甲公司在惠州市开

[1] 王泽鉴:《法律思维与民法实例》,中国政法大学出版社2001年版,第50页。

[2] 王泽鉴:《法律思维与民法实例》,中国政法大学出版社2001年版,第50页。

[3] 梁慧星:《裁判的方法》(第2版),法律出版社2012年版,第291页。

[4] 参见王泽鉴:《法律思维与民法实例》,中国政法大学出版社2001年版,第72页。

发一个住宅项目,该项目距离市区较远,从市政道路到该项目还有1500米没有铺设市政道路。与甲公司项目相邻的还有一个乙公司的住宅项目地块,但乙公司没有立即开发建设的计划,而甲公司开发的楼盘即将封顶,准备开盘。从市政道路到项目所在地1500米的距离都是土路,对于楼盘的销售而言显然是不利的,于是甲公司主动与乙公司协商,希望双方共同出资修建一条道路。但是,乙公司以其近期不开发为由,拒绝了甲公司的提议。甲公司无奈,自行修建了该条道路,为此花费了数百万元。该条道路修建后,乙公司完全可以使用,因此甲公司拟起诉乙公司,要求赔偿修路费用的50%。问题是,这样的诉讼请求能否得到支持?

笔者的意见是甲公司不宜提起该诉讼,因为甲公司的诉讼请求缺乏请求权基础。如果按照前述王泽鉴老师关于请求权基础的分类,那么可以比较容易排除第(1)、(2)、(4)、(6)、(7)项对应的请求权。至于无因管理和不当得利请求权,首先,甲公司的行为不属于无因管理。无因管理的目的是为他人谋利或者避免他人受到损失,但甲公司修建该条道路主要是为了自身利益,乙公司只是在该条道路建好后,可以享受到如同其他路过的人员一样的利益,这一利益并非仅归属于甲公司和乙公司双方。其次,乙公司也不构成不当得利,该条道路修建后,除非该条道路是甲公司专属道路,否则乙公司就依法享有通行权,乙公司使用该条道路,不存在没有法律上的依据而获得利益的情形。

据悉,甲公司此后并未就此提起诉讼。

二、抗辩理由

如果律师是作为被告的代理人撰写《案件要点及处理方法》,那么思考的重点应当是以下问题:

(1)对方当事人提出的每一项诉讼请求,有无对应的请求权基础?

(2)针对对方当事人提出的每一项诉讼请求,客户可以提出的抗辩理由是什么?

(3)客户的抗辩理由获得支持的可能性有多大?

(4)针对案件具体情况,需要采取什么应对措施?

作为被告律师,一是要研究核实原告提出的诉讼请求究竟有没有相应的请求权基础;二是要核实被告有没有相应的抗辩理由。核实的方法与作为原告的律师寻找请求权基础的方法一样。

抗辩,是针对请求权提出的一种防御方法,是指当事人通过主张与对方主张的事实有所不同的事实或法律关系,以排斥对方所主张的事实的行为。[1] 关于抗辩以及抗辩权的学术论述颇多,但抗辩权依据的是具体的案件事实以及相应的法律规定,即抗辩权与请求权一样,最终指向的必然是法律规范。

作为被告的律师,应当针对原告提出的诉讼请求和案件事实、法律规定等,提出一切得以消灭、阻止、妨碍原告诉讼请求的理由。

首先,应当考虑适用范围抗辩,即主张本案事实不符合原告提出的法律规范的适用范围。例如,在违约之诉中,主张合同不成立、未生效、已撤销,债务已经履行或者抵销、免除等;又如,在保管合同中如果原告(存货人)主张被告(保管人)拒绝交付货物构成违约,作为被告方律师可主张被告有留置权等。

其次,应考虑构成要件抗辩,即主张本案事实不符合相应的法律规范的构成要件。例如,在过错侵权诉讼中主张被告没有过错,或者不存在因果关系。

再次,应考虑免责抗辩,即主张被告有免除责任的合理理由。例如,原告的起诉已经超过了诉讼时效期间,或者合同中明确约定了免责条款(或针对某一事项有特殊约定,在特定情况下应当采取另一种方案解决而非继续履行合同)等。

最后,还可以考虑减轻责任的抗辩,即主张被告可以减轻责任的正当理由,[2] 如受害人有过失、违约金过高、原告没有采取合理措施避免损失扩大等。

综上所述,无论是作为原告还是被告的律师,实际上都应当考虑请求权基础和抗辩权是否存在,只有这样,才能作出准确的分析意见。

三、两种分析方法的价值

律师在诉讼发生前,根据请求权基础以及抗辩理由所作出的具体工作

---

[1] 参见杨立新:《民事裁判方法》,法律出版社 2008 年版,第 183 页。

[2] 参见梁慧星:《裁判的方法》(第 2 版),法律出版社 2012 年版,第 291 页。

建议,可以减少诉讼实际发生后的障碍。例如,原告与被告多年来就某项产品进行交易,双方的往来账目如果比较混乱,分不清具体哪一批货物已经结清了货款、哪一批货物没有结清货款,那么鉴于被告在诉讼发生后有可能就欠款具体金额等提出异议,律师可以建议原告在诉讼发生前先与被告进行对账,并由双方签字确认未支付的货款金额和付款时间,这样就可以避免在诉讼发生后,被告就该等问题进行纠缠,大大提高诉讼效率。

接下来,笔者再介绍一个在诉讼发生前,根据请求权基础和抗辩理由对诉讼方案作出建议的实际案例,这是笔者在 2018 年 9 月接受某客户咨询,并出具了《案件要点及处理方法》的案例:

广东 A 公司拟就某股权转让合同纠纷起诉山东 B 公司,理由是山东 B 公司转让的股权已因 C 案件,被判定归其他第三人所有,股权转让合同的目的已无法实现,但广东 A 公司已经向山东 B 公司支付了 1.8 亿元股权转让款。

笔者经审阅相关案件材料后,发现广东 A 公司与山东 B 公司签订的股权转让合同中,已经在“特别约定”中详细披露了 C 案件,并且明确约定如果山东 B 公司名下的股权因该案件而出现瑕疵,双方应当通过由山东 B 公司转让债权给广东 A 公司的方式另行操作,广东 A 公司前期投入的股权转让款则转为债权转让款之一,即双方已经预先设定了在 C 案件导致目标股权出现瑕疵之时的解决方案,这意味着山东 B 公司并没有违约,广东 A 公司在目前情况下要求解除合同,心情可以理解,但并不符合法律规定的解除合同条件,缺乏请求权基础。如果广东 A 公司没有按照约定与山东 B 公司协商债权转让事宜就直接要求解除合同,山东 B 公司极有可能会就此提出抗辩,认为其没有违反约定。

据此,笔者认为,在 C 案件的处理结果是目标股权归其他第三人之后,广东 A 公司应当先与山东 B 公司以转让债权的方式进行协商,否则难以认定山东 B 公司构成违约;如果山东 B 公司拒绝协商,或者在协商的过程中违反此前约定的原则,再以此为由主张解除合同,更为合适。

最终,广东 A 公司采纳了笔者的意见,没有立即起诉山东 B 公司。

因此,同时依据请求权基础和抗辩理由对案件核心问题进行分析,可以使律师更为周全地考虑各种影响因素,从而提高分析问题的准确率,避免不必要的失误。

四、《案件要点及处理方法》撰写实例

在本书第一篇介绍编写案件事实明细表方法时作为示例的表 2－1，对应的是笔者参与处理的一起港口货物保管合同纠纷案件。现再次以该案件为例，介绍《案件要点及处理方法》的撰写方法及其应用。

案例 7－1　D 市××油品经销有限公司诉东莞市 A 国际石化仓储有限公司港口货物保管合同纠纷案

在该案件中，笔者作为被告东莞市 A 国际石化仓储有限公司（以下简称 A 公司）的代理人之一，参与处理了该案件一审阶段、二审阶段和再审申请阶段的全部法律事务。

【案情概要】

2010 年 11 月 18 日，A 公司与广东 B 能源投资有限公司（以下简称 B 公司）签订了一份《合同》，该《合同》约定：B 公司向 A 公司租用 60,000 立方米储罐，A 公司向 B 公司提供转输服务；B 公司应在每月 10 日前向 A 公司支付当月的基本周转费，其他费用如操作费等根据实际发生额按月计费，《合同》的有效期至 2016 年 3 月 31 日。

2012 年 12 月 13 日，B 公司向 A 公司发出《关于混合芳烃保税入罐的委托说明》，指示其客户 SINACO INDUSTRIES PTE LTD（以下简称 C 公司）于 2013 年 1 月 14～20 日有一船混合芳烃（41,937.047 吨，约 51,964 立方米，以下简称 4 万多吨混合芳烃）到东莞港口，并将其储存于《合同》约定的仓储罐中。为此，A 公司和 B 公司指定 T1102/T1103/T1201/T2106 四个储罐（以下简称四个储罐）接卸该外贸来货。

2013 年 1 月 9 日，A 公司和 B 公司、C 公司就上述 4 万多吨混合芳烃存储事宜签订了一份《三方协议》，约定：C 公司将其 4 万多吨混合芳烃存放在《合同》项下的四个储罐，B 公司按照《合同》约定的费率付费；若 A 公司和 B 公司因费用发生纠纷，C 公司代 B 公司付费之后 A 公司不能留置货物；若 B 公司未能按照《合同》约定付费，A 公司有权要求 C 公司（或 C 公司委托付款的第三方）支付前述费用。

2013 年 1 月 17 日，C 公司签署了一份编号为“SI－DO－13034”的货权转移证明，指示将其存放在 A 公司储罐的 4 万多吨混合芳烃放货给中国×

×事业(香港)有限公司(以下简称香港E公司)。同日,香港E公司签署了一份编号为"SI-DO-13034-1"的货权转移证明,指示将其存放在A公司四个储罐内的4万多吨混合芳烃放货给广东中石油国际事业有限公司(以下简称广东中油)。

2013年4月26日,广东中油、D市××油品经销有限公司(以下简称D公司)共同在编号为13CPS156的货权转移证明中向A公司证明和承诺了以下事项:(1)广东中油证明其存储于四个储罐内的4万多吨混合芳烃的货权正式转移给D公司;(2)从2013年1月17日起,该4万多吨混合芳烃因存储于四个储罐所产生的仓储费、操作费等所有费用,均由D公司负责承担;(3)从2013年1月17日起,该4万多吨混合芳烃的存储损耗均由D公司负责承担。

2013年4~5月,D公司陆续将上述4万多吨混合芳烃中的33,700吨转移给了B公司,B公司则分批提取了该等混合芳烃,最终于2013年6月25日将该33,700吨混合芳烃全部提取完毕。至此,D公司存储在A公司四个储罐内的4万多吨混合芳烃,未扣除相关损耗的账面数量为8237.047吨(以下简称8000多吨混合芳烃)。

2013年10月18日,A公司向D公司发出《催款通知书》,要求D公司依据13CPS156号货权转移证明和《合同》《三方协议》等的条款约定支付仓储费、操作费等费用,但D公司没有向A公司支付任何款项。

2013年11月1日,D公司向A公司发出《发货通知书》,声称其将派"运达油23"拖船于2013年11月3日提取剩余8000多吨混合芳烃中的2300吨,并将承担该8000多吨混合芳烃的仓储费。但2013年11月3日前后,D公司既没有派船到A公司油库提货,也没有向A公司支付任何费用。

2013年11月27日,A公司向D公司发出复函,明确表示A公司将在债权范围内留置货物,并要求D公司在2013年12月4日前,提取扣除留置后的6400吨货物。

2013年12月23~26日,A公司为避免损失进一步扩大,将其中的6400吨混合芳烃移库至粤海(番禺)公司仓库,并为此支付了206,412.87元运费以及1,217,143.69元仓储费、操作费;在扣除卸船入库、提取转运等导致的损耗[1]后,剩余的1653吨混合体芳烃则由A公司留置。D公司于2014年6月提取了该6400吨混合芳烃。

2014年10月,D公司以A公司拒绝向其交付1800多吨[2]混合芳烃为由,向东莞市第二人民法院起诉(后A公司提出管辖权异议,案件移送至广州海事法院审理),要求A公司:(1)立即交付剩余的1800多吨混合芳烃;(2)赔偿货物差价损失5,458,205.30元;(3)赔偿迟延交付货物期间的利息损失(第一部分以70,014,899.50元为基数,从2013年11月1日起计算至2014年5月29日止;第二部分以15,432,846.50元为基数,从2014年5月30日起计算至A公司实际交付1800多吨混合芳烃之日止)。

案例7－1中,各方当事人之间的法律关系如图7－1所示:

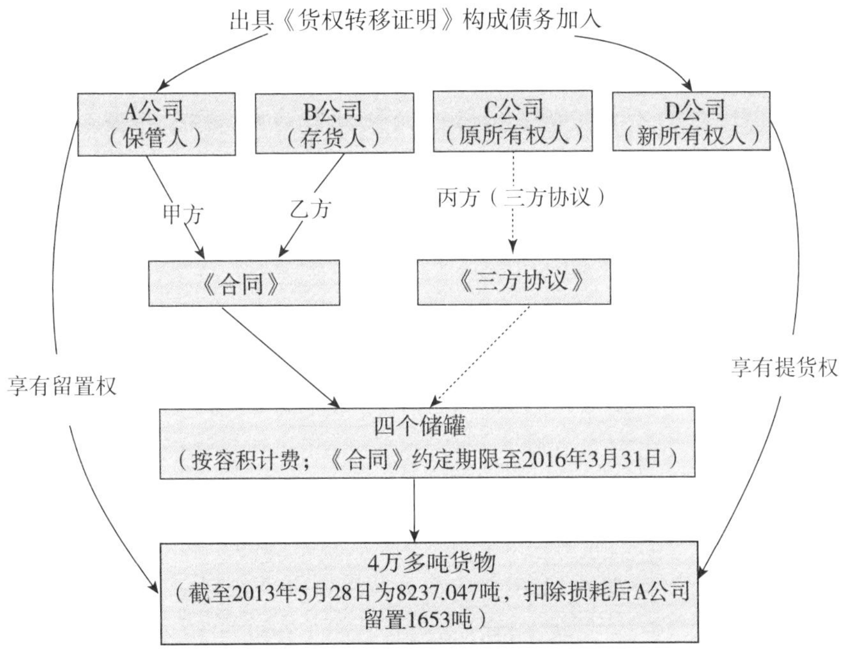

图7－1　案例7－1的法律关系图

---

〔1〕混合芳烃为无色透明液体,可作石油原料。《关于混合芳烃保税入罐的委托说明》以及《三方协议》记载的41,937.047吨为装船数量。但货物到港卸船并入库至A公司储罐过程中,已产生了一部分损耗(见第八章表8－1中证据六)。该等混合芳烃入库后,由不同买主分别以油罐车(共501车次)以及小型运输船(共7船次),提取了33700吨(见第八章表8－2),加上此后转库产生的损耗,导致A公司实际留置的货物为1653吨(见第八章表8－1证据十三)。

〔2〕D公司起诉时,按装船数量减去实际提取数量提出其诉讼请求,没有减去实际损耗数量,下同。

【处理过程】

(一)确定要点

A 公司有常年法律顾问,在案件发生后,A 公司的法律顾问制定了该案件的诉讼方案:一是提出管辖权异议,要求将案件移送至广州海事法院审理;二是以 B 公司、C 公司、D 公司为被告,在广州海事法院另行起诉。

由于 A 公司与 B 公司签订的《合同》,以及与 C 公司签订的《三方协议》均约定了仲裁条款,A 公司对于在广州海事法院同时起诉 B 公司、C 公司、D 公司等存在疑虑,因此向笔者团队咨询处理意见。

笔者经梳理该案件基本材料,总结出 D 公司提出的核心理由是:A 公司与 B 公司之间是租赁合同关系,而 D 公司没有与 A 公司签订合同,而是形成了事实上的港口货物保管合同关系,由于 2013 年 6 月之前的全部费用均已由 B 公司付清,在 2013 年 6 月之后,D 公司仅有 8000 多吨混合芳烃在 A 公司保管,因此 D 公司仅需支付该 8000 多吨混合芳烃产生的费用,A 公司四个储罐的租赁费用无须 D 公司承担,所以 A 公司要求 D 公司承担 2013 年 5 月之后四个储罐的租赁费用,没有事实和法律依据,A 公司据此拒绝交付剩余 8000 多吨混合芳烃构成违约,应当赔偿其损失。

根据 A 公司工作人员的陈述以及相关资料,可以总结出 A 公司基本的抗辩理由:D 公司在 13CPS156 号货权转移证明中,向 A 公司承诺从 2013 年 1 月 17 日起,该 4 万多吨混合芳烃因存储于四个储罐所产生的仓储费、操作费等所有费用,均由 D 公司负责承担,尽管 2013 年 6 月之后仅剩余 8000 多吨混合芳烃,但该 8000 多吨混合芳烃实际上占用了四个储罐,因此 D 公司应当承担全部费用,而非承担按 8000 多吨混合芳烃的重量或者体积计算出来的费用;A 公司留置了 1800 多吨混合芳烃符合法律规定,而将其中 6400 吨混合芳烃转移到位于番禺的其他储罐,是为了将货物转移到容积更小的储罐,从而腾退四个储罐,减少双方的损失。

关于该案件,最核心的问题是:A 公司与 D 公司形成了何种法律关系?根据上述查找请求权基础以及抗辩理由的方法,再进一步分析,则由该核心问题衍生出的其他问题是:A 公司有没有留置权,以及其留置权能否对抗 D 公司的所有权(D 公司的起诉状中,没有明确主张其提出相关诉讼请求的依据是基于物上请求权还是债权请求权)?D 公司应承担的付款责任的范围及其诉讼请求能否得到支持?

(二)撰写《案件要点及处理方法》

针对上述问题,笔者在听取A公司工作人员的陈述并研究案件材料后,又查阅了《最高人民法院公报》等资料记载的类似案例,并据此撰写了《案件要点及处理方法》。现将该《案件要点及处理方法》附录于下。

案件要点及处理方法

一、案件基本事实

(前文已概述该案件基本事实,本处略)

二、案件要点

1. A公司与D公司之间存在何种法律关系?

2. A公司的留置权能否对抗D公司的所有权?

3. D公司应承担的付款责任的范围是什么?

4. D公司的诉讼请求能否得到支持?

5. A公司的损失应向谁主张以及如何主张?

三、处理方法

1. 关于A公司与D公司之间的法律关系

《合同法》第381条[1]规定:"仓储合同是保管人储存存货人交付的仓储物,存货人支付仓储费的合同。"第385条[2]规定:"存货人交付仓储物的,保管人应当给付仓单。"第387条[3]规定:"仓单是提取仓储物的凭证。存货人或者仓单持有人在仓单上背书并经保管人签字或者盖章的,可以转让提取仓储物的权利。"

根据上述规定可知,仓储合同关系中存货人与仓单持有人可以分离,两者可以不是同一主体,法律没有规定仓单持有人有支付仓储费的义务,仅规定存货人可以将提取仓储物的权利转让给仓单持有人。如果保管人与仓单持有人没有明确约定仓单持有人需承担仓储费,或者仓单持有人没有承诺将承担仓储费,则仓单持有人没有支付仓储费的法律义务。

---

[1] 相关规定参见《民法典》第904条。

[2] 相关规定参见《民法典》第908条。

[3] 相关规定参见《民法典》第910条。

本案中,A 公司与 B 公司、C 公司签署了《合同》及《三方协议》,A 公司根据 C 公司的指示向其委托的第三方出具了仓单,因此 A 公司与 B 公司、C 公司之间形成了仓储合同关系,当无疑义。

2013 年 4 月 26 日,涉案 4 万多吨混合芳烃由广东中油出具货权转移证明转让给 D 公司,A 公司出具货物收货证明予以确认。A 公司出具的货物收货证明,实际上是确认 D 公司为该 4 万多吨混合芳烃的所有权人(有权提取货物)。该货权转移证明和货物收货证明的编号一致,应理解为仓单背书转让的一种形式,即 D 公司据此成为 4 万多吨混合芳烃的仓单持有人。

2. 关于 A 公司的留置权能否对抗 D 公司的所有权

根据《合同法》第 380 条[1]、第 395 条[2]的规定,在存货人没有支付仓储费等费用的情况下,保管人有权留置存储物,而《合同》第 11 条第 2 项则明确约定 A 公司可在 B 公司违约的情况下留置“存放于石化库内的所有货物”。

如果 4 万多吨混合芳烃归 B 公司所有,则 A 公司有权留置相关货物当无任何疑问。然而,现剩余货物均归 D 公司所有,那么 A 公司享有的留置权能否对抗 D 公司的所有权?或者说,如果不考虑 D 公司是否负有支付仓储费的义务这一情形,A 公司能否留置属于 D 公司所有的货物?

敝所认为,A 公司可以留置 D 公司的货物,理由如下:

首先,仓储关系中的留置权,是设置于存储物之上的法定担保物权,即使合同没有对留置权问题作出约定,保管人也可依据《合同法》第 380 条、第 395 条的规定留置存储物;而背书转让的受让人理应清楚我国法律的相关规定,并清楚存储物在保管人占有的情况下已经设定了留置权。

其次,《合同法》或其他法律并没有规定保管人留置的存储物必须属于存货人所有,[3]而且最高人民法院《关于适用〈中华人民共和国担保法〉若干问题的解释》[4]第 108 条规定:“债权人合法占有债务人交付的动产时,

---

〔1〕 相关规定参见《民法典》第 903 条。

〔2〕 相关规定参见《民法典》第 918 条。

〔3〕 参见最高人民法院《关于能否对连带责任保证人所有的船舶行使留置权的请示的复函》(〔2001〕民四他字第 5 号)。

〔4〕 根据最高人民法院《关于废止部分司法解释及相关规范性文件的决定》(法释〔2020〕16 号),《关于适用〈中华人民共和国担保法〉若干问题的解释》已废止。

不知债务人无处分该动产的权利,债权人可以按照担保法第八十二条的规定行使留置权。”根据该规定,所有权并不必然可以对抗留置权,只要债权人在合法占有动产之时不清楚债务人无权处分该动产(善意取得),债权人就可以行使留置权。

最后,从法理上分析,保管人依据合同对相关货物付出了劳务,使货物发生位移或升值并产生了劳务费用和其他费用,因此请求保管人返还该货物只能依据约定并支付费用。不依据约定也不支付费用,却以所有权进行抗辩,在法理上是讲不通的,将严重损害保管人的权益,显失公平。因此,留置权赖以存在的基础不是对方当事人的法律地位,而是留置物与保管人的债权之间存在牵连关系,而这种牵连关系不因留置物所有人的变化而变化。

3. 关于D公司应承担的付款责任范围

2013年4月26日,D公司、广东中油向A公司出具货权转移证明,该货权转移证明记载:“从2013年1月17日起,上述4万多吨混合芳烃因存储于四个储罐所产生的仓储费、操作费等所有费用,均由‘D公司’负责承担……本货权转移经‘广东中油’‘D公司’签署后立即生效并不可撤销……”

D公司在上述货权转移证明中,向A公司明确承诺将承担4万多吨混合芳烃因存储于四个储罐所产生的仓储费、操作费等所有费用,这属于D公司自愿加入A公司与B公司、C公司之间的仓储债权债务关系,[1]是D公司连带承担有关仓储费的真实意思表示,具有相应的法律效力。据此,D公司有承担4万多吨混合芳烃自2013年1月17日起产生的仓储费、操作费的义务。

此外,D公司还曾于2013年11月1日、15日分两次明确表示将承担其中8000多吨货物的仓储费,但认为其中33,700吨货物应由其他主体承担。

敝所认为,D公司的上述主张不能成立:货权转移证明并没有免除广东中油、B公司、C公司支付仓储费、操作费的意思表示,A公司也从未在相关文件中确认将免除广东中油、B公司、C公司的付款义务;此后D公司共向B公司转移了其中33,700吨货权,但A公司均没有在相应的货物入库证明中确认将免除D公司的付款义务;更为关键的是,2013年6月之后,尽管B公

---

〔1〕 关于债务加入的相关司法实践案例,可参见《最高人民法院公报》2002年第4期,第142页案例。

司提取了33,700吨货物,但D公司剩余的8000多吨货物依然保管在四个储罐中,占用了该四个储罐,所以其应当承担四个储罐发生的全部费用。

4. 关于D公司的诉讼请求能否得到支持

敝所认为,D公司的诉讼请求没有事实和法律依据,不应得到支持:

(1)D公司没有支付任何费用,A公司行使先履行抗辩权符合法律规定。

如上所述,D公司承诺将支付自2013年1月17日起的仓储费用,而且D公司也在2013年11月确认其对8000多吨货物负有付款义务。因此,即使不考虑有争议的33,700吨货物,D公司对8000多吨货物负有付款义务是没有任何争议的。

但D公司至今为止都没有支付任何费用,因此A公司享有《合同法》第67条[1]规定的先履行抗辩权,A公司2013年11月没有发货并非违约行为,亦非侵权行为,无须赔偿D公司的损失。

更何况,D公司虽声称将于2013年11月1日派船装货,但实际并未派船。而A公司于2013年11月4日才复函拒绝,故不能据此认定无法装货,更不能以2013年11月4日作为计算差价损失的时点。

(2)A公司留置货物符合法律规定。

根据《担保法》第85条[2]的规定,如果留置的财产为可分物,留置的价值应相当于债务的金额。

虽然A公司曾在2013年11月4日拒绝了D公司要求提取货物的要求,但在2013年11月27日和2014年1月24日的函件中,A公司明确表示同意D公司提取其中的6400吨货物,A公司仅留置部分货物。A公司此后采取的留置措施符合法律规定。

(3)A公司无须赔偿D公司怠于行使权利造成的损失。

A公司在2013年11月27日、2014年1月24日已明确表示同意D公司提取其中6400吨混合芳烃,但D公司并没有提取。

因此,在A公司已表示D公司可以提取其中6400吨混合芳烃的情况下,D公司怠于行使权利造成的损失应由其承担,无权要求A公司赔偿该

---

〔1〕 相关规定参见《民法典》第526条。

〔2〕 《担保法》已于2021年1月1日因《民法典》的施行而废止,相关规定参见《民法典》第450条。

6400 吨货物的损失。

(4)A 公司要求 D 公司提供货权转移证明原件合理。

A 公司作为保管人,需尽审慎保管的义务。因此 A 公司在 2013 年 11 月要求 D 公司提供有关货权转移证明的原件,完全合乎商业惯例和情理,并无过错。

(5)其他理由。

在 D 公司没有与案外人签署合同,买卖涉案 8000 多吨混合芳烃的情况下,所谓的货值利息损失没有事实依据;石油贸易的交易惯例是先款后货,D 公司必须提交相应的其已收案外人款项的证据;差价损失不能以原告提供的销售合同确定价格,要么评估,要么采用公认价格。

5. 关于 A 公司的损失应向谁主张以及如何主张

(1)反诉 D 公司。

A 公司可以在 D 公司已起诉案件中提起反诉,要求 D 公司对 4 万多吨混合芳烃的仓储费、操作费承担连带责任,并确认 A 公司有权留置其中 1815.629吨[1]货物。

(2)申请仲裁。

B 公司、C 公司是仓储合同的当事人,《三方协议》明确约定了 B 公司、C 公司的付款义务,且《合同》明确约定货权转移后,B 公司仍有付款义务,因此 A 公司可要求 B 公司、C 公司支付仓储费。

A 公司应当向上海仲裁委员会申请仲裁,仲裁请求为要求 B 公司、C 公司支付仓储费、操作费、仲裁费、律师费,并确认 A 公司有权留置、变卖货物等。

6. 需要注意的问题

(1)由于 A 公司和 B 公司此前曾进行和谈,因此需考察双方和谈的细节,以分析是否会对 A 公司的债权产生影响。

(2)由于货权转移证明和货物收货证明并非典型的背书样式,且《货权转移证明》中关于仓储费“均由”后手承担的表述,不同的人有可能理解不同,有可能理解为货权转移的同时,支付仓储费的债务也全部转移给货物受

---

[1] 笔者起草该《案件要点及处理方法》时,A 公司尚未提供与涉案 4 万多吨混合芳烃实际损耗有关的证据,因此该数据没有扣除损耗。

让人承担。这一问题必须注意并妥善处理。

(3)相关费用、利息的计算需仔细、准确。

广东××律师事务所

××××年××月××日

【处理结果】

A公司于2015年春节前三天向笔者团队咨询,笔者在春节假期结束后,即向A公司提交了上述《案件要点及处理方法》。由于笔者出具意见的效率高,相关观点也有相应的法律条文和案件事实支持,因此A公司对笔者团队的工作风格非常认同,很快确定由笔者与其法律顾问共同处理该案件。

最终,该案件的处理进程与上述《案件要点及处理方法》所预测的基本一致(唯一的意外是,广州海事法院没有受理A公司的反诉申请,其理由是A公司应当同时起诉B公司),广州海事法院一审驳回了D公司的全部诉讼请求,广东省高级人民法院二审亦驳回了D公司的全部上诉请求。D公司不服生效判决,向最高人民法院申请再审,但最高人民法院驳回了其再审申请。

值得注意的是,笔者在案件中强调D公司构成"债务加入",这是一个当时鲜为人知的裁判规则,当时的法律和司法解释并没有规定债务加入裁判规则,但是在司法实践中却客观存在,因此债务加入裁判规则既是A公司就D公司的诉讼请求提出的抗辩理由,同时也是A公司要求D公司支付仓储费的请求权基础。广东省高级人民法院、最高人民法院都认定D公司构成债务加入,并据此驳回了其上诉请求和再审申请。为此,笔者在该案件审结后,曾经专门撰写了一篇小文章探讨债务加入问题。

对于很多2021年后开始学习民法课程的年轻律师来说,案例7-1所涉及的"债务加入"争议,已不足为奇。因为《民法典》第552条对债务加入的概念和法律后果,均作出了明确规定;最高人民法院《关于适用〈中华人民共和国民法典〉有关担保制度的解释》第36条也对债务加入有关问题进行了规定。所以,自2021年1月1日开始,债务加入不再只是司法实践中存在的一种裁判规则,而是已有法律明确规定的法律条文。

尽管如此，笔者认为，笔者在处理案例 7－1 时，在当时法律对债务加入没有规定的情况下，通过查阅最高人民法院批复意见、《最高人民法院公报》刊登的案例，据此形成有效的抗辩理由，这种工作方法对读者以后处理类似的新问题，依然有一定的借鉴意义。

第八章

精心组织证据

如果将组织证据比作烹饪，那么全部案件材料就如同食材，律师正式提交的证据，则是律师做出的一道菜。正如同样的食材在不同的厨师手中，会做出不同味道的菜一样，不同的律师面对同样的案件材料，基于案件争议焦点的应对方案不同，向法庭提交的证据会有所不同，产生的效果也会存在差异。

如前所述，三段论推理方法以及“以事实为根据，以法律为准绳”的诉讼原则，要求法官必须查明案件事实，而律师也必须掌握案件事实，并以恰当的方式将证据呈现给法庭。律师的主要工作是根据收集、整理的材料，经过专业的分析之后形成诉讼方案，并以提交证据和相应的法律文书的方式，将案件事实展现给法庭。向法庭提交证据，既是证明客户主张并决定该主张能否获得支持的关键环节，也是协助法庭查明案件事实的重要手段。因此，如何组织证据是一门必修课。

但是，或许正是因为向法庭提交证据是家常便饭，有的律师反而不会思考如何确定应当提交的证据的范围，也没有研究如何安排各项证据之间的顺序，更不善于通过编写证据目录的具体内容表达客户的主张。因此，尽管很多有识之士在多年前即已提出证据可视化的主张，但至今依然有当事人提供的证据存在杂乱无章、没有页码，甚至出现遗漏对自己有利的关键证据，或者提供了对自己不利的证据等情况。这些低级错误是不应当出现的。

要成为一个优秀的诉讼律师，必须研究在诉讼案件中究竟应当提交哪些证据、准备提交的证据应当如何排序、排好顺序的证据应当如何编制证据目录，以及如何编写证据的页码、如何突出证据的关键内容、如何将证据装订得更为精致。

律师从事的是专业性的工作，律师的专业性不仅表现在衣着方面，更应当体现在律师提供的服务方面。律师提供的服务应当是专业的、无可挑剔的；律师提供给法庭的证据材料，应当完整准确、脉络清晰、重点突出、外观精致。

杂乱无章的证据材料让人理不出头绪，法官面对这样的证据材料也很难抓住重点；而完整准确、脉络清晰、重点突出、外观精致的证据，显然会让法官眼前一亮，可以帮助法官快速理解案件事实，进入自己的频道。

笔者在实习律师阶段有幸遇到一位严厉的指导老师，并因此接受了关于如何组织证据的严格训练，此后通过向同事以及不同案件的对方代理人学习，进一步积累了关于组织证据的经验，笔者非常乐意在此分享这些经验。

第一节 应提供哪些证据

当律师接手一个案件时，客户会提供与案件相关的资料，律师也会根据案件具体情况，要求客户进一步提供可能与案件有关的资料，并根据自己的调查方法，在政府部门网站或者档案室调查相应的案件材料。但律师手中的材料，并不是每一份都应当作为证据提交给法庭。提交给法庭的证据，应当是与案件事实直接相关的、可以证明客户具体主张的资料。

何为与案件事实直接相关的资料？何为可以证明客户具体主张的资料？笔者认为，理解该问题需要结合本篇关于三段论，以及请求权基础、抗辩理由的分析，即律师在处理某一个具体案件的过程中，应当先分析案件当事人的请求权基础和可能的抗辩理由，厘清案件的处理要点。只有明白案件的处理要点，才能明白作为客户的代理人，应当向法庭说明哪些重要事实，并排除一些可能干扰法庭审理思路的资料。

一、与案件事实直接相关的资料

与案件事实直接相关的资料，是可以证明当事人之间存在某种法律关系，以及导致该法律关系产生、变更、消灭的资料。例如，房屋租赁合同纠纷案件中,如果被告拖欠租金,经原告多次催告后被告依然没有支付租金,导致原告解除了合同,那么作为原告的代理律师,首先应当提供以下资料作为证据:(1)房屋租赁合同;(2)原告向被告交付房屋的文件;(3)原告保留的租赁保证金或者水电押金的收款收据;(4)原告向被告催收的文件;(5)原告向被告发出的解除合同通知书。这是处理租赁合同的基本证据材料。

但是,如果在该租赁合同纠纷中,代理律师通过对被告可能提出的抗辩理由进行预先分析,判断出被告可能提出租赁房屋存在消防安全隐患,或者房屋用途不符合约定等问题,那么原告就应当在提供上述证据的同时,补充提供租赁房屋的建设工程规划许可资料、房产证、消防验收资料等作为证据材料;如果被告存在未经允许转租房屋的情况,作为原告的代理人,就应当调查核实被告转租的具体情况,包括被告将房屋转租给谁、转租金额以及转租期限,并尽量与原告共同调查次承租人的具体身份信息,调查清楚后将可以证明被告转租的证据材料提交给法院。《房屋租赁合同解释》第 13 条规定,“房屋租赁合同无效、履行期限届满或者解除,出租人请求负有腾房义务的次承租人支付逾期腾房占有使用费的,人民法院应予支持。”为了避免判决生效后被告没有可供执行的财产,并防止判决后次承租人在执行过程中以执行异议等手段拖延案件执行,原告可以在起诉之时,将次承租人列为案件第三人;并要求法院判决次承租人支付合同解除之后的逾期腾房占有使用费,且立即迁离租赁房屋。所以,在准备证据阶段,需核实次承租人的信息,并作为证据提供给法院。

二、完善证据链条所需的资料

对于关系案件核心争议的问题,应当提供可以相互印证的资料,使证据之间形成证据链条,增强证明力,尽量避免关键事实仅有存在瑕疵的证据作为孤证,否则客户的主张就有可能因证据证明力不足而无法获得支持。

例如,因虚假诉讼泛滥,各级法院对民间借贷纠纷中出借人是否已实际支付了约定款项的审查非常严格。作为原告的代理人,如果原告无法提供向被告支付借款的银行转账凭证,只能提供借款借据,为证明出借人确实向被告提供了相应借款,则除了借款借据之外,还应当尽可能提供以下证据作为辅助证据:原告在银行取现的凭证、原告与被告之间关于偿还借款本息的聊天记录、被告偿还利息的凭证。如果借贷金额较大,还应当提供原告有相应的借款能力的证据,如原告的职业、收入、银行流水等证据,这些证据可以打消法官的疑虑。

与此相关的一个反例,就是本书第一篇的案例5-1,涂某等四人主张其"承接"了杨某的股权,但涂某等四人仅提供了F公司盖章的收款收据,以及没有原件也没有杨某签字的股东会会议记录作为证据,这导致两份证据都是有瑕疵的孤证。实际上,就F公司解除G公司担保责任的问题,涂某等四人是可以而且应当提供F公司当年偿还银行贷款的全部文件(尤其是偿还银行贷款的转账记录),作为其证据之一的,但涂某等四人却并没有提供该等资料,使这一事实存疑,加上部分人员的收款收据的落款时间在解除G公司的担保责任之后,又有矛盾之处;而关于涂某等四人是否真的"承接"杨某股权的问题,由于涂某等四人提供的所谓股东会会议记录只有复印件,而且没有杨某签名,这样的证据证明力很小,无法证明其确实"承接"了杨某名下F公司10.88%的股权的事实。涂某等四人要证明其主张,必须提供其他可以印证的资料,使其与股东会会议记录复印件形成证据链条,这些证据包括:改制之后的历次股东会表决记录、股东会关于分配利润的决议、F公司分配利润时的转账凭证,以及涂某等四人曾经向杨某要求将F公司10.88%的股权登记在其名下的证据。

三、剔除与案件无关的资料

与案件无关的资料是与原告请求权无关的材料,或者与被告抗辩权无关的资料。例如,房屋租赁合同纠纷案件中,除非是尚未办妥房产证但已交付使用的房屋,否则原告购买该租赁房屋的购房合同、支付购房款的凭证、发票等就无须提交,仅需提交房屋房产证即可;如果原告与被告之间从开始建立租赁关系到发生纠纷期间有很多微信聊天记录,而前期的聊天记录对证明被告是否违约没有意义,则无须提供该等没有证明意义的聊天记录,仅提供与争议问题有关的聊天记录即可。

如果相关材料与案件无关,则无须将其作为证据提交,以免因此导致自己的证据杂乱无章、主次不明。

四、谨慎处理与自己主张矛盾的材料

本篇第七章第二节所述请求权基础和抗辩理由有关理论,在律师组织

证据之时,同样有指导意义。如果律师是作为原告的代理人,那么在提起诉讼之前,就应当仔细核实全部案件材料中有没有与自己的主张存在矛盾,甚至会导致自己的主张无法成立的资料。如果客户提供的资料中有与自己所主张的法律关系、基本事实等存在明显矛盾的,必须慎重对待,重新审视全部案件材料,确保自己对双方存在的法律关系、基本事实的判断没有任何错误。如果律师是作为被告的代理人,也需要在提交材料之前,全面核实拟提交的证据中有没有与自己主张的事实矛盾,甚至反而能证明对方主张成立的资料,如果发现有该等材料,则应当尽量核实案件事实,及时调整应对策略。

如本书第一篇中的案例5-1,F公司向派出所报案,认为杨某在2001年转让C药店构成职务侵占罪,这意味着F公司认为C药店的权益属于F公司而非杨某,与F公司此后主张杨某签订《职工买断协议书》就放弃了股东资格,显然是相互矛盾的。但F公司并没有考虑这一点,依然申请法院调查派出所的询问笔录,而询问笔录不但没有证明F公司主张的内容,反而导致其主张前后不一致,相互矛盾。这是F公司的代理人在处理该案件时,既没有谨慎对待案件材料,也没有综合考虑案件具体情况导致的。

案例8-1 | 张某与朱某某委托理财合同纠纷案

在该案件中,笔者作为被告朱某某的代理人,参与处理了该案件一审阶段、二审阶段的法律事务。

【案情概要】

张某与朱某某为大学同学,朱某某从事证券投资业务。2008年4月1日,张某向朱某某指定账户转账500万元。2008年4月3日,张某与朱某某开设的N公司就该500万元的用途签订了一份《委托理财协议书》,约定:该500万元由N公司进行全权管理,并由N公司自行决定投资方案,投资范围为沪深两地的股票、债权及私募投资等,届时应当及时将有价证券变现。

2008年7月9日,张某委托亲属张某某向朱某某账户再次转账210.4万元,张某向法院提供的该张转账凭证上,有张某某手写字体“给朱某某理财2008.7.9”的内容;同时,张某某出具了一张说明,内容为:“本人受张某委托,于2008年7月9日从本人账户代张某汇款210.4万元给朱某某,用于投资P公司等原始股。”

2011年8月6日，朱某某投资P公司，成为P公司股东。2015年12月22日，P公司在创业板上市交易。

2016年9月26日，张某向朱某某发邮件称：“……我老公问我，我们的理财怎么样了，给我个答复……投资P公司，我们的入股价是多少，我的有多少股……”

朱某某于2016年9月27日回复邮件，除了交代其他项目情况外，就P公司项目，朱某某称P公司市值490万元左右。

2017年5月9日，张某向深圳市南山区人民法院起诉，要求确认朱某某代持的P公司自然人流通股归张某所有，朱某某应协助将相关股票过户至张某名下(计1820万元)，并立即向张某支付P公司分红款。

【处理过程】

张某在起诉状中主张，其与朱某某是“经他人介绍认识”的，这与双方是大学同学关系明显不符；张某还主张，就P公司以及其他项目，双方是通过电话口头协商确定由朱某某代持股，并且是在2008年，基于创业板即将开通而产生的投资意愿。

朱某某则主张，张某于2008年委托其代为理财，共计投资了710.4万元，朱某某当时收到该等款项后，主要用于股票二级市场投资，但因2008年发生金融危机，导致股票市场出现单边下跌的情况，张某投资的710.4万元产生了较大亏损。由于双方是同学关系，朱某某为补偿张某，同意将朱某某投资的P公司等其他项目的部分股票卖出后，陆续将所得款项结算给张某，但双方从未签署代持股协议，也没有就代持股形成任何合意。

笔者研究案件材料时，首先注意到的，是张某提供的2008年7月9日的转账凭证，其中注明了“给朱某某理财2008.7.9”的字样。笔者认为，这一手写内容，应当是张某某在2008年7月9日转账后，为便于日后管理，当即记下的款项用途，即张某2008年转给朱某某的710.4万元(500万元+210.4万元)，用途均为理财，而非指定投资某个具体项目。

更何况，创业板是在2009年10月才推出的[1]，张某和朱某某都不可能

[1] 为处理本案，笔者特意查询了创业板推出的时间，并将查询到的资料作为本案证据之一。

在2008年7月就知道P公司要在创业板上市;而且朱某某是在2011年才投资P公司的,其在2008年7月并不认识P公司的任何人员;根据张某自己提供的邮件,张某在2016年9月26日也称"我们的理财怎么样了"。因此,张某自己提供的证据,与其主张的法律关系是相互矛盾的。

据此,笔者认为,双方形成的是委托理财关系,而非代持股关系。委托理财关系的特征,是委托方将资产交付给受托人,受托人代委托方选择投资方向,帮助委托方达到资产增值目的,比较典型的例子就是私募基金投资;而代持股关系与委托理财关系不同,在代持股关系中,委托方的目的是寻求成为被投资公司的隐名股东,并且一般在出资之时就已经明确投资标的是什么,双方之间一般存在一方代另一方持股的合意。

为此,笔者在诉讼过程中,提交了双方在2008年4月3日签订的《委托理财协议书》,并逐笔说明历年来双方就各项目结算的过程,结合张某自己提供的证据,强调双方存在的是委托理财关系,而非代持股关系,张某要求将相关股票过户至其名下,没有事实依据。

【处理结果】

深圳市南山区人民法院在开庭审理后,采信了笔者的代理意见,认为双方存在的是委托理财关系,而非代持股关系,并向张某释明,告知其可以变更诉讼请求。但张某拒绝变更诉讼请求。

2018年5月7日,深圳市南山区人民法院作出一审判决,驳回了张某的全部诉讼请求;2018年12月17日,深圳市中级人民法院作出二审判决,维持原判。

张某在本案处理过程中,向法院申请采取保全措施,冻结了朱某某名下的P公司若干股票,因2018年股票市场剧烈波动,P公司的股价出现了较大跌幅,朱某某因此损失了约400万元。为此,朱某某于2019年3月向深圳市南山区人民法院起诉,要求张某赔偿自己因财产保全导致的损失。2020年3月,双方达成了全面和解协议,现各方均已履行完各自的义务,案件圆满解决。

笔者认为,本案中,张某的代理人在起诉之前,并没有认真审查自己拟提供给法院的证据与自己的主张是否存在明显矛盾的地方,对于张某某提供的2008年7月9日的转账凭证上手写的内容,以及张某2016年9月26

目的邮件内容,甚至对朱某某投资P公司的时间(P公司的招股说明书有明确记载,且为公开资料),均未进行审查,导致其对双方存在的法律关系出现了不必要的误判;在审理过程中,当朱某某已提供2008年4月3日双方签订的《委托理财协议书》,且合议庭也结合双方提供的证据和陈述,向张某进行释明的情况下,张某的代理人没有及时调整诉讼策略,拒不变更诉讼请求,这是导致张某败诉的主要原因。

事实上,P公司是上市公司,相关股票可以在证券市场自由买卖,而张某的诉讼目的,也是按其主张的股票数量收回投资收益,而非获得P公司股票,既然如此,那么在有关证据对自己不利的情况下,其就没有必要将诉讼请求限定在将P公司的股票过户到其名下这一窄小的范围。如果张某根据一审法院释明的情况,及时将诉讼请求变更为判令朱某某支付具体股票数量对应的P公司投资收益款,那么即便是按委托理财关系处理本案,张某的诉讼目的依然是可以实现的,根本不会如此被动。

因此,律师在准备证据时,应当谨慎对待与自己的主张存在矛盾的资料,避免出现像本案中的张某那样的情况;同时还要注意的是,在诉讼过程中发现自己的证据存在矛盾,且法官已行使释明权的情况下,更应当谨慎应对,及时根据实际情况调整自己的诉讼策略(关于如何确定诉讼策略的问题,详见本书第四篇第十三章)。

五、核实原件与复印件是否一致

除上述需要注意的问题之外,律师还应当在提交证据材料之前,核实客户是否有相应的证据材料的原件,以及原件与复印件是否一致。如果情况允许,可以预先与客户共同核实证据是否属于原件。

笔者曾遇到过有些案件,由于当事人提供的证据复印件与原件不一致,导致其在案件处理过程中极其被动,甚至因此败诉。其中一个标的金额为500万元的票据承兑纠纷案件,因原告起诉时提交的汇票复印件中没有记载原告为被背书人的内容,但原件中有相应的记载,被告因此立即主张原告要求承兑时背书并不完整,汇票并未发生背书转让的效力,最终导致原告败诉;至于另一起案件,即本书第六章中的案例6-5,因深圳A药业公司在起诉时,原代理人提供的《购销合同》复印件只有深圳A药业公司领导签字,没有深圳A药业公司盖章,且合同复印件中惠州B药业公司盖的骑缝章比较模糊,但庭审时深圳A药业公司提供的证据原件上,却加盖了深圳A药业公司的公章,导致惠州B药业公司当庭否认《购销合同》的真实性,并立即要求一审法院对惠州B药业公司印章的真实性进行鉴定。该案件随后又因鉴定程序问题被发回重审,并重新鉴定,案件审理进程因而平地起惊雷。虽然最终有惊无险,但深圳A药业公司收回货款的时间,却因此被大大拖延了。

无独有偶,同样是深圳A药业公司在2017年涉及的一起小纠纷,也因为证据原件核对出现了瑕疵,最终导致深圳A药业公司败诉。该案件的有关情况和处理过程如下。

案例8-2 | 深圳A药业公司与潘某合同纠纷案

【案情概要】

2015年3月9日,深圳A药业公司与潘某签订《经销合同书》,约定深圳A药业公司委托潘某作为浙江地区琥乙红霉素干混悬剂产品的唯一代理商,潘某应当向深圳A药业公司支付5万元保证金。潘某在合同期限内,每个月必须完成30,000盒的销售任务,如潘某连续两个月没有完成合同规定的购货量,深圳A药业公司有权收回潘某在浙江省的代理资格,由深圳A药业公司重新划分市场,潘某必须无条件配合深圳A药业公司的工作。深圳A药业公司在潘某不能完成销售任务时,有权选择提前解除合同,潘某缴纳的5万元保证金不予退还。

《经销合同书》签订后,潘某向深圳A药业公司支付了5万元保证金,但潘某自2015年6月开始,就没有完成销售任务。

2015年9月16日,深圳A药业公司向潘某发出《关于按合同提货的函》,要求潘某尽快安排支付货款,并到深圳A药业公司处理有关事宜,否则深圳A药业公司将没收潘某缴纳的保证金。

2016年8月15日,深圳A药业公司收回了潘某的浙江省代理资格,并派员工赖某与潘某办理了市场交接手续,两人在酒店签订了《琥乙红霉素干混悬剂市场交接明细》(以下简称《市场交接明细》)。

2016年12月7日,潘某向浙江省金华市婺城区人民法院起诉,要求深圳A药业公司退还保证金5万元、支付奖励款5万元并赔偿利息损失。其主张的理由是:《市场交接明细》明确约定在市场交接后,如果深圳A药业公司没有把10万元(5万元保证金+5万元市场奖励)支付给潘某,则潘某可向金华市的法院起诉解决。

潘某主张的5万元奖励,按其说法是在其代理销售期间,深圳A药业公司经销的产品琥乙红霉素干混悬剂进入了浙江部分地区医保目录,深圳A药业公司因而同意向其支付5万元奖励款。

【处理过程】

深圳A药业公司收到潘某的起诉文件后,首先提出了管辖权异议,认为潘某提供的《市场交接明细》第9项、第10项是其伪造的,不能作为双方约定的内容,本案应当由广东省深圳市罗湖区人民法院管辖。浙江省金华市中级人民法院就该管辖权异议作出的二审裁定认为,即使《市场交接明细》无效,也不影响其中的管辖权条款,因而裁定驳回深圳A药业公司的异议。

深圳A药业公司收到管辖权异议二审裁定书后,委托笔者代为处理该起案件。

根据深圳A药业公司的陈述,《市场交接明细》是由潘某书写的,除了浙江省内的客户姓名和电话之外,并无其他内容,而且该《市场交接明细》的原件就在深圳A药业公司。深圳A药业公司提供给笔者的《市场交接明细》复印件,详见图8-1。

深圳A药业公司认为,潘某于事后在该《市场交接明细》的空白处添加了第9项、第10项内容,该两条的内容为:如果在市场交接之后,深圳A药业公司没有把10万元(5万元医保奖励+5万元保证金)打给潘某,潘某可向金华当地法院起诉解决;双方同意解除合同,深圳A药业公司不得没收保证金。潘某提交的《市场交接明细》复印件,详见图8-2。

深圳A药业公司向笔者陈述案情时,非常确定自己保存的才是原件,并告知笔者,潘某当时写好后,复印了一份,复印的那份在潘某那里,潘某是在复印件上添加了第9项、第10项内容。

由于在复印件上添加内容可以很容易地鉴定出来,笔者结合深圳A药业公司在2015年9月16日就向潘某发函等事实,认为法院应当不会支持潘某的诉讼请求,并提前写好了《鉴定申请书》,要求鉴定潘某持有的《市场交接明细》第1~8项内容是否均为手写内容。

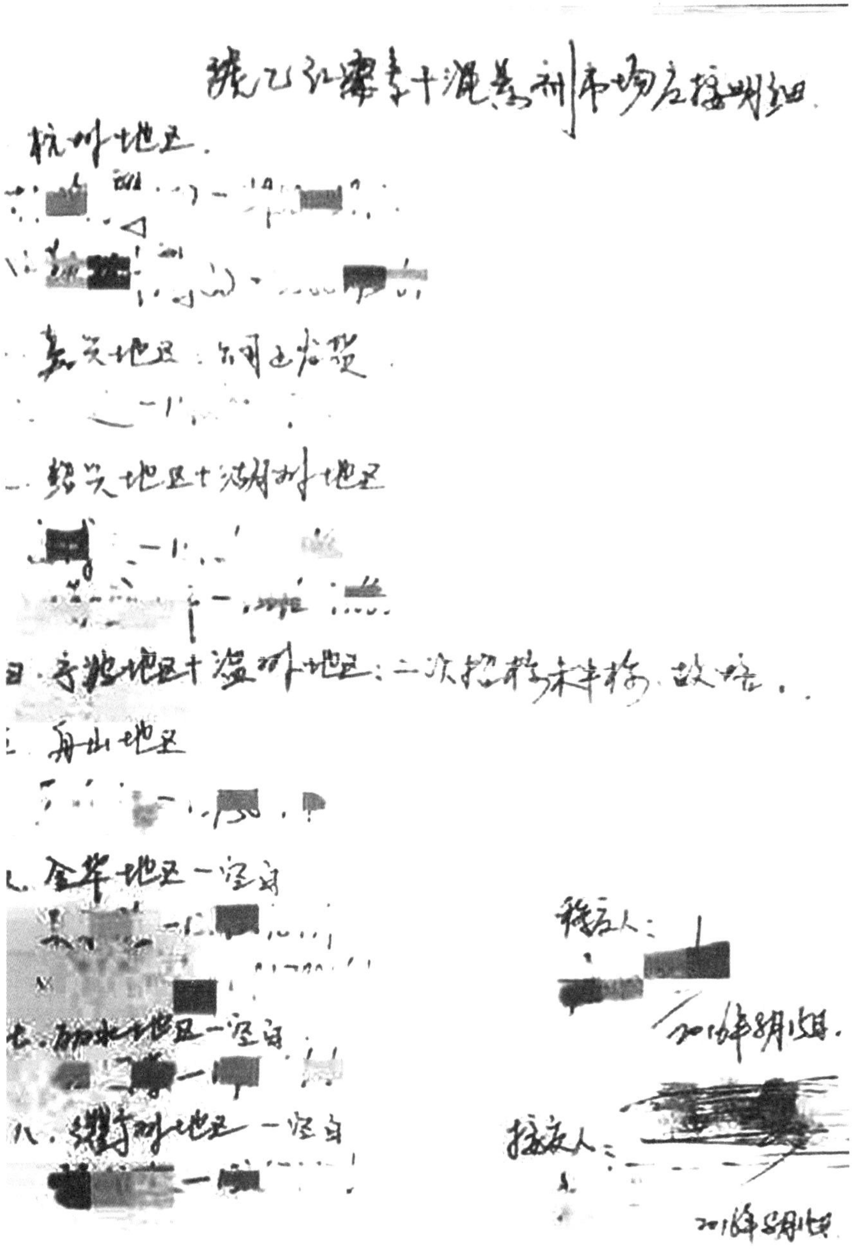
市场交接明细

杭州地区

[redacted]

嘉兴地区：公司直营

绍兴地区+湖州地区

[redacted]

宁波地区+温州地区：二次招标未中标，故停。

舟山地区

[redacted]

金华地区—空白

[redacted]

丽水地区—空白

[redacted]

衢州地区—空白

[redacted]

移交人：[redacted]

8月15日

接收人：[redacted]

8月15日

图 8－1　深圳 A 药业公司保存的《市场交接明细》

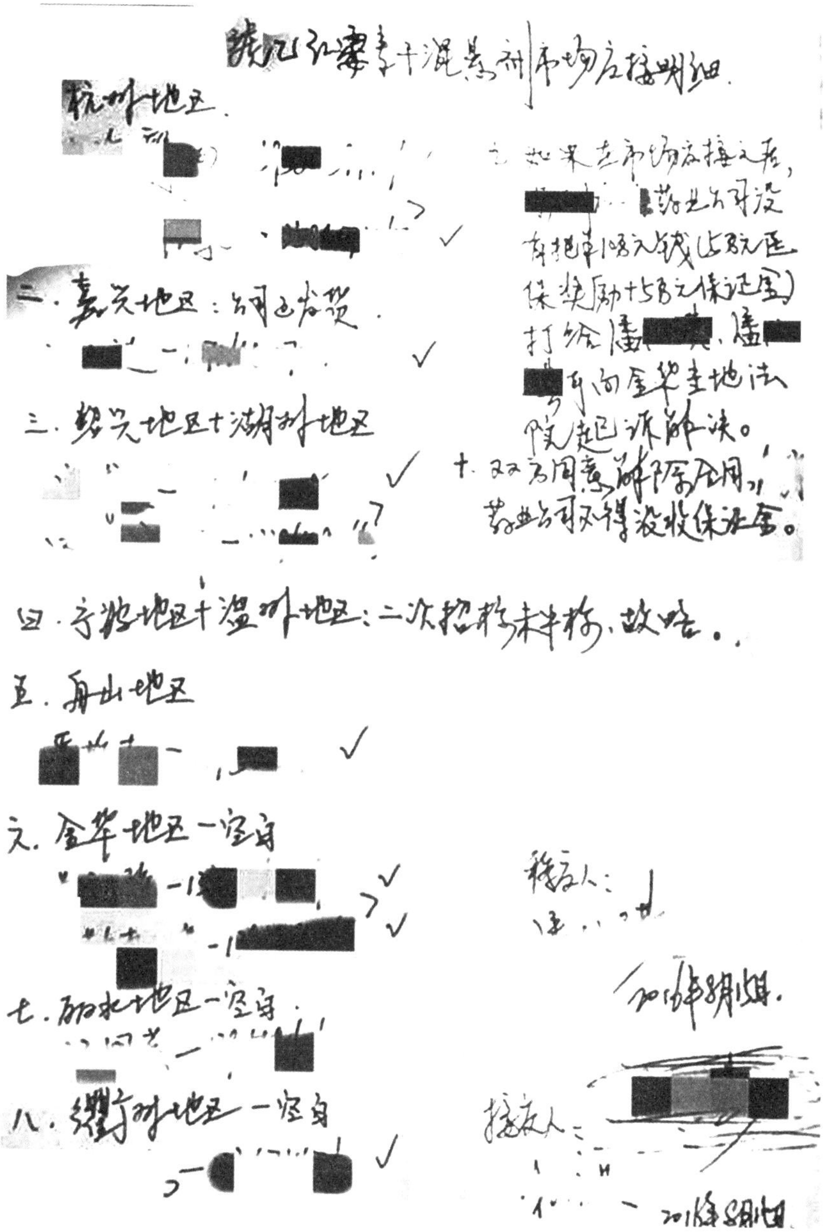

图 8－2　潘某向法院提交的《市场交接明细》

该案件开庭前,深圳 A 药业公司将其保存的《市场交接明细》原件移交笔者,笔者看到该《市场交接明细》有明显的折痕(赖某说是因当时将该明细折起来,放在钱包里带回来导致),而且颜色淡黄,部分区域还有细微的污渍,因此笔者并未深究该份文件是不是原件。

然而,令人没有想到的是,2017 年 5 月 15 日开庭期间,潘某提出,其提交的《市场交接明细》是原件,深圳 A 药业公司提交的才是复印件,并认为深圳 A 药业公司故意遮盖《市场交接明细》第 9 项、第 10 项内容后另行复印,所以才会有签名、日期一模一样,但内容不同的复印件。

为此,笔者与法官一起,将深圳 A 药业公司提供的“原件”,与潘某提供的“原件”当场进行比对,争论良久。最终,法官认为,潘某提供的才是原件,深圳 A 药业公司提供的是复印件。笔者经认真比对两者正反面后,对法官的结论没有异议。

这一突发情形,导致笔者原定的诉讼方案无法实施。但笔者当庭提出,即便潘某持有的才是原件,但《市场交接明细》第 1 ~ 8 项都是潘某书写的,潘某有机会在上面添加第 9 项和第 10 项;至于深圳 A 药业公司一直认为自己持有的是原件,是因为潘某当时当场复印了一份,并顺手给了赖某,赖某一直不知道自己持有的是复印件。为此,笔者当场改变策略,立即申请对潘某持有的《市场交接明细》中的第 1 ~ 8 项内容与第 9 ~ 10 项内容,两者是否在同一时期形成进行鉴定。

主审法官当庭表示同意委托鉴定机构进行鉴定,但庭审结束 7 天后又致电笔者,告知法院没有入选的鉴定机构可以对深圳 A 药业公司申请鉴定的内容进行鉴定。为此,笔者根据在其他案件中积累的办案经验,向法官推荐西南政法大学司法鉴定中心对此进行鉴定,但最终一审法院以潘某不认可为由,未采纳笔者的建议。

笔者在庭审后立即向深圳 A 药业公司汇报了庭审情况,但赖某此时已从深圳 A 药业公司离职,因此深圳 A 药业公司没有将庭审情况告知赖某。

一审法院的主审法官虽然未能推进鉴定工作,但对核实本案事实非常重视,为此专门打电话向赖某了解情况(笔者在二审期间才知道这一细节)。而赖某根本不清楚庭审情况,一直认为其带回来的就是原件,因此赖某直接告知主审法官,其已将《市场交接明细》原件交回深圳 A 药业公司了。

【处理结果】

一审判决认为,由于潘某所提交的《市场交接明细》系证据原件,第1~8项内容与第9项、第10项内容均系潘某一人书写,所用的水笔色彩一致,无明显事后添加的痕迹;且在办理市场交接过程中,对原合同善后事宜一并作出安排的做法符合常理和交易惯例。另潘某称,《市场交接明细》经原告书写完成后进行过复印,而后双方在原件及复印件上分别签名,并各持一份签名原件,这一说法也符合通常的交接做法,但深圳A药业公司在诉讼中,一直未能向法院提交其持有的《市场交接明细》进行比对。虽然深圳A药业公司申请对《市场交接明细》上这两项内容形成的时间有无差异进行鉴定,但由于目前关于字迹形成时间的鉴定条件本身相当苛刻,且从以往鉴定意见看也缺乏科学性,故一审法院的司法鉴定机构名录中目前对该项鉴定内容无相应鉴定机构,且双方未能就委托其他鉴定机构达成一致意见,由此导致的鉴定不能的法律后果,应由深圳A药业公司承担。依据现有证据,一审法院推定潘某持有的《市场交接明细》内容真实,并支持了其诉讼请求。二审法院浙江省金华市中级人民法院维持了一审判决。深圳A药业公司在判决生效后,主动履行了判决义务。

案例8-2中,原告、被告双方关于交接之时的具体细节,尤其是《市场交接单》的完整内容是什么,各执一词,双方关于保证金是否应当没收、是否应当给予奖励的主张,从不同的案件证据去理解,看上去也都有一定道理,所以双方在2016年8月15日交接之时具体发生了什么,宛如电影《罗生门》一般,扑朔迷离。

时过境迁,当笔者于2022年1月16日为编写本书案例而再次阅读该案件的一审判决时,笔者认为,一审判决逻辑清晰,最终采信潘某的主张,更符合一般人对常情常理的认知,以及法院对类似情况的通常做法。

但对笔者而言,该案件一直是一个深刻的教训,笔者此后凡涉及核对原件问题,均以该案件警醒自己。笔者的失误至少有以下两点:其一,哪一份《市场交接明细》是原件,决定了哪一方的主张才能够获得法官支持,但笔者第一次了解案情之时,没有当场核对深圳A药业公司保存的《市场交接明细》"原件";其二,当深圳A药业公司在开庭前,将《市场交接明细》"原件"交给笔者时,笔者没有认真核实客户的该份《市场交接明细》究竟是不是原件,这才导致庭审时处于非常被动的局面。

事实上,判断书写文件是不是原件(尤其是单一色彩的文件),仅观察文件正面是否陈旧、有没有折痕是不够的,还应当仔细观察文件背面有没有书写时留下的划痕,如果是原件,背面一般会有轻微凸起的划痕。

因此,律师在提交证据之前,应当核实重要证据有无原件、原件与复印件是否一致,如此才能防止类似案例8-2这样的情况发生,减少不必要的失误。

六、组织证据实例

接下来再次以案例7-1为例,说明如何确定应当提供的资料。

A公司向笔者提供了900多页的案件参考材料,但笔者最终代表A公司提供给一审法院的证据为655页(其中507页为A公司相关操作费单据,数量较多),还有250多页材料并没有被作为证据提交。笔者首先根据《案件要点及处理方法》确定的案件要点,确定以下几个方面的案件材料应当作为证据提交:(1)证明A公司与B公司存在合同关系,并将四个储罐作为存放4万多吨混合芳烃储罐的材料;(2)证明C公司将4万多吨混合芳烃货权转移给广东中油,广东中油再转移给D公司的材料;(3)证明A公司向D公司主张权利、D公司同意承担部分费用的材料;(4)证明A公司将6400吨混合芳烃转移到番禺公司仓库并发生相关费用的材料;(5)证明D公司已经提取了番禺仓库6400吨混合芳烃的材料;(6)证明四个储罐的容积的材料;(7)证明A公司完成了相应操作工作,有权收取相应操作费的证据;(8)考虑该案件可能涉及债务加入、留置权人能否留置合同之外的第三人的物品问题,将最高人民法院关于债务加入以及相关留置权的案例、复函作为证据之一提交。

而A公司提供的以下资料,则与案件争议要点关联性不大,或者有可能影响法官审理思路,因此不作为证据提交:

1. A公司工作人员与B公司工作人员之间与争议焦点无关的邮件

除了证明A公司与B公司存在合同关系,以及涉案4万多吨混合芳烃在B公司的指示下,存放在四个储罐内的文件之外,A公司与B公司沟通的其他资料(如前期催收仓储费用的往来邮件等),与案件关联性不强,没有必要作为证据提交。

2. B公司致A公司协商终止《合同》的函件

在没有提取完全部货物的情况下,B公司曾于2013年11月致函A公司,希望协商终止《合同》。但是,由于B公司并没有付清仓储费和操作费,并且对于剩余混合芳烃如何处置未提出合理的解决方案,A公司没有与B公司就此达成协议。故B公司向A公司发出的该函件,不但没有导致各方法律关系发生变更,而且有可能导致法官或者D公司产生误解,因此没有必要将该资料作为证据提交。

3. A公司与其他主体签订的合同

D公司在2013年4月至5月,将33,700吨混合芳烃转让给B公司,B公司则将该33,700吨混合芳烃转让给了不同的主体,并由该等主体将该33,700吨混合芳烃提取完毕,为此A公司与其他主体也签订过交易文件(主要为货权转移文件)。但这些交易文件并不会导致A公司与D公司之间的法律关系变更或者消灭,因此没有必要将其作为证据提供给法庭,否则反而会因为证据过于繁杂,而干扰法官的裁判思路。

4. A公司与D公司和解的过程文件

在该案件发生前,A公司与D公司的领导层,曾经通过邮件和见面的方式商谈费用处理问题,但最终未能达成一致意见。双方在此过程中形成的文件均没有任何人签字盖章,不构成一方对另一方的承诺,因此这些文件与该案件的核心争议关联性不大,也没有必要提交。

第二节　证据的排序

一、一般案件的证据排序

在确定应当提交什么证据,以及排除不应当提交的案件材料后,接下来的工作是编排证据之间的顺序。

证据之间的排序如果合理,按照案件事实发展的时间顺序和逻辑关系排序,就可以清晰展现案件发展脉络,体现事实之间的逻辑关系,让阅读证据材料的法官顺畅地了解案件事实,不至于发生误解。相反,如果证据之间的排序不合理,证明同一事实的材料散布在不同地方,那么显然会导致证据材料杂乱无章,阅读者需要翻阅多遍证据才能把握案件基本事实,甚至翻来覆去依然一头雾水,这样的证据排序方式,就是非常失败的。

所以,合理编排证据之间的顺序非常重要,律师需要根据案件具体情况,以案件事实发生的时间顺序为主轴线,将证明相同或者类似事实的证据放置在一起,并注意不同证据之间的证明力大小,合理展现案件事实以及各方权利义务发展变化的脉络。

笔者将继续以案例7－1为例,分享证据排序的经验:

在该案件中,按照案件事实发生的顺序,A公司首先与B公司建立了仓储合同关系,而B公司与C公司合作,将属于C公司的4万多吨混合芳烃存放在四个储罐,并签订了《三方协议》。此后,C公司将货权转移给广东中油,广东中油再将货权转移给D公司,由于此后B公司、D公司没有支付仓储费,导致A公司与D公司发生争议。为此,应当基本按照上述时间顺序,将证据材料排序。

反之,如果将A公司与D公司之间的往来函件等放置在前面,将A公司与B公司、C公司形成的交易文件放置在后面,甚至放置于不同区域,则会打乱阅读者的思绪,这样无疑会事倍功半。

笔者就案例7－1制作的证据目录之一,详见表8－1。

表8－1　案例7－1证据目录之一

序号	证据名称	页数	内容及证明对象
证据一	B公司、A公司签署的《合同》	11页	《合同》约定: 1. B公司向A公司租用60,000立方米储罐,A公司向B公司提供装船、卸船、装车、卸车、储存、转罐、码头过驳等转输服务;B公司应在每月10日前向A公司支付当月的基本周转费,其他费用如操作费等根据实际发生额按月计费,操作费以《合同》第19条的约定为准。 2. 如B公司逾期支付,B公司必须在上述金额未被缴付的不足一个月的时间内付清或每月承担1.5%的月息;如存储的货物为“混合芳烃”,则全年年均储存损耗率为0.3%。 3. B公司对存储货物享有留置权。 4.《合同》的有效期至2016年3月31日
证据二	B公司向A公司发出的《关于混合芳烃保税入罐的委托说明》	1页	B公司指示其客户C公司于2013年1月14～20日有一船混合芳烃(41,937.047吨,约51,964立方米)到东莞港口,并将其储存于《合同》约定的仓储罐中。双方指定四个储罐接卸该外贸来货

续表

序号	证据名称	页数	内容及证明对象
证据三	A公司、B公司、C公司签署的《三方协议》	5页	**《三方协议》约定：** 1. C公司将其有所有权的4万多吨混合芳烃存放在《合同》项下的储罐（储罐号：T1102、T1103、T1201、T2106），B公司按照《合同》约定的费率付费。 2. 若A公司和B公司因费用发生纠纷，C公司代B公司付费之后A公司不能留置货物；若B公司未能按照《合同》约定付费，A公司有权要求C公司（或C公司委托付款的第三方）支付前述费用。 3. 储存期限至C公司发出货权转移证明转让给B公司止
证据四	C公司签署的"SI－DO－13034"号货权转移证明	1页	C公司指示将其存放在A公司岸罐的4万多吨混合芳烃放货给香港E公司
证据五	香港E公司签署的"SI－DO－13034－1"号货权转移证明	1页	香港E公司指示将其存放在A公司储罐的4万多吨混合芳烃放货给广东中油
证据六	第三方检测机构出具的涉案货物入库数的检测报告	3页	涉案4万多吨混合芳烃，减去卸船的损耗后，入库数为41,924.638吨
证据七	广东中油、D公司共同出具的13CPS156号货权转移证明	1页	**广东中油、D公司共同承诺：** 1. 广东中油证明其存储于四个储罐内的4万多吨混合芳烃的货权正式转移给D公司； 2. 从2013年1月17日起，4万多吨混合芳烃因存储于四个储罐所产生的仓储费、操作费等所有费用，均由D公司负责承担； 3. 从2013年1月17日起，4万多吨混合芳烃的**存储损耗**均由D公司负责承担； 4. 该货权转移证明自广东中油和D公司签署后立即生效并不可撤销
证据八	D公司签署的民事起诉状	2页	D公司确认在2013年5月28日前已销售33,700吨货物，并确认除该33,700吨货物外，还收到过6400吨货物

续表

序号	证据名称	页数	内容及证明对象
证据九	A 公司 2013 年 10 月 18 日向 D 公司发出的催款通知书	2 页	A 公司要求 D 公司依据 13CPS156 号货权转移证明、《合同》、《三方协议》等条款约定支付仓储费、操作费等费用
证据十	D 公司 2013 年 11 月 1 日向 A 公司发来的发货通知书	1 页	D 公司声称其将派"运达油 23"拖船于 2013 年 11 月 3 日提取剩余 8000 多吨混合芳烃中的 2300 吨,并将承担该 8000 多吨混合芳烃的仓储费,**但实际并未派船前来取货**
证据十一	A 公司于 2013 年 11 月 27 日向 D 公司发出的复函	1 页	A 公司要求 D 公司协助保障 A 公司的合法权益
证据十二	D 公司来函以及 A 公司再次向 D 公司发出的东石化商函〔2013〕1 号复函	3 页	A 公司明确表示将在债权范围内留置货物,并要求 D 公司在 2013 年 12 月 4 日前提完扣除损耗后的 6400 吨货物
证据十三	A 公司 2014 年 1 月 24 日再次向 D 公司发出的复函	3 页	1. A 公司明确告知 D 公司其已留置 1653 吨货物,并再次要求 D 公司抓紧时间安排提取其余 6400 吨货物。 2. A 公司将复函发送至 D 公司指定的传真号
证据十四	A 公司委托案外人运输 6400 吨货物的船运油品交接单	4 页	A 公司于 2013 年 12 月 23 ~ 26 日分四船将其中 6400 吨混合芳烃移库至粤海(番禺)公司仓库(26 日为最后卸船日)
证据十五	A 公司为存储 6400 吨货物而与粤海(番禺)公司签署的合同	8 页	储罐罐容为 1 万立方米,基本周转费单价为每月 19 元/立方米,存储成本明显小于 A 公司 56,099.14立方米,每立方米每月 21 元的成本
证据十六	A 公司为减少损失而支付的运费、仓储费、操作费凭证	19 页	A 公司为减少损失而支付了 206,412.87 元运费和 1,217,143.69 元仓储费、操作费,全部费用合计为 1,423,556.56 元

续表

序号	证据名称	页数	内容及证明对象
证据十七	第三方检测机构SGS就T1102/T1103/T1201/T2106四个储罐的容积出具的检测报告	77页	四个储罐的容积合计为56,099.14立方米
证据十八	最高人民法院公报案例：中远公司诉香港美通公司、天津美通公司拖欠海运费、港杂费纠纷案	4页	最高人民法院公布的判例认为，第三人与债务人共同向债权人出具函件确认将偿还有关债务的，属于第三人自愿加入债权债务关系，第三人与债务人是共同债务人，应当对有关债务承担连带责任
证据十九	最高人民法院《关于能否对连带责任保证人所有的船舶行使留置权的请示的复函》	1页	最高人民法院在该复函中认为：由于留置权是设定于被留置物之上的法定担保物权，因此当合同委托方未履行合同时，债权人基于合同为保证债权得以实现，可以留置所占有的船舶，而不论该船舶是否为修船合同的委托方所有

如果案件的某些证据数量特别多，而且与案件事实发展的时间顺序和逻辑关系不大，则可以将该部分证据独立出来，另行制作为一套独立的证据，以免法官阅读证据时，被该等数量庞大的证据干扰视线。如案例7－1中，证明A公司完成了相应的操作义务，A公司因此有权收取操作费的证据多达507页，该等证据由一张张提货单、货物出仓证明书等构成，因此没有必要与表8－1中的其他证据放置在一起，而是应该将其作为一项独立的证据，另行制作成册。

为此，笔者将该等提货单、货物出仓证明书等作为证据二十，与证据一至十九放置在不同位置，详见表8－2。

表 8 -2　案例 7 -1 证据目录之二

序号	证据名称	页数	内容及证明对象
证据二十	2013 年 5 ~6 月《货物出仓证明书》《提货单(船运)》	507 页	1. 第 1 ~501 页为 2013 年 5 ~6 月的《货物出仓证明书》,第 501 ~507 页为《提货单(船运)》。 2. 2013 年 5 月提货情况:车运 14,575.38 吨,船运 9992.955 吨。 3. 2013 年 6 月提货情况:车运 5905.87 吨,船运 2573.399 吨。 4. 涉案 33,700 吨货物于 2013 年 6 月 25 日提取完毕(见第 501 页)

二、复杂案件的证据排序

与表 8 -2 类似的问题是,部分特别复杂的案件,如果证据材料特别多,而且不同的证据所要证明的内容不同,可以考虑将全部证据分组,不同组别的证据的排序参照前述方法。同一组别的证据也按照前述方法,确定各证据在该组证据中的顺序,即按照"分组、分层、分主次"的原则,对证据进行排序。

笔者在 2016 年至 2017 年处理了一起合作开发房地产合同纠纷,该案件合作双方一方出地、另一方出资,但因出地一方控制了项目公司印章,加之当地房地产市场在 2015 年出现较大波动,导致双方在不同层面发生了重大争议。

因该案件的证据材料时间跨度大(从 2011 年 7 月到 2016 年 10 月),证据材料特别多(共计 45 份证据,且部分证据页数较多),而且不同证据对应的分别为当事人签订的合同、股东会决议、财务凭证、施工文件、往来邮件等,内容差别较大。为此,笔者在处理该案件的过程中,将 45 份证据分成了 9 组,分别为:

(1)双方就合作开发事宜签订的协议。

(2)双方签约后通过股东会对具体事项作出的约定以及实际分配物业的文件。

(3)对方当事人拖延盖章、拒不盖章、擅自盖章,阻碍项目开发,违反合同以及会议纪要约定的证据。

(4)对方拒不配合办理支付工程款盖章手续,以及故意阻碍、干涉工程建设的证据。

(5)对方当事人存在的其他违约行为的证据。

(6)项目并没有停止施工的证据。

(7)客户支付各项费用的证据。

(8)对方当事人发出解约通知文件后,客户要求其撤回该等函件并继续履行协议以维护购房者利益的证据。

(9)客户因本案支付律师费等的证据。

分组之后,数量众多、证明内容差别较大的各份证据之间,相比没有分组之前显得条理更为清晰、主次更为分明,便于法官理解不同争议层面下的案件事实。该案件后来也取得了非常好的处理结果。

第三节　证据的目录和装订

一、证据目录的内容

如何填写客户拟提供的证据所要证明的内容(或者说,该项证据的证明目的是什么),这个看似简单的问题,也要费一番心思才能做好。

有些当事人起草的证据目录,证明内容过于简单,不但没有摘取证据中有利的关键信息,而且怠于揭示证据之间所反映的逻辑关系、法律意义,导致法官看了证据目录依然不明就里,需要进一步细看全部证据复印件,才清楚案件事实。如果法官手头需要处理的案件比较多,无暇细看每一份证据材料中的每一个字,那么就有可能遗漏重要内容。

但证据目录中的内容也不宜过于冗长和啰唆,有些当事人提交的证据目录,关于证明内容填写得过于详细,将与案件无关的信息也摘录进去,甚至在证据目录中论述法律问题,这样也不利于法官通过证据目录提取证据中的关键信息。

比较理想的证据目录,证明内容部分应当做到重点突出、详略得当,只有与案件核心事实或者争议焦点相关的信息,才作为证明内容摘录(或者概括)进去;如果某一份证据页数太多,则应适当标明摘录内容的具体页码(如标明"见该证据第×页第×行"),以便法官在阅读时,可以非常方便地按照索引对照具体内容。

与证据目录内容有关的另一个问题是,律师是应先起草好证据目录中的证明内容,还是在起草好起诉状或者答辩状(法律文书)之后,再根据法律文书的内容安排证据目录的证明内容?

上述问题,猛一看好像是先有鸡还是先有蛋的问题,事实上,不同人的工作习惯不同,做法就会不同。笔者的经验是,在整理、分析案件材料,并确定哪些案件材料应当提交之时,就应当全面掌握每一份证据的核心内容,并清楚该等证据所证明的事实是什么。在此基础上,再参考预先排列好的证据,起草、修改起诉状或者答辩状等法律文书,待法律文书定稿后,再参照起诉状或者答辩状的内容,编写证据目录的证明内容。这样安排,既可以使起诉状、答辩状的内容精确,也可以保持起诉状、答辩状的内容与证据目录一致;如果先起草证据目录中的证明内容,有可能在起草和修改起诉状、答辩状之时,又作出了不同的表述,这样便需要再修改证据目录,比较麻烦,甚至有时候忘记将两者的表述统一起来,导致不同文件的表述差异太大,或者存在出入。

二、证据页码和重点内容

书面证据应当编页码,否则阅读者无法识别证据目录中对应的文件究竟是哪一份。页码的编制方法,可以采取总页码结合证据目录标注的方式,即从第一页证据开始按顺序编写页码,直到最后一页,每页对应一个页码,编好页码后,再在证据目录中注明该证据对应的页码范围为第几页至第几页。例如,如果采取该编写页码的方法,表 8 - 1 中的页码一列,证据一应填写"第1 ~ 11 页",证据二则填写"第 12 页",证据三则填写"第 13 ~ 17 页"。

笔者专门刻制了一个显示证据信息的自用印章,上面刻了"证据__,第__页"字样,确定证据的排序之后,再在证据复印件右上角盖章,然后在盖章处的画线处,用中文数字填写证据序号,用阿拉伯数字填写该份证据的页码,以此标示各份证据。例如,证据一第 1 页,盖章并填上相应数字后,显示的是"证据一,第 1 页"。所以,在表 8 - 1 和表 8 - 2 中,笔者制作的证据目录仅显示证据的页数,而不显示证据的具体页码位置。

律师应当以合理的方式突出证据中的关键信息和重要内容。对于书面证据中的重点条款(如合同中对己方有利的特殊约定),或者重要内容(如某份证据的形成时间、收款收据的金额等),可以用荧光笔将其作为重点内容标注,这样法官在审阅证据文件时,就可以一目了然地抓住证据中的重点内容,降低遗漏重点内容的可能性。

三、证据的装订

证据应当与证据目录一起装订成册。如果证据的页码不多，直接与证据目录一起用订书机订好即可。如果证据的页码较多，则建议采取胶装的方式，将证据目录、证据一起胶装。胶装后的证据独立成册，不但美观大方，而且不易散落，无论是客户还是法官，见到这样的证据，应当都会感到心情舒畅。

证据需要制作证据封面，并在证据封面中标注案号、提交人、提交时间等具体信息，也可以标注代理人的联系方式，以使证据装订成册后精致美观。

图 8 - 3 是笔者为案例 5 - 1 制作的证据封面。

证 据

(2018) 粤 03 民终××××号

提交人：杨某某

广东 ×× 律师事务所
GUANGDONG ×× LAW FIRM
中国广东省深圳市福田区石厦北二街西新天世纪商务中心×座XX楼　邮政编码：518035
电话：86-755-XXXX1525　传真：86-755-XXXX4148

二〇一八年十月

图 8 - 3　案例 5 - 1 证据封面

第四节　无纸化办案注意事项

随着信息技术的飞速发展,我国法院系统的信息化和智能化建设,在近几年取得了令人瞩目的成就。从最开始的各地法院网站建设、案件信息查询,到相关裁判文书上网,再到立案、查询、交费、提交证据、调解、保全、委托鉴定、庭审、宣判、送达、执行等全部实现在线办理,全流程无纸化网上办案,诉讼事务已经可以实现"家里办""掌上办""随时办",以无纸化和智能化为标志的崭新的网上办案时代,正在向我们走来。

笔者认为,无纸化和智能化办案,是我国司法系统未来不可逆转的发展大趋势,而2021年12月24日修正的《民事诉讼法》第16条第1款"经当事人同意,民事诉讼活动可以通过信息网络平台在线进行"的规定,则为这一发展趋势奠定了坚实的制度基础。

此外,部分领先的仲裁机构,亦建立了自己的在线办案系统,实现了立案、提交证据资料、开庭线上办理,如深圳国际仲裁院推出了"云上仲裁服务"系统,可以通过该系统实现网上立案、提交材料、送达文件、线上开庭等功能。

无纸化和智能化办案的推广落实,对法院、法官、仲裁员、律师均具有重要意义。对法院而言,可以为广大当事人提供一站式、便捷化、灵活扩展的移动诉讼服务,法院的诉讼服务中心可以移动微法院等技术平台为载体,使诉讼服务大厅、诉讼服务网实现数据集成,一套数据全网流转、一个入口服务当事人,大大提高了法院的办案效率;对法官而言,则可以大大减少其事务性工作,大幅降低司法成本,提高法官工作效率;对律师而言,不但可以方便地在非工作时间办理立案手续、提交案件材料,而且可以随时随地收取法院送达的文件或者参加庭审活动,大大提高了律师的办事效率。

律师应当顺应科技发展趋势和时代潮流,以积极的心态拥抱这一重要变革,熟悉网上立案、审判的各项流程,熟练掌握网上办案的各项技巧(如扫描、图片处理等),并努力使团队分工更细致(如法律秘书或者律师事务所行政人员,可以专门处理网上立案工作,节省主办律师的工作时间)。

但需要注意的是,无纸化和智能化办案系统的广泛应用,并不意味着笔者在本章第二节和第三节所述证据排序、证据装订、突出关键信息的方法已过时，相反，在无纸化办案全面推广落实后，该等工作方法反而更值得提倡。因为在同一时间内，法官面前的电脑屏幕显示的证据页面只有一张，所以无纸化办案带来文件送达便利的同时，也会导致法官审理案件时，需要在一个显示屏幕中反复切换当事人提交的证据，才能了解案件基本事实，以及当事人提交的证据的具体情况。如果当事人提交的证据没有页码，或者逻辑顺序非常混乱、重点不突出，将会使法官在审理案件之时难以迅速抓住重点。因此，无纸化办案要求律师提交的证据材料条理应当更清楚，页码应当更准确，证据目录及说明中，应当更为明确地指出关键内容在哪一页，并用荧光笔标注好重要内容，以便法官使用智能办案系统时，可以更为方便地注意到证据的关键信息。

此外，由于使用电脑显示屏幕翻阅页数较多的证据材料较为不便，如果代理的案件的证据页数超过20页，那么除了在立案时上传电子版证据材料外，笔者建议还应当准备好相应的纸质版证据复印件，并多留一份备用，以便在庭审期间可以随时方便地翻阅证据材料，向法官当面指明证据中的重要内容。如果法官需要准备好的纸质版证据材料作为参考，也可以立即提供给法官。

无纸化办案后，另一个需要特别注意的事项，是应当认真核实客户提交的证据材料的真实性，并保存好重要文件的原件。由于无纸化办公之后，包括授权委托文件、起诉状、证据、主体资料在内的全部立案材料，均通过代理人在相应的网络平台上传，而立案或者提交相关文件之时，仅需提交相关文件的扫描件或者照片即可，导致有些律师为节省文件转递时间，仅要求客户提供授权委托书、证据、起诉状等文件的扫描件或者照片，忽略了保存重要文件（授权委托书、起诉状等文件）的原件。然而，就现有的规则而言，代理人需要对自己提交的材料的真实性负责，并在立案时签署诚信诉讼承诺书，因此，作为一名律师，在无纸化办案时，依然需要审慎核实客户的签名是否真实，压实律师的审核责任，并保存好当事人签署的授权委托书、起诉状等重要文件的原件，以备日后出现争议之时核对，避免因此产生不必要的纠纷，甚至被处罚。

第九章

无可挑剔的法律文书

在律师的职业生涯中，一定会看到无可挑剔的、令人眼前一亮的法律文书。这些法律文书形式大方，条理清楚，重点突出，处处闪现着理性的光辉，又不乏情理上恰到好处的点染，令人看完后禁不住赞叹，心悦诚服地接受其中的意见。

笔者经常阅读《最高人民法院公报》，每一期《最高人民法院公报》中均会公布最高人民法院作出的部分裁判文书。仔细阅读这些裁判文书，就会发现其中有许多代理人的代理思路非常清晰，表达代理意见时层次分明、重点突出，有理有据，最终被法官采纳；而最高人民法院作出的裁判文书，也越来越注重分析和说理，许多裁判文书从写作本身就无可挑剔，读完让人感觉受益无穷。

除了《最高人民法院公报》刊登的裁判文书，笔者也常看到同事甚至对方代理人提交的法律文书非常优秀，禁不住赞叹。

接受过法律精神熏陶和法律专业训练的法官、仲裁员和律师，尽管身份不同，但对专业精神都心怀敬意。如果一个律师提交的法律文书形式大方、层次分明、重点突出、有理有据，必然会引起法官的兴趣，留下积极的第一印象。

“无可挑剔”是很主观的感受，不同的人评判的标准也不同。律师不可能让所有人都认可自己的“作品”，但是可以做到让自己认为已经无可挑剔，并努力做到让他人也认为已经无可挑剔。

◇ 第一节　法律文书的内容

笔者在闲暇之时喜欢阅读文学书籍，文学书籍大多语言精练、优美，一般情况下不会给读者造成阅读障碍。然而，法国作家罗曼·罗兰写作、我国著名翻译家傅雷翻译的《约翰·克利斯朵夫》，笔者分别在 2005 年、2006 年以及 2022 年三次尝试阅读，但坚持时间最长的一次，也没有读完一半，就无法再继续下去。笔者曾经以为，也许是自己的思想境界不够，所以才看不下去，待有一定阅历之后，或许就可以读完。但当笔者在 2022 年分别阅读《约翰·克利斯朵夫》和《基度山伯爵》（法国作家大仲马著、蒋学模翻译）时，才终于明白，是《约翰·克利斯朵夫》本身的"特质"，导致笔者每次都不得不弃读。

简单地说，《约翰·克利斯朵夫》的故事情节相对单调枯燥，既没有宏大的场面，也没有个性鲜明的人物形象，更没有合理的矛盾冲突，满篇充斥着对音乐界的批评，但这些批评在笔者看来有些用力过猛和莫名其妙；傅雷先生的翻译虽文雅但拗口，所以笔者尝试三次依然不得不弃读，也在情理之中了。反观蒋学模先生翻译的《基度山伯爵》，文字平实明快，内容惊险生动，人物形象跃然纸上，尤其是章节安排合理，每一章都是推动剧情向前发展不可或缺的内容，作者以话剧的写作手法写小说，使人读起来就像看电视连续剧一样过瘾，欲罢不能。

文学作品尚且如此，提供给法官的法律文书，更应当注意有关内容条理是否清楚，是否会导致阅读者无法坚持读完。

笔者认为，法律文书终究要给法官这一特殊的读者阅读，如果律师起草的法律文书让法官无法读下去，是非常失败的，因此如何组织法律文书的内容十分重要。法律文书是否美观大方，仅仅影响阅读者初次拿到该法律文书时的阅读兴趣，法律文书的内容，才是决定律师的意见能否被采纳的关键。通过学习，可以迅速掌握法律文书的形式的制作方法，但如何使法律文书的内容条理清楚、重点突出，甚至"处处闪现着理性的光辉，又不乏情理上恰到好处的点染"，则并非一朝一夕可以掌握的技能，既需要采取恰当的方法，也需要长期的练习与总结。

法律文书的种类较多,不同的法律文书侧重点并不一样。例如,民事起诉状的主要功能是提出诉求并阐明核心事实,因此其重点内容是“诉讼请求”与“事实和理由”,其中诉讼请求部分需要全面、精确,而事实与理由部分,则应结合诉讼请求,客观陈述案件核心事实,但无须就可能出现的争议问题进行详细论述,因为民事起诉状的重点是提炼与请求权相关的法律事实,而非论述相关观点是否成立;答辩状、代理词、上诉状的主要功能是说服他人接受自己的观点,因此分析和说理是其重点,这就要求答辩状、代理词、上诉状必须对争议问题从不同的角度、不同的层面进行论述。

本章讨论的法律文书,主要指答辩状、代理词、上诉状等说理性法律文书。

一、起草法律文书的时机

什么时候开始撰写法律文书?这是一个重要问题。起草法律文书的时机如果不成熟,就没有必要急于动笔。如果律师对一个案件的材料不那么熟悉,对该案件的争议焦点不太明了,就急于起草该案件的答辩状,多半会感觉无从下手,不知道该写什么,甚至有可能写到一半,突然发现案件事实与自己的论点是矛盾的,不得不推倒重来,最终事倍功半,效率低下。

所以,起草法律文书不应急于求成,最合适的起草时机是在收集、整理、分析完案件材料,并对案件事实和各方的观点有了深入的了解之后。在起草法律文书之前,应当对需要解决的问题和需要表达的观点了然于胸,并尽可能地在脑海里对相关的观点、论据进行必要的梳理,这样在正式起草文件的时候,才能高效地、准确地完成起草工作,并可以避免低级错误(如法律文书中的陈述反而对对方有利)。

正因如此,笔者才建议就重要案件先撰写《案件要点及处理方法》,并将之作为起草其他法律文书的基础。

二、突出层次与重点的方法

将法律文书的每个论点的主要内容进行概括,然后将其以粗体字的方式表示,是突出法律文书重点的方法。

在起草文件之前手写相应的要点,可以提高工作效率。一份答辩状、上诉状、代理词,需要解决的问题是特定的。比如,上诉状的主要内容是指出一审判决存在事实认定错误或者法律适用错误,因此起草前需要清楚一审判决对哪些事实认定错误,以及在哪些法律适用方面存在错误;在确定需要解决的问题后,针对具体的事实认定错误或者法律适用错误,再分点、分层次进行分析和说明,这些不同的论述点,可以在正式起草前手写记录下来,形成一个主要观点的大纲。

以案例 7 -1 为例,该案件二审判决后,D 公司向最高人民法院申请再审,其申请再审的理由主要如下:(1)D 公司不构成债务加入;(2)D 公司仅应承担 8000 多吨货物对应的 1 万立方米储罐的费用;(3)A 公司留置 1653 吨货物超过了合理范围;(4)A 公司无权留置货物。笔者作为 A 公司的代理人,代表 A 公司就 D 公司提出的再审申请起草答辩意见,需要对 D 公司提出的前述几个问题逐一进行反驳,因此在起草答辩意见之前,即应当对 A 公司可以反驳的理由进行梳理,形成一个大纲。

确定大纲之后,再对每个问题的重要程度进行衡量,分别按照问题的重要程度对每个论点进行排序,并完善该等论点的核心内容,然后再逐一完善每一个论点;除了需要论述的问题的重要程度之外,排序还需要考虑各问题之间的逻辑关系,因为不同的问题之间有可能存在因果关系,或者递进关系,需要先说明第一个问题,才能更好地说明第二个问题。

以案例 7 -1 的再审答辩意见为例,D 公司申请再审的核心观点是其不构成债务加入、D 公司剩余的 8000 多吨混合芳烃产生不了那么多费用,这两个问题是该案件疑难的原因。因此,如何向法官解释相关事实和法律问题,使其明白 D 公司确实构成债务加入、应当按照四个储罐的容积支付费用,则是答辩意见的重点。同时,D 公司构成债务加入,又是解决 D 公司为什么要对四个储罐所产生的仓储费都承担责任的前提,所以需要先说明 D 公司构成债务加入,法官只有在理解该问题之后,才能更好地理解 D 公司为什么要对四个储罐产生的仓储费承担责任。至于 A 公司留置的混合芳烃数量是否合适、A 公司有无留置权,则并非重点内容,因为这两个问题的答案显而易见,具备法律知识的人都可以很好地理解这些问题,因此将这两个问题排在后面论述。

事实上,每一个论点又是由不同的论据(理由)组成的,这些不同的论据(理由)又会构成不同的分论点,因此需要统筹安排各个论点之间的顺序和关系,使一份法律文书形成一个层次分明的说理体系。

在案例7－1中,除了关键证据即D公司于2013年4月26日出具的货权转移证明记载的内容之外,其他案件事实也是说明D公司构成债务加入的理由,包括:

(1)《合同》和《三方协议》一直没有终止。

(2)D公司与B公司的付款义务始终是并存关系。

(3)D公司将部分货物的提货权转出后,B公司和D公司之间并非按各自的持货比例承担相关费用。

在确定该三个理由后,将其作为论述D公司构成债务加入的论点,并分别列明,进行阐述。这样可以保证每个论点之间的独立性和各个论点之间的完整性,使说理部分成为一个层次分明的体系。

除了每个论点之外,法律文书中的部分句子,如果属于重点内容,需要提示阅读者注意的话,还可以通过加粗或者在该等句子下面加下划线的方式,将其凸显出来。

三、增强说服力的方法

条理清楚、重点突出是对一份合格的法律文书的基本要求。但仅仅条理清楚、重点突出,并不能成为一份优秀的法律文书。还应当注重表达方式,以到位的情理分析去说服阅读者,引导阅读者顺着起草者的思路去思考问题。

"处处闪现着理性的光辉,又不乏情理上恰到好处的点染"是某位前辈的赞扬之词,但以此作为优秀的法律文书的评判标准,以及律师撰写法律文书的努力方向,也是非常合适的。

要达到这个标准,律师在起草相关法律文书的过程中,应当始终注意坚持以下原则:

(一)以理服人,引导思路

笔者非常喜欢王安石写的《读孟尝君传》以及李斯写的《谏逐客书》,《读孟尝君传》的特点是简洁有力、尺幅千里,虽短短数十言却非常有说服力;《谏逐客书》则围绕论点,由古及今、由物及人,摆事实讲道理,铺陈排比、反复论证,极具说服力,秦王看了之后幡然悔悟,立即撤销了逐客令。笔者认为,《读孟尝君传》和《谏逐客书》的过人之处都是以理服人,善于引导阅读者的思路，是律师起草答辩状或上诉状等说理性法律文书的典范。

法律文书，尤其是答辩状、上诉状、代理词等，其主要功能是说服阅读者，要以理服人，因此分析和说理才是法律文书的重点。什么是分析和说理？就是结合事实和法律，对于存在争议的一个个具体问题作出自己的解释，说明这个问题“为什么是这样”或者“为什么只有这样，才是正确的”。律师只有始终带着这样的思路起草法律文书，才会从阅读者的角度考虑应当采取何种表达方式，例如，一般人会从什么角度考虑这个问题。律师只有从阅读者理解问题的角度考虑如何表达自己的主张，才能引导阅读者去思考；而律师分别从不同层面作出的分析意见，是启发阅读者思考并相信律师意见的基础。

例如，案例 7 - 1 的再审申请答辩意见，对于 D 公司是否构成债务加入问题可以采取不同的分析方法。比较常见的分析方法是，先阐述债务加入的概念，然后说明 D 公司于 2013 年 4 月 26 日出具的货权转移证明，具有加入 A 公司与 B 公司之间的债务关系的意思表示，并得出“D 公司构成债务加入”的结论，这是演绎推理的分析方法，推理公式为三段论。

但是，由于 D 公司在其再审申请书中已经论述了债务加入的概念，并详细说明了其不构成债务加入的事实和理由，因此作为再审申请的答辩意见，重点是在反驳 D 公司的再审申请理由的同时，让阅读者明白为什么 D 公司在再审申请书中的主张不能成立。为了说明这一问题，更好的方法就不是去分析债务加入的概念及其构成要件，因为这样不得不减少反驳的内容，从而削弱反驳的力量。为此，可以考虑阐述 D 公司与 A 公司、B 公司之间存在的关系完全符合债务加入的特征，用归纳方法去启发读者思考。

为此，笔者在起草答辩意见时，关于 D 公司是否构成债务加入问题并没有采取三段论的推理方法，而是采取了归纳总结的方式，即先说明存储 4 万吨混合芳烃的四个储罐源于《合同》《三方协议》，而且该《合同》《三方协议》一直没有终止，同时说明 D 公司与 B 公司的付款义务始终是并存关系，再说明 D 公司将部分货物的提货权转出后，B 公司和 D 公司之间并非按各自的持货比例承担相关费用，并得出结论：D 公司属于加入《合同》《三方协议》原有法律关系之中，符合最高人民法院在其他案件中确定的裁判规则。

当然，这只是笔者自己的处理方式，读者可以根据自己的理解去判断不同分析说理方式的优劣。

需要特别说明的是,“以理服人”意味着需要对法理、事实、情理等综合分析,但除非争议问题本身是法律条款应当如何理解,否则律师提供给法庭的法律文书,不宜对法律概念或者法理进行太过于详细的分析,因为法官作为专业人员,熟稔法律概念,如果对该等问题着墨太多,反而会导致法律文书冗长不堪,让法官失去阅读兴趣。

(二)合理使用各种推理方法

说服他人需要逻辑思维,理性的说辞要建立在符合逻辑的基础上,所以法律文书应当注重运用演绎推理、归纳推理、类比推理等推理方法,使相关分析和说理内容有理有据,严谨扎实。不同推理方法之间不是非此即彼的关系,只要方法合适,同一份法律文书中可以使用不同的推理方法。

三段论推理方法是最经典的推理方法之一,大部分法官、仲裁员和律师都已经习惯了这种推理方法,所以法官在涉及相关问题时,会不自觉地想“对于这个问题,法律是怎么规定的”,以及“事实究竟是什么”。为此,律师的法律文书应当注意运用三段论推理方法,对相关问题进行分析时,除非运用其他推理方法更合适,否则优先考虑三段论推理方法,并在分析说理部分简要列明相应问题的大前提,准确概括案件事实,并将分析问题的重点放在解释案件事实为什么符合大前提方面,这样律师起草的法律文书的理据才会更为充分,更容易令阅读者接受。

归纳推理可以运用在对事实的总结概括方面,例如,说明对方当事人构成根本违约时,列举对方存在的种种违约行为,并分析指出该等行为违反了哪些条款,由此总结出对方当事人构成根本违约的事实。案例 7-1 的再审申请答辩意见,实际上也运用了归纳推理方法,即分别概括出 D 公司构成债务加入的事实特征,由此得出“D 公司构成债务加入”的结论。

作为从个别到个别的推理方法,类比推理可用于借鉴权威判例。类比推理也是英美法系法官最常用的推理方法,英美法系“遵循先例”就是以类比推理作为推理基础,英美法系有大量的判例包含了法律规则或者说裁判原则,后面发生的与先例相同、类似的案件应当适用先例确定的规则或裁判原则,在这个适用过程中,类比推理是主要的推理方法。

自《案例指导规定》施行之后,我国亦逐渐建立了指导性案例制度。虽然我国的指导性案例制度与英美法系国家遵循先例的司法制度具有本质区别,但运用指导性案件解决争议也是我国民事诉讼的发展趋势。律师在援引最高人民法院公布的指导性案例时,也需要注意运用类比推理方法。类比推理的步骤如下:

(1)找到类似的案例。

(2)识别该案例与待处理案件的相同点和不同点。

(3)对上述相同点和不同点与待处理案件的处理有无直接关联进行判断。

(4)如果判断援引相关案例对待处理案件有利,则提供该等判例给法庭参考,建议法庭适用同样的裁判规则。

(三)情理、事理、法理相结合

所谓说理,既要说清楚法律上的道理,也应当分析案件中涉及的生活道理,即天理人情,事物本来的道理。如果法律文书分析法理条理清晰,同时又能够适机融入社会生活的道理,将法理和情理有机结合,那么就有可能打动法官。

如何将法理与情理结合,是一个老生常谈的话题。刑事案件或者婚姻家庭案件、工伤案件,由于案情往往涉及人性与社会矛盾问题,并夹杂了当事人的各种情感,所以通常在该等案件中有很多情理与法理冲突,常常引人深思,甚至引发全民讨论,例如,“张扣扣杀人案”、电影《我不是药神》反映的制度与现实之间的冲突,等等。

民商事案件则没有那么明显的冲突,尤其是商事案件,以利益冲突为主要特征,更多冲突仅涉及商业规则和诚实信用问题,而非情理与法理之间的冲突。但是,这并不意味着民商事案件无须进行情理分析,只是分析的方法不同。例如,对当事人采取的某一具体行为或者其提出的某项要求是否符合商业惯例、是否符合诚实信用原则、是否会损害他人利益进行分析,就属于情理分析;又如,分析某当事人因他人的行为导致了什么样的损失,以及这一损失如果没有加害人的具体行为,根本就不会发生,也属于情理分析的范畴之一。

案例6-3中,朱某早就已经在《深圳商报》刊登了声明,因此朱某对于其房产被李某在两年之后卖掉并没有过错,一般人都会相信朱某在刊登声明之时确实有撤销对李某授权的想法。因此作为朱某的代理人,应当在法律文书中强调这一点。而李某与马某签约后,马某支付的购房款,朱某一分钱都没有收到(都被李某及其丈夫收走了)。因此该案件对应的交易对朱某而言极其不公平,这是可以令人在情感上倾向于朱某的事项,应当作为强调事项。

情理分析、事理分析与法理分析应当相互融合。这种融合,是指在分析和说理的过程中,将生活常理和事物原理等方面的分析,融入法理分析中去。即对案件涉及的相关事项,适机进行情理分析,而非将情理分析单独作为一个论点进行分析。例如,本章第二节将要介绍的案例 9 - 1 中的上诉状,关于朱某是否应当办理"赎楼"协议公证手续,需要清楚地向法官说明抵押银行为什么不会拒绝朱某自己去办理"赎楼"手续,也就是对事物原理的分析,再结合法律分析,就能将问题讲清楚。

另一个值得注意的问题是,法律文书应当以法理分析作为主轴,情理分析作为辅助,不宜太过渲染情理内容,以免情理分析的内容喧宾夺主。

(四)善用修辞手法

法律文书不是文学作品,因此很少有人探究法律文书中修辞手法的使用,大部分人都认为,正式而严谨的法律文书,不宜出现过多比喻、拟人等修辞手法。

但是,法律文书毕竟是文字作品,是律师向他人输出的思想内容,需要他人理解其中的内容,才能产生律师想要的效果。而各种修辞手法,可以使法律文书变得生动、容易理解,因此,适当运用修辞手法,可以增强法律文书的说服力,并非不能用。

恰当运用类比和比喻等修辞手法,可以使法律文书更容易让人理解,尤其是在解释抽象、复杂的问题时,如果以生活中经常见到的事项作为类比进行说明,阅读者一看就可以立即明白其中的道理。例如,在案例 6 - 2 中,关于《城市规划法》不能适用于该案件的租赁房屋,如果按照法不溯及既往等原则进行分析和说明,需要分几个层面进行说明,说理的过程较为复杂。但是,如果在法律文书中,尤其是在庭审时运用类比的方法,强调"正如,北京的故宫,在几百年前就开始建设了,我们显然不能要求北京故宫也按照现行《城市规划法》的规定办理建设工程规划许可证",听者就可以一下子明白其中的道理。

又如，在笔者处理的某股东资格确认纠纷案件中，原告提交了五份文件拟证明其与被告形成了代持股关系。根据原告在起诉状中的陈述，该五份文件的形成时间是确定无疑的，相互之间具有因果关系，前后衔接形成证据链条，缺一不可。但是，鉴定结果证明原告提供的五份文件中有两份文件的形成时间与落款时间不符，且两份标称时间为 2006 年的文件，使用的是 2009 年之后才启用的印章。此时，原告依然坚持其主张，并认为部分文件时间存在瑕疵并不影响双方形成代持股关系的结论。作为被告的代理人，为了说明对方的主张不成立，可以将对方的证明目的比喻成一辆自行车，对方的五份证据则是自行车的链条，如果其中一两个链条断裂，导致的结果是自行车无法驱动，即原告无法证明其主张。这样一来阅读者就可以明白其中的道理。

而恰当运用排比修辞手法，则可以增强法律文书的说服力，增强表达的情感。但除非确有必要，否则不宜在法律文书中频繁使用排比句。

（五）长短句结合

除了修辞手法之外，律师还需要注意长句和短句的不同作用。所谓长句，就是表达某个事项或者某个概念时，使用比较长的句子进行描述或者说明；所谓短句，则是将长句换成不同的短句，由若干较短的句子组成一个段落，进行表述。

长句的特点是将表达一个事项所需要的主语、谓语、宾语、状语、定语等，全部放在一句话里，优点是表述严谨，因此，对很多法律概念进行定义，通常是用长句进行表述。另外，学术论文或者政府工作报告等正式文件中也会较多使用长句。但是，长句的缺点也很明显，理解起来比较费力，不利于阅读者快速掌握其中的含义。

短句结构简单，通常可以将一个长句换成几个形式不同的短句，从不同层面进行表述，最终表达的意思与长句一致，而阅读者阅读起来相对轻松。此外，短句非常适合用于表达情感和陈述事实，所以演讲一般较多使用短句。

以上这段文字，有人也许会习惯于写成“由于短句的结构简单，因此通常可以将一个长句换成几个形式不同的短句从不同层面表述，最终表达的意思与长句一致但阅读者读起来相对轻松，所以演讲一般较多使用短句”。

从上述对比可以看出,长句和短句表达的效果是不一样的,律师应当特别注意长句和短句各自的优点,适当使用短句,避免通篇或者大量使用长句。

第二节　法律文书撰写实例

一、法律文书撰写实例之一

为使读者更全面地理解贯穿本篇的案例7-1,并理解其他章节讲述的内容,特将笔者就案例7-1再审申请阶段起草的答辩意见作为本节内容之一,请读者指正。

再审答辩意见

答辩人:A公司

地址:广东省东莞市××大道××号

法定代表人:张某

就D公司不服(2015)粤高法民四终字第×××号民事判决书申请再审一案(以下简称本案),A公司认为原审判决认定事实清楚,适用法律正确,D公司的再审申请没有事实和法律依据,贵院应驳回其再审申请。

为此,A公司特向贵院呈递以下答辩意见,敬请贵院采纳:

一、存储4万多吨混合芳烃的四个储罐源于《合同》和《三方协议》,该《合同》和《三方协议》一直没有终止;D公司与B公司的付款义务,也始终是并存关系而非单独的、非此即彼的替代关系;D公司将部分货物的提货权转出后,B公司和D公司之间并非按各自的持货比例承担相关费用。因此,D公司显然属于加入《合同》和《三方协议》原有法律关系之中,贵院在以往两起类似案件中也是如此认定的。

1. 存储4万多吨混合芳烃的储罐源于《合同》和《三方协议》,而且该《合同》和《三方协议》一直没有终止。

本案证据可以证明,存储涉案4万多吨混合芳烃的T1102/T1103/T1201/T2106四个储罐,均源于A公司与B公司于2010年11月18日签署的《合同》(见证据一、证据二);根据2013年1月9日签订的《三方协议》可知,存储费用由该《合同》确定,且合同期限至“该批货物发货完毕,各方权利义务履行完毕后自行终止”(见《三方协议》第10条)。

而D公司是在4万多吨混合芳烃依据该《合同》和《三方协议》约定,存储了3个多月后,才与广东中油共同出具货权转移证明,从而获得了该4万多吨混合芳烃的提货权(详见下文)。

因此,D公司是在该《合同》以及《三方协议》的履行过程中,基于其与广东中油之间的买卖关系,而向A公司出具货权转移证明,承诺承担该4万多吨混合芳烃因存储在四个储罐所产生的所有费用(详见下文),A公司和B公司并没有因此确认将终止该《合同》和《三方协议》,该《合同》以及《三方协议》依然合法有效。

2.D公司与B公司的付款义务,始终是并存关系。

既然上述《合同》和《三方协议》的权利义务没有终止或者被转移,那么D公司在该《合同》和《三方协议》的履行过程中,出具货权转移证明表示将承担所有费用,则只能视为加入该4万多吨混合芳烃存储产生的债权债务关系中,而非与A公司形成了新的事实保管合同关系。

事实上,A公司也从未确认过与D公司存在单独的事实合同关系。尤其重要的是,自D公司于2013年4月26日出具货权转移证明后至2013年5月,B公司并没有终止履行上述《合同》和《三方协议》,而是截至2013年5月仍一直支付仓储费用和操作费。

因此,D公司和B公司就4万多吨混合芳烃负有的付款义务,始终是并存的而非单独存在、非此即彼的关系。

3.D公司将部分货物的提货权转出后,B公司和D公司之间并非按持货比例承担相关费用。

如果D公司与A公司之间,存在的是与B公司相独立的事实保管合同关系,那么当D公司将部分货物的提货权转移给B公司后,D公司必然会要求与B公司之间按各自持货比例分别承担仓储费用。

事实上,D公司在2013年4月26日至5月28日,分四次将33,700吨货物的提货权转移给B公司(见证据八),但却从未要求B公司按持货比例支付仓储费,也没有与A公司和B公司约定仓储费的分担比例,甚至至今没有支付任何费用。

既然如此,那么D公司关于其与A公司存在的是事实仓储关系的主张,就缺乏基本的事实依据。根据《合同法》第373条[1]的规定,在没有清偿债务之前,D公司无权要求A公司交付留置的1653吨货物。

因此,二审判决认定D公司属于加入原有的货物保管、作业民事法律关系中,适用法律正确。二审判决对这一问题的处理,与贵院在类似的两起案件中的处理意见完全相同(见附件一、证据十八)。

二、D公司已承诺将承担货物存储在四个储罐中产生的"所有费用",而且D公司享有提货权的剩余8000多吨货物,在2013年6月至2013年12月,一直存储在该四个储罐中,因此显然应当按四个储罐的容积支付费用;A公司为了减少双方损失而采取转罐存储的行为是恰当的,相应的费用应由D公司承担。

D公司于2013年4月26日,向A公司出具的货权转移证明,明确记载"从2013年1月17日起,上述41,937.047吨货物因存储于T1102/T1103/T1201/T2106储罐所产生的仓储费、操作费等所有费用,均由'D公司'负责承担"。

根据上述内容可知,D公司在该货权转移证明中承诺承担的费用,是该4万多吨混合芳烃自存储之日开始,在T1102/T1103/T1201/T2106四个储罐中产生的"所有费用",并非如D公司在其再审申请书中所述是承担所谓的"合理费用"。

本案中,D公司转让给B公司的33,700吨货物,其中大部分在2013年6月之前已提取完毕,而且当时四个储罐中尚有8000多吨货物,A公司当时并没有必要留置相应的货物。

在B公司提取完D公司转让的33,700吨货物后的2013年6月至2013年12月,D公司享有提货权的剩余8000多吨货物,依然存储在A公司的四个储罐中,而非单独存储在某一个储罐中。既然D公司已承诺承担货物在四个储罐中产生的所有费用,而且D公司享有提货权的剩余8000多吨货物也存放在四个储罐中,那么D公司显然应当按四个储罐的容积支付费用,而非按剩余8000多吨货物的理论上的容积支付费用。D公司认为其仅需承担部分费用与本案事实不符,且显失公平。

---

[1] 相关规定参见《民法典》第896条。

正因该剩余8000多吨货物存储在四个储罐中的成本较高，且D公司经A公司书面通知后仍拖延提取其中的6400吨货物（见证据十二），A公司最终不得不在2013年12月底将该6400吨货物（已扣除留置的1653吨）转至罐容更小、费用更低的粤海（番禺）公司仓库存储（见证据十四至证据十六），并在转罐后再次通知D公司提取货物（见证据十三）。转罐存储是为了避免双方的损失进一步扩大，同时也证明A公司作为保管人，始终出于善意处理相关事项。

三、涉案4万多吨混合芳烃在存放之时、D公司获得提货权之前即已设定了留置权，该留置权是法定的在先物权；A公司没有向受让人告知留置权信息的义务，亦无权利干涉D公司与广东中油之间的交易；本案留置权的效力范围，及于因该4万多吨混合芳烃存放在四个储罐所产生的所有费用，在巨额债权没有实现且债权金额每天变化的情况下，A公司留置1653吨货物完全合理。

D公司诉讼请求中所主张的混合芳烃数量，没有扣除卸船以及存储期间产生的162.629吨损耗（见证据四、证据六、证据十三），扣除损耗后，A公司实际留置的货物数量为1653吨，而非1815.629吨。A公司认为，A公司有权留置该1653吨货物：

1. 涉案4万多吨混合芳烃在存放之时、D公司获得提货权之前即已设定了留置权，该留置权是法定的在先物权。

本案为港口货物保管合同纠纷，A公司是涉案4万多吨混合芳烃的保管人。A公司与B公司于2010年11月18日签订的《合同》第11条第2项，以及B公司、C公司、A公司于2013年1月9日专门为涉案4万多吨混合芳烃而签订的《三方协议》（见证据三），均明确约定A公司享有留置权。

而D公司在2013年4月26日才从广东中油处获得该4万多吨混合芳烃的提货权（见证据七），因此A公司享有的留置权成立在先，D公司的提货权在该留置权设定之后才取得，D公司在取得提货权之时，该4万多吨混合芳烃就已经附有一项他项权利即留置权；除非债务人清偿了所有债务，否则该留置权一直存在。

仓储关系中的留置权是设置于存储物之上的法定担保物权，即使合同没有对留置权事宜作出约定，保管人也可依据《合同法》第380条、第395条的规定留置存储物；而D公司作为一个具有多年油品经销经验的市场主体，显然清楚上述法律规定,并清楚涉案货物在A公司开始保管之时,即已依法设定了留置权。

因此,A公司作为保管人,没有向D公司告知留置权具体信息的义务,更没有权力干涉D公司与广东中油之间的交易。D公司在取得提货权的时候,理应向上一手(广东中油)了解货物的权利瑕疵情况,货物存在的权利瑕疵风险应当由D公司自行承担,并依法向上一手(广东中油)主张权利。一审判决作出的救济途径指引(见一审判决第19页第11~13行)并无不当,D公司理应另循法律途径救济权利,而非申请再审。

2. 本案留置权的效力范围,及于因该4万多吨混合芳烃存放在四个储罐所产生的所有费用,在债权没有实现且债权金额逐日变化的情况下,A公司留置1653吨货物完全合理。

根据《合同法》第380条、第395条的规定,在存货人没有支付仓储费等费用的情况下,保管人有权留置存储物。而最高人民法院《关于适用〈中华人民共和国担保法〉若干问题的解释》第109条规定:"债权人的债权已届清偿期,债权人对动产的占有与其债权的发生有牵连关系,债权人可以留置其所占有的动产。"

如前所述,《合同》约定了收费标准以及A公司享有留置权(见第11条第2项),而《三方协议》则明确约定4万多吨混合芳烃存放于A公司四个储罐中且A公司对4万多吨混合芳烃享有留置权。因此,A公司的留置权作为一种法定的、在货物存放之时即已设定的担保物权,其效力范围显然及于因4万多吨混合芳烃存储于四个储罐中所产生的全部费用。

既然A公司对涉案4万多吨混合芳烃享有的留置权是法定的在先物权,且该留置权的范围及于因该4万多吨混合芳烃存储于四个储罐所产生的所有费用,B公司提取33,700吨货物后剩余的8000多吨货物也存储在四个储罐中,那么在债权没有实现的情况下,A公司显然有权留置与其债权金额相适应的货物。

需要特别说明的是,由于D公司在A公司两次通知其尽快提货、支付费用的情况下依然没有及时提货,导致货物一直存储在四个储罐中,A公司的债权逐日增加,且无法预知D公司将会在何时提取货物。在此情况下,A公司根据D公司当时欠费的情况[截至2013年12月31日,不含操作费、转库至粤海(番禺)公司仓库产生的仓储费等,就已拖欠了1000多万元费用,详见附件二]以及油价情况，留置了其中1653吨货物，完全合理。

因此，根据原审查明的案件事实可知，A公司留置的货物价值与债权总额大体相当，不存在非法留置的问题。

四、货权转移证明实质是转让存储货物提货权的凭证，不会导致A公司丧失留置权；根据贵院司法解释的规定和民法原理，无论物品的所有权如何变化，均不会导致A公司丧失留置权。

D公司强调其对涉案1653吨货物享有所有权，并据此认为其有权提取货物，实质是无视该等货物在交付给A公司保管之时即已设定了法定的留置权的基本事实：

1. 货权转移证明是转让存储货物提货权的凭证，不会导致A公司丧失留置权。

A公司作为涉案货物的保管人，并没有权力干涉买卖双方之间的交易，也没有权利和能力决定货物所有权的转让，A公司仅凭提货权人的指示办理货权转移手续。根据惯例，买卖双方共同出具货权转移证明并经A公司出具货物出库证明书后，买方据此获得了提取该等凭证记载货物的权利。货权转移证明是中英文对照的版本，其中英文版本的陈述为“RELEASE THE CARGOES TO...”（将货物放给某人）亦可以印证各方的交易方式。

因此货权转移证明和货物出库证明书，实质是《合同法》第387条[1]规定的转让提取仓储物权利的一种凭证，该提货权应受法律和《合同》《三方协议》的约束，提货权人仅在保管人的债权未受损害的前提下方能行使提货权。

因此，货权转移证明和货物出库证明书不会导致A公司丧失对涉案货物的留置权。

2. 根据贵院司法解释的规定和民法原理，无论物品的所有权如何变化，也不会导致A公司丧失留置权。

需要说明的是，涉案1653吨货物的所有权发生了变化并不会影响A公司行使留置权。

首先，A公司的留置权是设置于存储物之上的法定担保物权。如前所述，涉案4万多吨货物自2013年1月17日交付给A公司保管之时，就已经依据法律规定和《合同》等的约定，设置了法定的担保物权，该等货物所有权的

---

〔1〕 相关规定参见《民法典》第910条。

转让,并不会导致A公司享有的留置权灭失。

其次,根据贵院司法解释的规定,所有权不能对抗保管人的留置权。贵院《关于能否对连带责任保证人所有的船舶行使留置权的请示的复函》(文号:〔2001〕民四他字第5号,见证据十九)明确规定:由于留置权是设定于被留置物之上的法定担保物权,因此当合同委托方未履行合同时,债权人基于合同为保证债权得以实现,可以留置所占有的船舶,而不论该船舶是否为修船合同的委托方所有。根据该批复可知,所有权并不能对抗留置权。只要债权人的债权没有实现,债权人就可行使留置权,而无论留置的物品所有权归谁所有。

最后,以所有权抗辩留置权明显不符合民法原理。从法理上分析,保管人依据合同对相关货物付出了劳务,使货物发生位移或升值并产生了劳务费用和其他费用,因此请求保管人返还该货物只能依据约定并支付费用。既不依据约定,也不支付费用,却以所有权进行抗辩,在法理上是讲不通的,将严重损害保管人的权益,显失公平。留置权的产生不仅在于维护债权人和债务人之间的公平,而且也应当维护交易安全。只要留置权人确信所留置的动产属于债务人,无论标的物是否为债务人所有,则无必要、也不可能审查。根据债务人动产占有的公信力,债权人对其善意取得的不属于债务人所有的物享有留置权。我国《民法通则》〔1〕和《担保法》只规定债权人占有的为"债务人的财产",而不是债务人所有的财产,第三人的动产也应包括在内。也就是说,留置权赖以存在的基础不是对方当事人的法律地位,而是留置物与保管人的债权之间存在牵连关系,而这种牵连关系并不因留置物所有人的变化而变化。

五、在B公司和D公司均没有支付费用的情况下,A公司行使留置权和先履行抗辩权符合法律规定,不应承担任何赔偿责任;A公司已两次函告D公司及时提取货物,但D公司却拒不提取货物,导致双方的损失扩大,理应承担相应的损失,更何况D公司主张的损失也没有证据可以证明,并与其提交的证据自相矛盾;原审判决已审查D公司第2项、第3项诉讼请求,并依法驳回了该等诉讼请求,并不存在漏判的情形。

A公司认为,D公司要求A公司赔偿7,577,820.55元经济损失(价差

---

〔1〕《民法通则》已于2021年1月1日因《民法典》的施行而废止。

损失)的请求,同样没有任何事实和法律依据:

1. D公司没有支付任何费用,A公司行使留置权和先履行抗辩权符合法律规定,无须承担任何赔偿责任。

D公司不但在2013年4月26日承诺将支付涉案4万多吨混合芳烃自2013年1月17日起的仓储费用(见证据七),而且还在2013年11月确认其对8000多吨货物负有付款义务(见证据十)。

既然如此,那么在B公司、D公司均没有支付仓储费、操作费等费用的情况下,A公司显然享有留置权并享有《合同法》第67条规定的先履行抗辩权。

事实上,A公司早在2013年10月18日就已经向D公司发出催款文件要求其支付费用(见证据九)。遗憾的是,D公司却至今都没有支付任何费用。因此,A公司在2013年11月没有主动发货,既不是违约行为,也不是侵权行为,无须赔偿D公司的所谓损失。

更何况,D公司虽声称将于2013年11月1日派船装货,但实际并未派船到A公司装货,也没有实际派员到A公司;而A公司于2013年11月4日才复函要求D公司配合,因此,显然不能根据A公司2013年11月4日的复函,就断定"D公司无法装货",更不能将2013年11月4日作为计算"差价损失"的时点。

2. D公司拒不提取货物,理应承担相应的损失,D公司主张的损失也没有证据可以证明。

根据《担保法》第85条的规定,如果留置的财产为可分物,留置的价值应相当于债务的金额。为此,A公司分别于2013年11月27日和2014年1月24日两次致函D公司(见证据十二、证据十三),明确表示同意D公司提取其中6400吨货物,A公司仅留置与债权相适应的部分货物,这完全符合法律规定。

然而,D公司收到函件后,不但继续拒绝支付费用,而且拒绝提取货物,导致剩余的8000多吨混合芳烃继续占用A公司四个储罐,A公司的损失日益扩大。为此,A公司最终不得不采取合理措施减少损失(见证据十四、证据十五、证据十六)。因此,A公司并无任何违约行为或者侵权行为。

而D公司主张的所谓"差价损失",不但没有令人信服的证据证明损失的真实性,而且即使假设D公司有充分证据证明其损失完全真实,那么该等

“差价损失”也是D公司拒不支付费用以及怠于提取货物造成的,显然应由其承担所有责任。

需要说明的是,一审判决、二审判决均对D公司要求赔偿的问题进行了分析,并认定D公司的该等诉讼请求没有事实依据,在此基础上驳回了其全部诉讼请求,因此并不存在漏判的情况。

综上所述,A公司认为D公司的再审申请没有任何事实和法律依据,恳请贵院依法驳回其申请。

此致

中华人民共和国最高人民法院

答辩人:A公司

××××年××月××日

附件一:《最高人民法院公报》2012年第5期刊登案例(略)

附件二:D公司拖欠基本周转费(仓储费用)明细表(略)

二、法律文书撰写实例之二

案例7-1的再审答辩意见涉及的主体相对较多,涉及的法律关系和争议焦点则相对少见。鉴于撰写法律文书对律师工作的重要性,为了从更多元的角度阐述法律文书的撰写方法,下文笔者再以另一起法律关系相对简单、争议焦点更为集中的房屋买卖合同纠纷为例,探讨如何撰写法律文书。

案例9-1 | 张某诉朱某房屋买卖合同纠纷案

在此案件中,笔者作为被告朱某的代理人,参与处理了该案件一审阶段和二审阶段的法律事务。

【案情概要】

2017年4月24日,张某与朱某签订房地产买卖合同,约定:朱某将位于广东省惠州市惠阳区某小区,建筑面积227.72平方米的房产(以下简称朱某惠州房产),以229.8万元的价格转让给张某。朱某惠州房产当时处于抵押状态(抵押权人为中国光大银行深圳圆岭支行),朱某应于签订合同之日起60日内还清贷款、办理解除抵押登记手续。张某签署合同时应交纳10万元定金(该10万元为第一部分转让款),剩余219.8万元为第二部分转让款,由张某申请50万元银行按揭贷款给朱某,张某需于2017年5月10日前付清首付款(除已付定金外)169.8万元整,存入第三方监管账户(张某取得房产的当日即时支付给朱某)。双方还约定将169.8万元中的0.8万元作为交楼尾款,该0.8万元无须存入第三方监管账户。如朱某在收取定金后不依据合同条款将该物业售予张某,则朱某须返还双倍定金。

除上述约定之外,该房地产买卖合同还在第16条约定了以下内容:"备注(备注条款内容与上述条款内容不一致的,以备注条款为准),双方在合同下备注为……买方自愿配合卖方赎楼(提前给出房款中的壹佰万元整用于卖方赎楼)。"

合同签订当天,张某通过银行转账方式向朱某支付了10万元定金,向中介支付了5000元佣金。

2017年4月25日21:00,张某向朱某发送微信消息,说明其资金已经筹集到位,要求朱某将供楼卡号和身份证拍照发过来,待中介与朱某去赎楼前即转账100万元给朱某,朱某随后将供楼卡号和身份证照片发给了张某。

2017年5月3日,张某到银行办理了申请按揭贷款手续,朱某亦予以配合。

2017年5月4日,张某将首付款69万元存入双方设立的监管账户。

自2017年7月13日开始,张某多次要求朱某到惠州市签订赎楼协议,并对赎楼协议进行公证,但朱某以张某没有提前支付100万元赎楼款为由,拒绝按照张某要求办理公证手续,并要求张某支付100万元用于赎楼。

2017年9月28日,张某以朱某拒不办理公证手续以及赎楼相关手续构成违约为由,向广东省惠州市惠阳区人民法院起诉,要求解除房地产买卖合同并判令朱某双倍返还定金。

【处理过程】

此案件对应的房地产买卖合同中使用的"赎楼"一词,是广东地区关于二手房交易的通俗用语,意思是归还相关欠款并解除房产的抵押登记手续。

笔者是在该案件一审开庭前5天接受朱某委托的。笔者在接受委托时认为,因该房地产买卖合同第16条“备注”条款,已约定张某应当提前给出100万元用于赎楼,但张某此后并没有支付该100万元,因此违反约定的不是朱某而是张某,本案应当会驳回张某的诉讼请求。

2018年1月22日,该案件一审开庭审理。张某的代理人在庭审期间强调,按照中介公司的说法以及交易惯例,办理赎楼手续必须要办理相应的公证手续,但对于应当办理何种公证手续(是对朱某委托其他人员办理赎楼手续的委托书进行公证,还是对赎楼协议进行公证),却语焉不详。笔者则主张朱某并没有违约,而且合同也没有约定朱某必须办理公证手续,朱某享有先履行抗辩权。

2019年3月3日,广东省惠州市惠阳区人民法院就该案件作出一审判决。一审判决支持了张某的全部诉讼请求。该一审判决认为:“……(一)原告是否有权要求解除涉案合同的问题。原告依约向被告支付了定金10万元及按照合同约定备足首期款并将赎楼款存入银行作为监管,被告未按照合同约定履行解除涉案房屋抵押登记手续亦经原告多次催告后仍怠于履行,构成违约。依据《中华人民共和国合同法》第九十四条第(四)项[1]之规定,原告有权解除合同,故对于原告该项诉请,本院予以支持。被告辩称其合同签订后一直有配合原告办理各项手续,因原告未能按照合同约定提前给付100万元给被告用于赎楼,构成违约,且双方在合同中并未约定要公证赎楼,该违约责任应属原告,其行使的是先履行抗辩权。针对被告的辩解分析如下:(1)从双方提交的微信聊天内容及第三人[2]的陈述中可以看出,合同签订后被告虽有配合原告办理了申办按揭贷款、资金监管等手续义务,但却没有履行合同中最重要的义务即解除对涉案房屋的抵押(赎楼),且经原告和第三人多次催促后仍不履行,因此,合同未能继续履行的责任主体在于被告。(2)至于先履行抗辩权问题,双方在合同备注条款中确实约定原告需提前支付100万元给被告用于赎楼,但因涉案房屋存在抵押,第三人为了降低双方交易风险,在微信群中说明了赎楼的流程即‘赎楼主要:①签订赎楼协议书;②然后把赎楼款转给朱某……剩下的就银行扣款,然后朱某直接取证去注销抵押’,被告对此并未表示异议,且依据二手房买卖一般的交易习

---

〔1〕 相关规定参见《民法典》第563条第1款第4项。

〔2〕 指中介公司,中介公司作为该案件的第三人参加了诉讼。

惯也应当要签订赎楼协议书来降低买卖双方的风险,原告已依约备足赎楼款用于赎楼,被告经原告及第三人多次催促后仍未与原告签订赎楼协议书,导致赎楼后期工作无法完成,从而致使涉案房屋无法办理解除抵押手续。被告怠于行使合同义务导致原告无法如期实现购买涉案房产的目的。(3)至于公证赎楼问题,二手房买卖交易手续烦琐且风险较大,依据一般交易习惯需要进行赎楼公证来降低双方的交易风险,双方在合同中虽未约定需要公证赎楼,但第三人在微信聊天中说明了二手房买卖的交易习惯一般都需要公证赎楼,其目的是保证双方的交易安全。另外,公证赎楼是完成赎楼义务的方式和内容之一,而非全部内容,最终完成赎楼才是被告最重要的义务,被告一直怠于履行赎楼义务,其行为构成根本违约。故对于被告的辩解,本院不予采纳……被告应当双倍返还定金……"

该一审判决书对双方的争议焦点问题做了较为详细的分析,该等分析内容形式上也遵循了三段论推理方法(先分析法律的具体规定,再分析具体的事实,并据此得出结论)。关于案件事实,一审判决还从三个方面逐一分析了朱某的相关辩解理由,最终认为朱某的主张不符合案件事实和具体的法律规定。

然而,笔者认为该一审判决的相关观点存在错误之处:(1)颠倒了因果关系,回避了张某提前支付100万元给朱某是朱某完成赎楼的先决条件这一事实,反而将朱某没有完成赎楼这一因张某违约导致的结果作为朱某构成违约的事实;(2)在双方已经有特别约定的情况下,完全撇开既有约定,反而以二手房交易习惯和交易安全为由,认定朱某必须办理赎楼公证手续,而该一审判决认定的交易习惯,又仅仅依据中介公司单方面的陈述,没有事实依据。

虽然一审判决的观点值得探讨,但由于一审判决也非常详细地阐述了其作出裁判的依据,如果随意撰写上诉状,则二审法官很有可能会维持一审判决。因此,朱某必须在上诉状中完整而准确地表达自己的主张。

笔者在起草该案件上诉状时,主要考虑了以下因素:

首先,搞清楚争议焦点,确定主要论点。综观该案件全部案件材料以及双方陈述,该案件的争议焦点是:朱某和张某,谁才是真正的违约方?由于一审判决对这一问题也做了较为详细的分析,因此要说服二审法官接受朱某的主张,就应当在上诉状中分析涉案房地产买卖合同第16条"备注"条款内容对双方的合同义务有何实质性的影响,以及一审判决所说的“交易习惯”为什么不能适用于本案,作为主要论点。

其次,确定各论点之间的先后顺序。确定论点之后,就应当考虑如何安排各个论点之间的先后顺序了。一般情况下,应当将最核心即最有道理的论点作为第一论点,将与第一论点之间有关联且较为重要的论点作为第二论点,对案件审理结果没有关键影响的内容则放在最后。而解决本案争议的关键,应当是涉案房地产买卖合同第 16 条“备注”条款的约定与朱某赎楼义务之间的关系,以及双方是否曾经变更过该条约定,因此将该观点作为第一论点;所谓的交易习惯能否适用于本案,不但与第一论点存在关联关系,而且是反驳一审判决的重要理由之一,因此将其作为第二论点;一审判决虽然认定事实错误并遗漏了重要事实,但这不是争取二审改判的关键因素(或者说不是打动法官的关键因素),因此将该等内容放在最后。

最后,考虑如何表述自己的意见,才能抓住法官的注意力。二审的审理方式与一审不同,一般不需要进行质证,仅进行简单的法庭调查,二审法官对案件事实的了解程度不如一审法官那么详细,因此只有抓住法官的注意力,让法官一看上诉状就立即明白其中的道理,并认同其中的代理意见,才可能获得胜利。此外,一审判决的观点似是而非,并不是一眼就可以看出来存在矛盾之处的,所以,向二审法院提交一份高质量的上诉状,是二审获得胜利的关键。论点确定之后,可以有很多种表达方式,如何表达自己的观点才能吸引法官的注意力,是需要仔细琢磨的事情。笔者在起草该案件上诉状时,着重考虑了以下几点:

第一,进行分析说理之时,首先对何为违约、在何种情况下才能适用交易习惯进行裁判作了适当分析,然后再分层次分析本案具体的事实(包括事理与情理),并根据分析推导出结论(违约的是张某,本案不能适用交易习惯进行裁判)。这实际上就是运用三段论推理方法进行分析。运用三段论推理方法,离不开对大前提即法律规定的具体含义的分析(或者说对法律进行自己的解释),因此需要对大前提进行适当分析和论证,从而为随之而来的案件事实分析铺平道路。

第二,在分析的过程中应当注意说清楚为什么朱某无须签订赎楼协议并办理公证手续,这一事实问题涉及二手房交易的具体流程,以及当事人可以选择的具体方式。就赎楼而言,当事人可以选择自己亲自向银行申请归还贷款，从而注销相应的抵押登记手续，也可以委托担保公司向银行偿还贷款并注销抵押登记手续。从本案证据可以看出，张某与朱某在签订合同之时，选择的显然是朱某自己去偿还银行贷款并注销抵押登记，正因如此，双方才会特别约定由张某提前给出100万元用于赎楼。但作为代理人，如果仅仅是平铺直叙地表达自己的观点，不结合案件事实和常识、常理（事理）等进行细致分析，这种表达就比较平直。为了增强说服力，应当结合以下事实有条理地进行分析：(1)双方的具体约定；(2)朱某惠州房产抵押银行关于提前还款和注销抵押登记的相关规定；(3)双方在签订合同之后的具体行为（张某明确表示会提前支付该100万元）；(4)生活常识（银行不可能拒绝抵押人自己办理相关手续）。结合上述事实逐一分析之后，“朱某无须到惠州办理赎楼协议公证”这一结论就无可置疑了。

第三，考虑如何表达观点才能增强上诉状的说服力。2022年全国高考语文作文甲卷，阅读材料为《红楼梦》中贾宝玉为大观园沁芳亭题名的故事，一时引发热议，从沁芳亭题名的过程可知，同样一个亭子，分别题名为“翼然”“泻玉”“沁芳”，艺术效果完全不同。而法律文书的写作，也是同样的道理：同样的观点、相同的素材、类似的词句，进行不同的组合，带给阅读者的感受是完全不同的。因此，要抓住二审法官的注意力，就需要考虑如何增强上诉状的张力和感染力。笔者在起草该案件起诉状时，参考了前述王安石《读孟尝君传》的写作风格，力求起、承、转、合一气呵成，层层递进，以加强上诉状的感染力，从而增加说服力。

经多次修改后，笔者就案例9－1起草的上诉状如下：

民事上诉状

上诉人：朱某

被上诉人：张某

原审第三人：惠州市某房地产代理有限公司

上诉人朱某认为广东省惠州市惠阳区人民法院作出的(2017)粤1303民初××××号《民事判决书》（以下简称一审判决），认定事实和适用法律均存在严重错误，特依法向贵院上诉。

上诉请求：

1. 请求依法撤销广东省惠州市惠阳区人民法院作出的(2017)粤1303民初××××号《民事判决书》;

2. 请求改判驳回被上诉人张某的全部诉讼请求;

3. 本案一审、二审诉讼费用均由被上诉人张某承担。

事实与理由:

一、合同签订后,未经双方协商一致变更合同条款,则显然应当按合同约定履行义务,否则没有履行义务的一方当然构成违约。涉案合同已特别约定张某自愿提前给出房款中的100万元整用于朱某赎楼,且张某是否已提前支付该100万元,关系朱某的赎楼义务是否产生以及能否赎楼,但张某却拒绝支付该100万元从而导致赎楼无法完成,因此张某显然已构成根本违约,不但无权解除合同,而且无权要求返还定金。

本案中,双方均主张对方违约,因此,当事人"约定"了什么内容、相关义务之间的先后顺序如何、有没有履行相应的义务,是本案必须查明的事实。

《合同法》第60条第1款[1]规定:"当事人应当按照约定全面履行自己的义务。"因此,如果在合同签订之后,当事人没有经过协商一致变更合同条款,那么该合同条款对当事人显然有约束力,当事人应当全面履行自己的义务,否则没有履行合同义务的一方即构成违约。

涉案合同第16条明确约定:"备注(备注条款内容与上述条款内容不一致的,以备注条款为准)……买方自愿配合卖方赎楼(提前给出房款中的壹佰万元整用于卖方赎楼)……"即双方在签订合同之时,已明确张某先支付100万元给朱某,朱某再以现金方式赎楼,无须以担保方式赎楼。

对于"提前给出"问题,张某在2017年4月25日晚9:00发给朱某的微信中已明确表示:"你好朱小姐!我们资金已经到位了!把你供楼卡号和身份证放在一起拍照给我,中介跟你去赎楼前我们就转账100万元给你。"(见证据二第3页)

为此,朱某已于2017年4月25日晚上9:40将供楼卡号、身份证照片发给了张某(见证据二第3页,张某证据十第2页),并配合张某办理了申请按揭贷款、资金监管等各项手续;张某此后在银行监管的金额也是69万元(成交价229.8万元-10万元定金-50万元按揭-100万元赎楼款-0.8万元

---

[1] 相关规定参见《民法典》第176条。

交楼尾款),而非169万元。张某当时没有监管该100万元,足以证明双方对于张某应当提前支付100万元用于赎楼,是没有任何异议的。

朱某尚未清偿的银行贷款约为100万元,在合同已明确约定张某应当“提前”支付100万元的情况下,支付100万元与赎楼两项义务不但具有先后关系,而且具有因果关系,张某提前支付100万元是朱某赎楼义务产生的前提;如果张某没有按约定支付该100万元给朱某,则朱某显然没有义务提前偿还涉案房产剩余贷款(赎楼的第一步工作),更没有义务委托其他人代为办理有关手续。

本案中,并没有任何证据可以证明朱某和张某已经协商一致变更了涉案合同第16条的约定。然而,张某却在朱某多次要求其提前支付100万元并自己办理赎楼(见张某证据十二)的情况下,依然拒不支付该100万元,导致交易无法向前推进。

因此,显然是张某构成根本违约,其无权解除合同,且无权要求返还10万元定金;张某支付100万元用于赎楼的义务在前,且与赎楼之间存在因果关系,在张某没有履行支付100万元义务的情况下,朱某显然享有“先履行抗辩权”,朱某没有任何违约行为。

二、适用交易习惯的前提,是当事人对该交易习惯涉及的事项没有约定或者约定不明,且交易习惯必须是真实存在的,而非虚构的。本案中双方已明确约定张某提前支付100万元用于赎楼,而且朱某明确表示自己赎楼,因此显然不存在办理“公证赎楼”手续的任何理由;涉案房产在深圳的银行机构办理抵押贷款手续,因此朱某提前偿还剩余贷款根本无须到惠州办理,张某的有关主张没有任何事实依据。一审判决忽视了双方既有约定,以不存在的“交易习惯”,错误适用法律,导致判决结果完全错误。

1.适用交易习惯确定当事人的义务,前提是当事人没有对某一事项进行约定;涉案合同已就赎楼方式、张某支付100万元做了约定,根本不存在朱某必须办理“公证赎楼”的任何理由。

《合同法》第61条[1]规定:“合同生效后,当事人就质量、价款或者报酬、履行地点等内容没有约定或者约定不明确的,可以协议补充;不能达成补充协议的,按照合同有关条款或者交易习惯确定。”

---

〔1〕 相关规定参见《民法典》第510条。

根据上述规定可知,在合同履行过程中,只有在合同对有关问题"没有约定或者约定不明"且"不能达成补充协议"的情况下,才有可能适用交易习惯确定双方义务。即适用交易习惯确定各自义务的前提,是当事人对该交易习惯涉及的事项没有约定或者约定不明;在双方对有关问题有明确约定的情况下,根本不存在适用"交易习惯"的可能。

所谓"赎楼",是指还清涉案房产剩余的贷款本金,并从银行拿出涉案房产证的原件(俗称红本),然后到登记机关注销抵押登记手续。而银行将房产证原件交还给卖方的前提,是涉案房产的剩余贷款已经全部还清,因此资金是否已到位才是赎楼的关键。

事实上,根据二手房买卖的通常做法,就偿还贷款的资金来源,存在两种方式:一是抵押人(卖方)以现金方式支付给抵押银行(现金赎楼);二是抵押人与担保公司签订协议,委托其提供资金支付给抵押银行(担保赎楼)。本案中,双方已约定张某提前支付100万元给朱某用于赎楼,因此双方约定的是现金赎楼,并非担保赎楼,根本无须签订任何赎楼协议。

既然如此,那么在朱某明确要求张某支付100万元并表示自己赎楼的情况下,显然不存在朱某必须配合办理"公证赎楼手续"的任何理由;张某以朱某没有到惠州办理公证赎楼手续为由主张朱某违约,显然没有任何事实依据。

2. 没有任何证据证明深圳或者惠州存在"必须委托他人办理赎楼手续"或者"赎楼必须办理公证手续"的交易习惯,相反,抵押人完全可以自行办理赎楼手续。

所谓交易习惯,也必须是客观存在的、真实的交易习惯,而不能是不存在的交易习惯。

根据光大银行的办事程序(见附件二)和深圳地区的提前还贷流程,朱某只需向银行申请提前还贷并付清款项即可,根本不需要签订所谓的"赎楼协议",更不需要办理"赎楼协议公证"。

事实上,根据生活常识亦可明白,赎楼所包括的提前还款、解除抵押事项,只要资金到位、抵押银行同意即可到银行和房产管理部门办理,而不可能必须第三人代为办理,也不可能必须办理相应的公证手续,因为法律不可能禁止当事人自行办理相关手续。

尤其重要的是,是否存在必须办理"公证赎楼"手续这一"交易习惯",以及有关抵押银行、房产部门在本案涉及的交易中是否曾要求朱某必须办理

“公证手续”，是一项必须查明的事实，需要相应的证据证明，而非臆断和虚构即可成立。

然而，张某虽然在庭审时主张朱某没有前往惠州办理“赎楼协议”公证构成违约，但却没有提供任何证据证明有任何部门规定朱某必须办理所谓的“公证手续”。更何况，2018 年 1 月 23 日，第三人已在问话笔录中明确表示：张某主张的“公证手续”的内容是委托他人办理，“公证赎楼只是一种渠道……但是不是唯一的渠道”，即公证赎楼（委托其他人办理）只是其中的一种方式，更不是合同约定的方式。

此外，朱某与光大银行一直有联系，并早在 2017 年 4 月 24 日（签约之日）就与光大银行沟通过提前还贷的事情，之后还明确告知张某“刚和银行联系了，随时都可以还，你们抓紧”（见证据二第 2 页），张某则随后表示将会提前支付 100 万元。

因此，张某主张朱某没有“前往惠州”办理根本不存在的“赎楼协议”公证手续，明显是杜撰的理由，没有任何事实和法律依据；一审判决在双方有明确约定、中介已明确表示“公证赎楼”不是唯一途径的情况下，以不存在的“交易习惯”，错误适用法律，导致判决结果完全错误。贵院应当依法撤销一审判决，并改判驳回张某的全部诉讼请求。

三、一审判决对关键事实认定错误，并遗漏了重要事实。

1. 一审判决对关键事实认定错误。

中介人员是在 2017 年 7 月 13 日开始“建议”朱某办理公证手续的，但遭到了朱某的拒绝（朱某明确表示：“赎完楼直接过户就好了吗！”见附件一第 2 页）；此后，中介于 2017 年 8 月 3 日在微信中表示“买家的意思是找个担保公司去赎楼！”（见附件一第 4 页），但朱某没有同意，且一直要求张某按约定提前支付 100 万元并自己去赎楼（见张某证据十二）。

因此，本案根本不存在中介人员“为了降低交易风险”而根据“交易习惯”通知办理赎楼公证手续的情况，一审判决第 6 页倒数第 2 行有关事实认定完全错误，而且与中介人员在问话笔录中的陈述（张某要求办理委托他人代办的手续，而非所谓的赎楼协议公证）不符；更为重要的是，中介人员无权变更涉案合同第 16 条备注条款的约定。

此外，一审判决第 6 页第二段认定张某向第三人支付了 5000 元佣金服务费，并没有事实依据，张某提供的关于该 5000 元的收款收据没有原件，不能作为认定事实的依据。

2. 一审判决遗漏了重要事实。

首先,涉案房产是在光大银行深圳圆岭支行办理的按揭贷款(见证据三、证据六),不存在必须到惠州办理还款手续的问题,而张某以朱某不到惠州办理手续为由主张朱某违约,这一关键事实可以证明张某的主张没有事实依据,但一审判决遗漏了这一重要事实。

其次,朱某已明确主张光大银行提前还款无须办理公证手续,也不需要签订赎楼协议,并提供了相应的证据(证据二),但一审判决却没有核实相关情况,遗漏了重要事实。

最后,张某提交的证据十二中,中介人员明确说明"(朱某)并且要求买方直接将100万元转账给她本人去赎楼",这一事实足以证明朱某一直要求张某严格按约定履行义务,且不同意办理委托他人代办有关事项的公证手续,即朱某一直在行使先履行抗辩权,但一审判决却遗漏了这一重要事实。

综上所述,一审判决认定事实错误,适用法律错误,贵院应当依法撤销一审判决并改判驳回张某的全部诉讼请求。

需要再次说明的是,张某在惠州地区房价下跌的情况下,拒不履行合同义务,并申请查封了涉案房产,导致朱某无法出售涉案房产,造成了重大损失,张某应当赔偿朱某因此遭受的全部损失,无权要求返还定金。

此致

广东省惠州市中级人民法院

上诉人:朱某

××××年××月××日

【处理结果】

该案件于2018年6月14日进行了二审开庭审理。二审法官当天上午一共要审理五起案件,因此本案的二审开庭时间实际不足30分钟。庭审结束后,二审法官当庭赞扬笔者道:"上诉人的代理人起草的上诉状很详细,条理清晰,我就喜欢这样的上诉状。"

但二审法院迟迟未作出二审判决。2019年8月,在笔者多次催促后,二审法官曾通过电话主持双方调解。张某2017年9月起诉,与当时惠州地区二手房价格下降有一定关系，但因房地产市场回暖，调解时朱某的惠州房产反而涨价了。朱某是一个不太计较的人，因此调解时其表示愿意退回张某已付的 10 万元定金以解决该案件。但是，张某却坚持要求朱某支付 16 万元（退回 10 万元定金加赔偿 6 万元），导致调解失败。

2019 年 9 月 5 日，笔者终于收到了二审法院作出的二审判决书。二审判决完全采纳了朱某的上诉意见，撤销了一审判决，并驳回了张某的全部诉讼请求。

第三节　法律文书的形式

如果你曾经认真看过各级政府的工作报告，那么你一定会对该等政府工作报告工整大方的形式，以及准确无误的用词印象深刻。政府工作报告给人的印象就是权威而严谨的，而政府工作报告之所以能如此工整大方，是因为政府公文写作有特定的标准，文件的字体、字号、行间距、标题、标点符号等有相应的规范可循。

律师向法庭、仲裁庭或者客户提供的法律文书，是律师团队或者个人提供的"产品"，既是律师的工作成果，也是客户向法庭表达意见的正式文件，其形式应当严谨大方，条理清楚，重点突出。如果法律文书的字体不一，行间距大小各异，或者长篇大论却没有相应的标题概括大意，那么阅读者很难对之产生阅读兴趣。

所以，要写出无可挑剔的法律文书，应当对法律文书的格式，包括页面布局、字体、常用字号、行间距、标题等，形成一套令自己满意的标准。

一、页眉与页脚

笔者发出的每一份法律文书，都会在页眉和页脚上编写相应的辅助信息，其中页眉左边填写律师事务所的名称，右边填写项目名称或者案号（如填写"朱某诉 A 公司股东知情权纠纷"），页脚则填写法律文书的具体名称（如"民事上诉状""代理词"等），并插入页码。

页眉与页脚的内容虽然不是法律文书的必要信息，但在页眉和页脚填入相关信息，有助于律师识别法律文书属于哪个案件、项目及其主要内容；

更为重要的是,一份法律文书如果添加了页眉和页脚相关内容,将使之在视觉上比没有添加该等内容的法律文书更具整体感。所以,页眉和页脚,恰如英国绅士的礼帽和皮鞋一样,虽非生存之必备物品,但一旦添上了,严谨大方的形象就跃然纸上了。

二、字体、字号与行间距

选择什么样的字体作为法律文书的主要字体更合适呢？很多人可能都曾经做过不同尝试。总体而言,使用宋体的人应当是最多的,还有部分人使用仿宋体或者楷体,这几种字体均端庄大方,在法律文书中使用比较合适。笔者在实习期间受到指导老师的影响,习惯使用楷体,所以一直保持这个习惯。

字号对文件的形式也有较为明显的影响。如果字号太大,如主文使用小三号字,则整个页面显得比较突兀,而且会导致法律文书的页数过多;如果字号太小,如主文使用五号甚至是小五号字,不但不便于阅读,而且在形式上也欠严谨,将有密集、琐碎之感。

笔者认为,法律文书的标题,如“民事起诉状”“民事答辩状”等,使用小二号黑体比较合适,既可以突出标题,也不会显得太突兀;而主文则比较适合使用小四号字,大小适中,看上去比较舒服。

行间距是页面整体是否美观大方的重要因素。行间距太大或者太小,都会导致页面没有美感。为了突出段落之间的关系,同时使页面美观,可以考虑将行间距设置为固定值 22 磅,将段前或者段后的间距设置为 0.5 行;或者将行间距设置为最小值 0 磅,并在段与段之间空一行。这两种方式都可以使段落之间的区分明显,整个页面也比较美观。

三、避免错别字

有时候律师起草的法律文书条理清楚、重点突出、形式大方,看着让人欢喜,可是却在比较显眼的地方出现了一两个错别字,而且这一两个错别字恰恰还被客户看到了,此时无论法律文书的质量多好,客户记得的依然有可能是那一两个错别字。比如,2022 年 5 月,某律师将某上市公司的“临时股东会”误写成“临死股东会”,并因此成为一个热点被广泛传播,这的确令人沮丧。

出现错别字,是一份法律文书的硬伤,应当尽量避免。避免错别字的方法,一是加强自我审查,每份法律文书在定稿之后,可以考虑先用废纸打印出来,自己对着打印出来的文件审核是否有错别字,及时改正过来;二是由法律秘书或者助理检查是否存在错别字或者表述错误之处。交叉检查可以发现文件起草人习以为常的错误。

四、法律文书的附件

本书第一篇所述案件的法律关系图、关键事实时间轴图,以及为处理案件而形成的利息计算明细表、违约金计算表等辅助文件,应当作为起诉状、答辩状、上诉状、代理词等法律文书的附件之一,与法律文书一起装订,以便法官快速掌握相关事实和各方法律关系。

因本书第一篇已经对相关问题进行过专门论述,在此不再赘述。

PART 03

第三篇

庭审前后相关工作

当律师研究和分析完全部案件材料，据此组织好证据材料，撰写完法律文书并提供给法庭之后，接下来的主要工作就是参加案件庭审了。

研究和分析案件材料、组织证据、撰写法律文书需要专业训练和经验积累，对于这一点估计没有人会反对。但律师工作的专业性不仅体现在上述方面，如何开展庭审前后的相关工作，同样是一项需要讲究方法和技巧的专业工作。

庭审是一个多方参与的，带有竞争性的专业活动。笔者喜欢足球运动，并常常觉得民商事诉讼的庭审活动与足球比赛非常像：一方面，两者都需要前期的专业训练和准备，足球运动员在上场比赛之前已经过无数次的体能和专业技术训练，而律师在成为主办律师参与庭审之前，同样也需要经过专业训练和知识储备；另一方面，足球比赛讲究攻守兼备、团队配合、服从裁判员指挥，而民商事诉讼的庭审活动，同样需要讲究攻守兼备和团队配合，并且需要服从法官作出的庭审安排。

不同的是，足球活动以攻破对方球门得分作为获得胜利的方式，而庭审活动则以说服法官作为获得胜利的主要方式。

所以，通过团队协作做到攻守兼备，利用专业技术和恰当的表达方式，成功让法官采纳己方辩护观点，是律师参与民商事诉讼庭审活动的目的。

本篇将继续以笔者实际工作经验为基础，介绍庭审前后的主要工作方法。

第十章 庭前准备工作

律师通过收集、整理、分析案件材料，以及组织证据、撰写法律文书，对案件事实和争议焦点已经非常清楚。正常情况下，从律师提交证据材料和法律文书之后到庭审结束，其间的诉讼方案是确定的，除非有类似案例 6－4 那样的特别事项发生，否则律师的诉讼策略和应对方案一般不会有较大改变。

但是，律师依然需要在庭审前做好相应的准备工作。做好庭前准备工作的目的不是期待每个案件都可以像案例 6－4 那样，在庭审前突然发现对方的关键证据是伪造的，从而反败为胜，因为这样的事情发生的概率很小。律师需要在庭审前做相应的准备工作，一方面，是因为律师研究、分析案件材料和起草相应的法律文书的时间，与案件实际开庭审理的时间不一致，有一定的时间差，这导致律师在开庭审理之时，对案件的诸多信息记得已没有那么牢靠，需要重新熟悉案件材料，以全面掌握案件细节；另一方面，作为一项复杂的专业活动，庭审活动具有很强的专业性，律师只有在各个方面做好准备工作，才能在庭审时有的放矢而又稳扎稳打，最终取得胜利。

足球比赛的准备工作包括观摩对方的比赛录像以掌握对方特点，组织训练赛或者热身赛以增强信心，进行体能训练，等等。而庭审之前的准备工作则包括温习案情、准备庭审要点、与法院和客户保持良好沟通等。

第一节　温习案情

一、温习案情的意义

案件主办律师应当在庭审前七天左右,重新审阅案件的全部资料。之所以建议在庭审前七天左右,是因为人们对新发生的事项的记忆会比较清晰,但对发生时间比较久的事项,则有可能会随着时间流逝而渐渐淡忘。因此,如果开庭时间与整理案件材料的时间相差一个月以上,主办律师在整理案件材料时形成的记忆就会变得模糊。在庭审前七天重新温习案件材料,既可以保证记忆清晰,也可以确保在温习案情的时候,如果发现了需要调整诉讼方案,或者需要客户核实个别事实的情况,有足够的时间完成该等工作。

温习案情,可以使律师重新熟悉案件细节,避免在庭审时错误表述案件事实;同时,律师在不同时期阅读不同的材料,所关注的细节也会存在差异,或多或少地会更新自己对案件的看法,从而在温习案情的过程中,进一步完善自己对案件的看法。

如果在温习案件的过程中遇有疑问之处,需要与客户核实的,可以逐一记录下来,并及时与客户沟通,核实相关问题。

此外,律师在温习案情之时,应同时核实案卷中的案件材料是否完整,如果案卷材料有缺漏,应及时想办法解决问题。

总之,律师在庭审之前温习案情,是为了熟悉案件细节,查漏补缺,就像学生期末考试前的复习一样。

二、温习案情的方法

为了全面了解案件情况,无论律师是作为原告还是被告的代理人,建议在温习案情之时,按照以下顺序重新阅读案件材料:

(1)原告提供的全部资料,包括但不限于民事起诉状(上诉状)、证据、调查取证申请书等全部资料。

(2)被告和第三人提供的全部资料,包括但不限于答辩状(上诉答辩状)、证据、调查取证申请书等全部资料。

(3)法院出具的全部资料,包括但不限于法院调查的证据、相关裁定书、一审判决书等全部资料。

(4)客户提供的其他辅助材料,包括没有作为证据使用的参考资料。

按照上述顺序重新阅读案件材料,律师就可以用法官的思维方式去思考,重新核实原告的诉讼请求是否有相应的请求权基础,以及被告的抗辩理由有无事实和法律依据。如果案件处于二审阶段,那么通过上述温习工作,也可以更好地理解一审判决在事实认定和法律适用方面,究竟有没有错误。

重新温习案情时,建议准备一支荧光笔和一支铅笔,以便在阅读案件材料时,用荧光笔对重要的内容做标记,而头脑中闪现的想法,则可以在翻阅资料的过程中,随时用铅笔以眉批的方式记录下来。

第二节　准备庭审要点

当律师重新阅读全部案件材料后,应当尽可能地制作一份庭审要点清单,庭审要点按照问题的重要程度排序,列明案件争议要点以及应对措施,并就案件涉及的主要争议焦点问题,提前写好代理意见和质证意见。

一、一审和二审庭审特点

民事诉讼一审阶段和二审阶段,对应的庭审程序不同,法官审理的重点也不同。一审阶段,法官更偏重查明案件事实,因此除非在庭审前已组织各方进行了证据交换,否则庭审一般按以下程序进行:

(1)调查核实原告的诉讼请求有无变更。

(2)调查核实被告和第三人有无答辩意见。

(3)由原告出示证据,其他当事人发表质证意见。

(4)由被告和第三人出示证据,其他当事人发表质证意见。

(5)出示法庭依法调查的证据,各方当事人发表质证意见。

(6)由法庭就案件涉及的相关问题,询问各方当事人。

(7)由各方当事人就案件涉及的问题向对方发问。

(8)由法庭归纳争议焦点,各方当事人围绕争议焦点发表辩论意见。

(9)组织调解。

(10)由各方当事人进行最后陈述。

二审阶段的审理重点,是一审判决认定事实和适用法律是否存在错误。二审阶段的庭审一般按以下程序进行:

(1)调查核实上诉人的上诉请求有无变更。

(2)调查核实被上诉人和其他当事人有无答辩意见。

(3)核实各方当事人有无新证据提交;若有新证据,会组织各方当事人质证。

(4)询问各方当事人对一审判决认定的事实有无异议。

(5)由法庭就案件涉及的相关问题,询问各方当事人。

(6)由法庭归纳争议焦点,各方当事人围绕争议焦点发表辩论意见。

(7)组织调解。

(8)由各方当事人进行最后陈述。

二审是在一审已经查明案件事实的基础上进行的,所以除非各方当事人有新的证据提交,否则二审期间不再组织举证和质证活动,因此二审阶段争议焦点会更为集中。

此外,除非是重大案件,或者是法定情形(如当事人在二审期间提交了新证据),否则很多二审案件并不会如一审一样,由全体合议庭成员到庭开庭审理,而是改由主审法官进行法庭调查。法庭调查一般相对简单,所以在二审期间抓住重点进行表述非常重要。

需要注意的是,根据 2022 年 1 月 1 日施行的《民事诉讼法》第 176 条第 1 款的规定,对于二审期间没有提出新的证据、事实或者理由的案件,法院认为不需要开庭审理的,可以不开庭审理。按照深圳地区此前试点的做法,对于该类案件,法院不再组织开庭审理,也不再由主审法官组织法庭调查,仅由法官助理向各方当事人发出《书面审理通知书》,通知案件进行书面审理。各方当事人如果有补充意见或者证据的,应当在3 日内提交。年轻律师要注意这一审理方式的革新,积极思考怎样做才能在二审书面审理的情况下,尽力维护客户的合法权益。

笔者认为,首先,律师要更为重视法律文书的写作,书面审理意味着二审无须再开庭询问双方的意见,因此,各方的陈述意见主要体现在民事上诉状、上诉答辩状中,这就要求律师的法律文书必须条理清楚、重点突出、言简意赅,千万不能杂乱无章,否则将影响二审法官的合理判断;其次,律师应当根据二审审理的重点，在法律文书中以更为突出的方式，将一审判决认定事实错误、适用法律不当的地方，有条理地指出来，尤其是关于一审判决认定事实错误的地方，建议在民事上诉状中，或者以单独提交一审判决认定事实错误清单的方式，以列表或逐项列举的形式，将其按重要程度排序，并逐一说明理由，说明理由的时候应当指出相应的事实依据（哪一份证据、哪一页中的内容可以证明一审认定事实错误）。

二、根据审级特点准备庭审要点

律师准备庭审要点清单时，应当根据审级特点，准备不同的文件。如果案件处于一审阶段，那么建议按照以下方法准备庭审要点清单：

（1）核实客户的诉讼请求（或者答辩意见）有没有需要变更之处。如果有，应当提前起草好相应的法律文书，并由客户签名盖章，或者由有权签字的代理人签名。

（2）核实客户有无需要补充提交的证据。如果有，应当提前准备好相应的证据，并尽量提前提交给法官。

（3）核实己方拟提供的证据有无证据原件以及证据原件在哪里，并落实庭审期间由谁负责保管并提供给法庭。

（4）就对方已经提交的证据，提前写好质证意见。

（5）根据各方当事人提交的法律文书以及证据，归纳案件可能的争议焦点，并按以下问题清单做好相关工作：①确定该等争议焦点中，哪些才是影响案件审理结果的关键问题。②归纳己方就每个争议焦点的意见。③核实哪些证据可以支持己方在该等争议焦点中的主张，并标注好该等证据的序号。④就该等争议焦点，逐一考虑法官可能会调查的问题，并草拟好己方回复的要点。

（6）列明需要向对方发问的问题。

（7）核实客户有没有和解意向，如果客户有和解意向，则与客户协商确认在庭审时提出的和解方案。

完成以上工作后，建议将起诉状（答辩状）、证据目录、质证意见等文字较多的法律文书的电子版，提前发给案件书记员，或者用光盘拷贝该等文件的电子版后，将光盘带到法庭。如果仅凭书记员在庭审时记录，一是书记员有可能会漏记部分内容，二是记录效率较低。因此，将相关文件拷贝给书记员,可以大大提高其记录内容准确度和庭审效率,避免庭审时多次出现等待书记员记录的情况。

二审阶段的差别在于,除非各方当事人有新的证据提交,否则二审阶段无须举证和质证;此外,各方还需要就一审判决事实认定部分是否存在错误发表意见。因此,如果案件处于二审阶段,律师需要准备的庭审要点清单与一审阶段类似,但应当逐一核实一审判决有无认定事实错误的地方,将己方认为一审判决认定错误的地方逐一列明并说明理由,说明理由的时候应当指出相应的事实依据,即哪些证据、哪一页的内容可以证明事实并非如此,而是另一种情况。建议将一审判决认定事实错误清单与其他文件一起拷贝到光盘中,便于书记员直接拷贝到笔录中。

准备案件要点清单,依然需要紧紧扣住原告的请求权基础和被告的抗辩理由这两条主线,律师应该从这两个角度考虑每个问题;尤其重要的是,准备庭审要点清单时应当抓住重点,明白哪些争议焦点才是影响案件审理结果的问题,以便律师在庭审期间能够有意识地向法官进行说明,避免法官被其他细枝末节的问题影响注意力。

第三节　与法院和客户保持沟通

一、与法院保持沟通

庭审准备工作期间,律师还应当主动与案件书记员联系,就案件涉及的相关问题向书记员核实有关事项,该等事项包括:

(1)庭审是否按照传票记载的时间如期进行。

(2)法庭是否已收到代理人提供的相关资料。

(3)对方当事人有没有提供新的证据或者答辩资料。

(4)其他与案件有关的问题(如关于鉴定、评估、证人出庭作证的安排等,具体以案件实际需要为准)。

律师与书记员联系的主要目的,是了解法院关于庭审的安排是否有变更,防止法院已经变更了开庭时间,但书记员忘记通知的情况出现(这类情况偶有发生);此外,律师在庭审开始之前与法院主动联系,可以避免需要法院在开庭前处理的事项法院尚未处理等情况出现。例如,某些案件根据第一次庭审安排，第二次庭审需要对方法定代表人或者本人亲自出庭的，可以在第二次庭审前向书记员核实对方法定代表人或者对方当事人是否会亲自出庭；又如，第一次庭审时法官明确要求对方补充资料的，如果在第二次庭审前己方尚未收到对方补充的资料，则应当向书记员核实对方是否已经提供相关资料。

某些案件有可能已经开过一两次庭，但突然又接到了开庭传票，律师作为代理人，就应当向主审法官或者书记员询问再次开庭的具体原因，以做到心中有数，避免不清楚庭审目的的情况出现。

律师与法院保持沟通，也是为了与客户保持良好的沟通，这样当律师与客户沟通案件具体进展时，就不至于一问三不知。

线上开庭与现场开庭，虽然大致相似，但在部分细节方面略有区别。因此，如果案件是线上开庭，在进行庭审准备时，还应当尽量向法院核实以下情况，并做好相应的准备工作：

（1）核实法院使用的是哪一个线上开庭技术平台，并核实是否需要提前进行设备调试。如果设备无法顺利连接，可能导致庭审无法顺利进行，甚至无法进行。笔者 2022 年 3 月因深圳新冠肺炎疫情比较严峻，无法前往外省开庭，结果某个重要案件，原计划使用的线上开庭小程序，在开庭前经多次调试，均无法顺利连接法院的远程开庭设备，调试了 40 分钟后，法院技术人员临时更换了另一个技术平台，才与法院的远程开庭设备连接成功，庭审得以顺利进行；而笔者在 2022 年 3 月参加的另一个案件的线上开庭，则由于当事人较多，包括笔者在内的部分当事人始终无法顺利登录该系统（前一天登录还是正常的），最终法官临时决定通过微信群视频会议的方式开庭，才顺利完成该次庭审活动。

（2）确保庭审时自己的网络通畅、电源充足。最好预先准备好假设网络出现故障的应急预案，例如，假设办公室网络出现故障可及时调整为使用手机网络（或者个人热点）代替；又如，因庭审时间无法预计，最好在庭审之前准备好电源线或者充电宝，以备不时之需。

（3）提前测试自己开庭时使用的设备（电脑或者手机），以及相关的音响、麦克风、摄像头等的功能是否正常。

（4）如果是使用手机参加线上开庭，建议购买一个手机支架。手机支架不但可以使手机的摄像头始终与自己的头部保持基本一致的位置，拍摄到的人物形象及表情会显得更为美观大方,而且可以固定和任意旋转手机,减少手持手机或者调整手机的时间,避免在庭审时花费大量不必要的精力。目前市场上有很多款式的手机支架可以选择。

(5)确定合适的庭审场所,有条件的可以使用手机镜像投屏功能。庭审前,应当预先想好在哪里开庭网络更为稳定、受到的干扰因素更少、采光效果更好,避免因自己这边出现不合适的画面或者杂音,而影响开庭效果和自己留给法官的印象。另外,如果是使用手机开庭,若案件当事人较多,那么手机屏幕上显示的其他诉讼参与人的画面会很小,无法看清对方的表情变化,因此,如果条件允许,可以使用手机镜像投屏功能,将庭审画面投屏到位于自己正前方的电视等显示设备上,有利于更为方便地观察各方的表情变化以及庭审的其他信息。

(6)更加注重仪容仪表。因线上开庭会将代理人的面部特征、表情显示得更为清晰,因此当案件进行线上开庭时,为了给法官留下良好的第一印象,律师应当比线下开庭时更为注重自己的仪容和仪表,除了应当穿着律师袍之外,还要检查自己的仪容仪表是否合适,男律师尽量在开庭前刮胡子并保持头发整齐,女律师则可适当化妆。

二、与客户保持沟通

任何一件事,要排除种种困难取得成功,一定是天时地利人和的结果。诉讼案件中的“人和”,就包括律师与客户之间的良好沟通。

一个诉讼案件能否取得良好的处理效果,既与律师是否拥有专业技能、应对策略是否得当有关,也与律师与客户的沟通是否畅通、客户是否信任律师有重要关系。

如果律师与客户存在沟通障碍,一方面会影响律师处理案件的心态,另一方面也会影响客户的情绪,可能使客户无法畅所欲言,甚至因沟通问题导致客户决定中途更换代理人。

客户作为案件处理结果的直接承担人,对案件的处理结果最为关心。客户想了解案件进展情况的心情,与被堵在回家路上的司机很希望知道前面为什么会堵车的心情,事实上是完全一样的。客户清楚案件进展情况,犹如司机知道堵车只是因为前面有擦碰事故一样,心理会获得安慰,从而稳定情绪。因此,律师应当理解客户急于清楚案件进展情况的心理,主动告知客户案件具体进展情况。

庭审前的准备工作离不开律师与客户的相互支持。律师应当在庭审前与客户就以下事项进行沟通：

（1）如果律师对案件某些细节依然存在疑问，可以直接与客户沟通，核实相关情况，解决相关疑虑，避免在庭审期间对有关细节不甚明了。

（2）如果客户的法定代表人或者本人要参加庭审，律师应当根据自己的专业判断，就法官可能会向客户询问的问题列一个清单，并指导客户根据案件事实掌握回答问题的技巧和分寸。

（3）向客户核实案件的证据原件在哪里，并落实由谁携带证据原件参加庭审的问题。

（4）与客户共同确定和解方案，包括客户主动提出的和解方案，以及客户的底线是什么。

（5）其他需要与客户沟通的问题。

第十一章 庭审

律师参与诉讼活动的目的，是使自己的主张获得法官的支持，所以说服法官是律师庭审期间的主要工作。说服法官需要团队之间的相互协作，也需要理解律师与法官之间的关系，并理解说服法官的核心与技巧。

第一节 工作团队分工协作

庭审马上就要开始了，律师是独自一人参加庭审，还是由工作团队的两名律师参加庭审？工作团队是否需要配置法律秘书？

正如笔者在本书第十章所述，诉讼活动和足球比赛一样，需要团队协作、相互支持，才能做到攻守兼备、稳扎稳打，赢得胜利。足球队中有前锋、中场、后卫和守门员，共同形成一套攻守体系，并设置了领队、教练、队医等辅助人员。不同人员的分工不同，但目标一致，就是保证在不失球的情况下，向对方球门进攻以求获得胜利。诉讼活动同样如此，庭审前以及庭审期间，都需要工作团队的各成员之间密切配合、相互协作，才能控制庭审质量，成功让自己的代理意见获得法官的采纳。

事实上，通过团队协作处理诉讼案件在国外是惯例。诉讼案件由两名律师共同出庭，几乎是英美法律剧中的标配，其中一名是主办律师（host lawyer），另一名是辅办律师（assistant lawyer）。

所以，律师团队在处理某个具体案件的时候，也应当根据律师的特长，安排其中一名律师作为主办律师,并安排另一名律师作为辅办律师,同时还可以配置一名法律秘书。主办律师、辅办律师、法律秘书之间相互协作,开展庭审前后的各项工作。

一、主办律师的职责

主办律师是具体案件的主要承办人员,负责全面审阅案件材料并制定相应的处理方案,庭审期间由主办律师作为主要发言人,就庭审涉及的各项事宜发表意见。具体而言,主办律师的主要工作包括以下几个方面:

(1)收集、整理、分析案件材料。

(2)编写案件事实明细表。

(3)草拟法律关系图,并交给法律秘书用软件绘制。

(4)草拟关键事实时间轴图,并交给法律秘书用软件绘制。

(5)起草《案件要点及处理方法》,并与客户沟通处理方案。

(6)确定客户应当提供的证据,并安排证据的排序,完善证据目录。

(7)起草主要的法律文书。

(8)完善法律文书的附件。

(9)起草庭审要点清单。

(10)在庭审期间作为主要发言人,就庭审涉及的事项发表意见。

因此,主办律师是案件处理的直接责任人,负责案件处理过程中的核心事务,与案件处理结果相关的事项,均需要主办律师亲自参与。形象地说,主办律师就像足球运动员中的中场和前锋,负责组织进攻和防守,是主要的得分人员。

二、辅办律师的职责

如果说主办律师是中场和前锋,辅办律师则像后卫和守门员,与主办律师共同构成一个整体攻防体系。

辅办律师的职责是协助主办律师开展工作。辅办律师也需要审阅案件材料,并就主办律师确定的案件处理方案提出意见;庭审期间,辅办律师作为次要发言人,主要观察庭审期间法官以及各方当事人的反应,在此过程中提醒主办律师,或者就主办律师遗漏的重要问题发表补充意见。具体而言,辅办律师的主要工作包括以下几个方面:

(1)浏览案件材料,熟悉案件具体情况。

(2)就主办律师起草的《案件要点及处理方法》以及其他辅助文件,提出修改意见。

(3)就如何组织证据提出建议。

(4)就主办律师起草的法律文书、庭审要点清单等提出修改意见。

(5)在庭审期间作为次要发言人,就庭审期间涉及的事项发表补充意见。

辅办律师作为主办律师的补充,主要工作是协助主办律师处理案件;但是,辅办律师也必须清楚案件事实以及争议焦点,并且应当与主办律师就案件处理问题形成一致意见,主办律师和辅办律师之间,不能对案件的处理问题有重大分歧。

如果案件是由同一个律师事务所的具体工作团队负责,那么主办律师和辅办律师之间的配合一般没有什么问题。但是,如果因为案件处理需要,分别由不同律师事务所的陌生律师共同代理一个案件,则容易出现代理人之间对案件的审理重点看法不一致的情况,进而出现代理人在庭审时分不清主次,甚至部分观点存在矛盾的情况。

笔者2010年在广州市中级人民法院参与处理的一起合作合同纠纷案件,原告的两名代理律师就出现了分工不明、主次混乱的问题。两人看上去都讲了很多话,却是各说各话,毫无章法,更像是表演给当事人看,而非发表专业意见。最终,原告不得不接受了被告提出的和解方案。

所以,如果不是案件处理确实有必要,不建议由不同律师事务所的律师共同代理一个案件,除非双方相互熟悉,或者对案件的处理意见一致且能够就主辅次序达成一致。

三、法律秘书的职责

法律秘书类似于足球队的队医,负责工作团队的后勤工作,主要工作职责是处理案件涉及的各项辅助工作,具体包括:

(1)根据主办律师起草的草稿,绘制法律关系图。

(2)根据主办律师起草的草稿,绘制关键事实时间轴图。

(3)复印、装订证据,用荧光笔标注案件证据的重点内容。

(4)向法院、仲裁庭、客户邮寄与案件相关的文件。

(5)扫描和保管客户、法院、仲裁庭提供的案件材料。

(6)订购车票、机票,安排酒店住所等事务性工作。

(7)提醒主办律师和辅办律师案件开庭日期、拟参加会议的时间等。

(8)检查相关法律文件有无错别字。

(9)负责处理案件网上立案、线上开庭有关的辅助工作。

当然,如果法律秘书对于案件处理有兴趣,也可以提出自己的工作建议。

第二节　律师与法官的关系

法官是案件的裁判者,有权根据自己对案件事实和法律的理解作出裁判。正常情况下,法官庭审期间的目的有三个,一是快速而准确地查明案件事实,二是控制庭审节奏,三是作出正确的判决。

律师作为庭审活动的参与者,参与庭审的目的是取得胜诉判决,但这并不意味着律师就与法官处于对立面。笔者认为,律师应当理解法官在案件审理过程中的核心作用,并理解法官在庭审期间的目的。律师只有理解法官快速查明案件事实以及需要控制庭审节奏的心理,并根据法官的这种心理去准备证据材料和法律文书,才能做好相应的工作。

具体而言,法官的审判过程实际上是一个不断提取对案件判决有用信息,并且将审判过程中获得的信息转化为判决书中的法律事实(“本院经审理查明”部分的内容)的过程。律师如果能够深刻领悟法官的审判心理,就会主动减少庭审时不必要的言辞,剔除无关信息,将案件的关键事实和重点内容呈现给法官。律师制作法律关系图、关键事实时间轴图等辅助文件,以及在证据中用荧光笔标注重点内容,在法律文书中以标题的方式概括要点,都是为了化繁为简,将法官的注意力引至律师认为的重点之中。

法官和律师之间并不是对手关系,而是庭审活动的共同参与者,律师应当作为法官的助手,通过自己的专业知识和专业技能,帮助法官查明案件事实并准确适用法律。

律师必须遵守法庭纪律,除非是重大的原则性问题,否则不宜在庭审时就案件审理中涉及的事项与法官争论,更不能在整个案件审理过程中与法官为敌。如果律师总是在案件败诉的情况下抱怨法官偏袒对方,这种心理是有害的。事实上,法官也是法律人,并且接受过法律精神的熏陶和专业训练,对法律怀有敬畏,对法律精神有信仰,更有常人的朴素的正义感。

因此,律师应该做的,是在庭审时通过自己恰当的工作方法,向法官清楚准确地表明自己的观点并争取获得认同。

然而,实际执业过程中,依然有个别律师由于在个别案件中与某个法官意见相左,而对法官群体产生对立情绪,久而久之,慢慢变成一个满腹牢骚的律师。而一个满腹牢骚的律师,显然难以恰当运用各种合理的措施,从而达到客户的目的。

个别所谓"死磕派"律师,则是怀疑法官、与法官群体产生对立情绪的典型。个别"死磕派"律师以不实宣传和某些行为艺术作为办案方法的行为,笔者认为并不可取:一方面,为了获得关注,他们往往会脱离案件事实,不顾一切地放大律师与法官对立的一面,甚至通过隐瞒部分案件事实或者避重就轻的方法,刻意制造出办案人员违法办案甚至故意陷害当事人或者律师的假象,以耸人听闻的虚假故事引发社会关注,以期利用舆论绑架审判,最终取得的代理效果事实上并不理想。另一方面,"死磕"与"专业"并不能画等号,在尊重事实的基础上善于运用法律服务客户,才能体现律师的专业水准。在编造的事实之上哗众取宠,或者在庭审时纠缠于一些与结果无关的细枝末节,不但没有任何专业水准可言,而且有失律师职业的尊严和体面。所以,所谓"死磕",夸大宣传有之,实事求是少之;花拳绣腿有之,真抓实干少之。

律师群体与法官群体之间需要的是理解而非相互排斥。而"死磕派"律师所秉持的观念,似乎是律师与法官之间永远是对立的、不可调和的。如果一个律师带着这样的观念参与庭审,怎么能让法官欣然接受其辩护意见或者代理意见?如果一个律师带着激烈的对立情绪参与庭审,又如何能够兼顾事实和法律,从而成功向法官表达自己的辩护意见或者代理意见?

所以,对于那些标榜"死磕"作风,主张在庭审期间与法官纠缠每一个程序细节,甚至搞行为艺术的言论,年轻律师应当擦亮自己的眼睛,不盲从、不效仿。踏踏实实搞清楚案件事实、做好法律应对措施,恰如其分地在法庭上表达自己的意见,才是取得胜利的正道。

当然,一名律师在自己几十年的执业生涯中会代理数不清的案件,不可能每个案件庭审时法官都会与自己想法一致,个别案件的法官与自己的思路不同,是很正常的现象。如果代理律师在庭审时发现无法与法官的思路一致,该怎么办呢?笔者认为,如果代理律师仅仅是与法官的思路存在差异,应当及时调整自己的表达方式,尽量顺着法官的思维方式表达清楚自己的意见,努力让法官的思路回到自己想表达的案件重点问题上;如果主办律师与法官之间的关系紧张,则需要想办法调节庭审节奏和气氛,此时让辅办律师拥有更多的发言时间,以调节气氛,是值得考虑的解决方法。

第三节 说服法官的方法

笔者所说的"说服"法官,不是指法官已经对案件形成了固有意见,律师要说服法官放弃其已经持有的意见,而是指法官作为居中裁判者,在庭审结束之前对案件如何处理并没有形成任何倾向性的意见,律师则要利用专业知识,通过自己列举的案件事实和提供的专业见解,让法官接受己方的观点。

也就是说,这里所指的"说服",与商务谈判中双方不断交换交易条件和修改意见的双向沟通不同,是单向的沟通过程,法官在听取各方当事人的主张后,最终采纳某一方的主张,形成自己的处理意见,从而作出裁判。意见获得采纳的一方,就是成功说服法官的一方。

一、以事实为核心

所谓"事实胜于雄辩",说服法官的核心不是庭审期间华丽的辞藻,而是律师提供的证据材料和法律文书。

法官对案件进行裁判,最为看重的是什么?当然是案件事实。但案件事实从哪里反映出来?除了各方证据材料和法律文件中都没有提及,需要法官询问各方当事人才能确定的事实之外,大部分案件事实都是从双方提交的证据和法律文书中体现出来的,所以法官处理案件的习惯是先阅读各方提供的证据材料和法律文书,再看庭审笔录中各方对关键事实的陈述。因此,如何通过向法庭提供的证据材料和法律文书,正确地表述案件事实,非常重要。

笔者在本书第二篇中已经详细介绍了组织证据和起草法律文书的方

法,需要再次重申的是,律师向法庭提供的证据和法律文书,应当尽可能地做到完整、精练、重点突出。

所谓完整,是指律师应当尽量一次性向法庭提供客户可以提供的、反映案件事实的全部证据。除非是为了反驳对方提出的新主张,或者因为对方变更诉讼请求、更换代理人后提出新的处理方案等特殊情况,否则不宜陆陆续续分多次向法庭提供证据;而律师起草的起诉状、答辩状等法律文书,也应当全面反映律师关于案件处理问题的具体主张,避免在不同的法律文书中表达不同的意见。如果律师提供的证据和法律文书分散在不同的资料中,那么法官在处理案件的过程中就需要多次翻阅律师提供的不同材料,才能把握律师提出的完整意见是什么,这无疑会增加法官提取有用信息的时间,而且有可能导致法官因此遗漏重要证据和重要观点。

所谓精练,是指证据目录、法律文书的用词应当准确,语句应当简明扼要,避免使用非常复杂的句式结构或者晦涩难懂的词语,以利于法官理解律师的核心观点。归根结底,就是避免啰唆的表述方式,力求证据目录和法律文书中的每一个字,都对案件处理有用。

所谓重点突出,是指证据目录和法律文书中的重要内容应当用恰当的方式凸显。例如,书面证据的重要内容应当用荧光笔画出来,录音证据应当制作相应的文字版本,视频证据可以截取重要的画面;而法律文书中,则应当分点、分层次表述观点,并用加粗或者加下划线等方式突出重要内容。其中,每一个论点都需要归纳核心内容,以便法官快速掌握该论点,并在法律文书中引述该等核心内容。

如本书第一篇所述,律师绘制的法律关系图、关键事实时间轴图等辅助文件,可以起到化繁为简的作用,因此必须重视相关辅助文件的作用。

二、清晰得体的表达

庭审期间,如何向法庭陈述自己所主张的事实和观点,是一门值得研究并且需要不断练习的技术。陈述事实和观点,就是将律师知道和想到的内容输出的过程,因此,包括法官在内的听众能否听明白律师表达的内容至关重要。影响法官接收律师表达内容的因素比较多,但关键问题是法官是否听得进去——如果律师所说的内容法官根本听不进去或者理解不了,那么律师说过的话等于没有说。所以,律师在庭审期间陈述的内容应当清晰得体。

表达清晰，要求律师表达的内容清楚不含糊，语气语调要尽量安静平和，避免声音忽高忽低，让人听不清楚，或者思路忽左忽右，发言的主旨不明确；对于律师认为重要的观点，则可以通过适当提高音量并放缓语速的方式，引起法官的注意。需要特别注意的是，无论庭审情况如何变化，律师都要记住案件审理的重点是什么，始终不偏离重点内容，避免在无关紧要的细节上与对方纠缠。经验证明，在无关紧要的问题上与对方纠缠，往往会使庭审偏离方向，并容易因此导致案件事实认定不清。

表达得体，则要求律师的用词理性客观，具备执业律师应有的理性风范，少用没有事实根据的主观猜测，更不应当用侮辱性语言攻击对方当事人。得体的表达，还可以配合恰当的肢体语言，注意表情管理。律师在发表意见或者回答法官询问的问题时，可以尽可能地面向法官，与法官进行眼神交流，以诚恳的态度回答问题，表现出律师是在认真对待法官的提问，而非故意回避问题。

三、控制不良情绪

律师参与庭审应当具备理性的态度，避免受各种因素影响而出现情绪化的表达，甚至与对方代理人乃至法官、仲裁员关系紧张。

诉讼活动是诉讼各方参与的，具有对抗性质的活动，因此原告、被告之间往往是针锋相对的关系，没有经验的律师容易被对方的语言或者态度影响，从而导致情绪失控。例如，在对方故意歪曲事实，或者故意嘲讽自己时，因生气而在庭审过程中表现得很激动，语速加快，情绪化的用词增多，理性客观的态度荡然无存。这样不但会给法官留下不好的印象，自己也容易因为被情绪左右而偏离了案件审理的重点，甚至忘记了原来准备表达的观点。

另一种情绪失控比较少见，但也确实存在，那就是由于代理人的代入感太强，无形中将自己想象成当事人，从而影响了庭审期间的表达。律师作为客户的代理人，本来应当用专业知识和专业态度维护客户利益，但律师都有感性的一面，因此容易在代理案件的过程中同情当事人，从而导致在庭审时出现情绪激动甚至情绪失控的情况。据说这种情况在婚姻家庭纠纷、人身损害赔偿纠纷中比较多见，笔者主要处理商事纠纷，较少见到律师因代入感太强导致情绪失控的情况。

不过,在笔者2014年代理的一起公司解散纠纷案件中,代表被告的律师就出现了情绪失控的情况。该案件大致的情况是,Q公司在公开市场购买了R公司30%的股份,R公司是没有上市的股份有限公司(其股份可以在深圳产权交易中心挂牌转让)。Q公司成为R公司的股东后,与R公司的大股东S公司产生了严重冲突,最终Q公司以R公司为被告,以S公司为第三人提起诉讼,要求解散R公司。笔者作为第三人S公司的代理人参加诉讼。

在案件处理过程中,Q公司查封了R公司名下的土地使用权,R公司多次要求解封,但法院没有批准。

该案件进行了多次庭审,在该案件证据交换过程中,Q公司的一名代理人中途向法官申请暂时退庭,因为他有另外一个案件需要到隔壁法庭开庭。法官允许Q公司的该名代理人中途退庭后,Q公司依然有一名代理人(为实习律师)负责证据交换,但R公司的代理人此时突然勃然大怒,强烈反对Q公司代理人退庭,并猛烈拍打桌子,大声喝止Q公司代理人,要求其必须继续参加证据交换。

笔者被当时的场面惊呆了,回过神后想,Q公司代理人中途退庭,导致Q公司仅剩下一名实习律师负责证据交换,而实习律师并不能单独处理法律事务,那么Q公司当时是否属于《民事诉讼法》规定的原告没有合理理由中途退庭的情况?本案是否应当按Q公司撤诉处理?不过,笔者后来没有就此提出异议,一是法官已经同意了Q公司该名代理人退庭,二是此种情况是否属于有合理理由并无标准可供参考,三是正在进行的是证据交换而非正式的庭审,因此提出这样的异议意义不大。

该案件此后经历了漫长的审理过程,其间还发生了其他突发事件,最终该案件以Q公司和S公司达成和解结案,而双方和解的背景是2015年深圳地区的房价暴涨。代理人情绪失控且忽视整理案件事实,也是该案件久拖不决的原因之一。

民商事案件,尤其是公司之间的商业纠纷,实质是利益之争,即不同主体之间基于利益分配问题产生的纠纷。律师作为代理人参与民商事案件时,应当认识到这一实质问题,从一个更高的层次理解自己的代理行为究竟是什么,这样律师就可以避免产生强烈的代入感,避免陷入受害人心理无法自拔,始终保持理性和客观。

所谓“境由心造”,不良情绪不但会毁掉一次庭审,也可能毁掉一个人的生活。因此,理性和客观,不但会给律师的庭审表现加分,而且是律师热爱法律工作、热爱生活的动力之源。

第四节　其他注意事项

一、注意法庭调查的问题

法官在庭审期间向各方当事人询问的问题,可以反映法官所关注的问题,大部分情况下,通过分析法官询问的问题,可以判断出法官的倾向意见。如案例5-1中,一审法官的调查重点一直是杨某是否曾经向F公司支付过"出资款"以及是否参与过F公司管理,但该"出资款"与《公司法》规定的出资是否是同一概念,杨某、F公司、涂某等四人均语焉不详;二审阶段,法官没有过分纠结杨某是否向F公司支付款项的问题,而是将调查的重点放在杨某是通过什么方式取得股权的,以及杨某是否出具过转让F公司10.88%的股权给涂某等四人的文件上。最终,一审判决和二审判决的结果完全不同。

律师在庭审时应当注意法官询问的问题。一方面,正如笔者在本书第十章中所述,律师在庭审准备期间应当把自己想作法官,设想自己作为法官会向各方当事人询问什么问题,才能在现有的证据材料的基础之上查明案件事实,并据此准备一份法官可能询问的问题清单,准备好己方拟回答的内容,做到有备无患,心中有数;另一方面,律师必须重视法官询问的问题,回答的内容应当符合案件事实和生活常理,与证据材料不存在矛盾之处,法官不喜欢顾左右而言他的回答。实际上,背离案件事实回答问题并不会改变事实,反而会使法官对律师回答的内容,乃至其他主张产生怀疑,使律师的庭审工作失分。

尤其重要的是,法官在庭审时询问的问题,代表了案件审理的方向,法官询问的问题意味着他们关心的事实,而法官所关心的事实,与案件的审理结果有很大关系。如果法官所询问的问题大部分都是对己方不利的,律师就必须要反思为什么会这样,并及时采取相应的解决办法。

二、善于向对方当事人发问

除了注意法官询问的问题之外,律师还要善于向对方当事人发问,就案件审理所涉及的事实和法律问题，在法官已经询问当事人的基础上，追问对方当事人。

向对方当事人发问，需要注意以下两个问题：

第一，什么时候向对方发问。很多律师在庭审时很少向对方当事人发问，甚至从来不向对方发问，因为他们经历的庭审中好像法官从来没有安排过这么一个环节。实际上，大部分法官不会单独安排一方当事人向对方发问的环节，但是会在询问各方当事人之后、法庭辩论之前，向各方当事人询问一个问题："各方当事人有无需要补充的事实？"此时，律师如果提出有相关事实的问题，需要向对方当事人发问，法官就会安排向对方发问的环节。

第二，向对方当事人问什么问题。这非常重要。庭审期间问对方当事人的问题，需要经过深思熟虑并通盘考虑案件具体情况后确定。原则上：首先，问题应当与案件有关，并且要注意剔除掉法官已经询问过的问题（但是在对方当事人回答的基础上，就该问题追问的除外）。其次，问题最好是对方的弱点，即对方无法回避且明显对其不利的事实。例如，在案例 5 - 1 中，作为杨某的代理人，可以向涂某的代理人询问分红的具体事项以及有无相应的证据，并向 F 公司发问为什么股东会会议记录没有原件和杨某的签名。最后，避免问题对自己不利，即对方可以轻松地以符合生活常理的方式回击的问题，不应当主动向对方发问。例如，在案例 5 - 1 中，作为杨某的代理人，如果向 F 公司发问"为什么 F 公司一直以来没有向杨某支付分红款"，就不是一个好问题，因为 F 公司的代理人有可能会以"因为杨某并不是真正的股东"巧妙地回答这个问题，且 F 公司的这种回答无须提供证据印证。

总之，在庭审时向对方发问，是律师可以利用的一种进攻方式，律师需要注意发问环节，珍惜发问的机会，提前准备好问题，并且善于发问，敢于发问。

三、注意调解环节及庭审后的言辞

无论是诉讼还是仲裁，在庭审即将结束之时，都会有调解环节，而对于重大疑难案件，法官更希望当事人之间能够通过和解方式解决各方争议，因此会在庭审结束之后，在各方当事人有和解意向的情况下，组织进行调解。2008 年调整的《民事证据规定》第 67 条规定，当事人在和解或者调解过程中的陈述不作为裁判依据，但 2019 年修订的《民事证据规定》已将该条删除，因此，律师需要慎重对待调解环节，在调解环节应当态度诚恳，方案合理，谨言慎行。

态度诚恳，是指律师以及客户在调解时，应当在法官面前表现出希望解决问题的诚恳态度，而非敷衍了事，以增强法官支持客户主张的内心确信。案件审理过程是法官不断形成内心确信的一个过程，律师在调解环节的态度和行为，实际上会影响法官对案件的心证，从而影响最终的裁判结果。例如，笔者在2015年参与处理的一起合作开发房地产纠纷仲裁案件，由于合作双方对合作对价产生了严重分歧，导致丙公司与J公司之间发生过一次仲裁（以下简称第一次仲裁），丙公司要求解除合作合同，但第一次仲裁的结果是裁决双方继续履行合作合同。第一次仲裁之后，双方再次发生纠纷，丙公司再次要求解除合同并终止履行合作合同（以下简称第二次仲裁）。为此，仲裁庭在庭审结束之后组织双方进行了背靠背的调解。丙公司的实际控制人和J公司的实际控制人都到庭参加了调解活动。首席仲裁员建议双方继续合作，成立项目公司将项目开发工作往前推进，对于有争议的问题可以重新协商。因为丙公司与J公司之间已完全丧失了信任基础，这一建议在事实上并不可行，丙公司实际控制人此时应当说明的是双方确实无法继续合作，但对于J公司已经支付的款项如何处理，则可以探讨具体的补偿方案——笔者在调解之前与丙公司的实际控制人沟通时，也提出了这样的处理方案。然而，没有想到的是，丙公司的实际控制人居然满口答应首席仲裁员的方案，剩余时间则与首席仲裁员闲聊其他话题，无论笔者如何劝说均不予理会；另一边，J公司的实际控制人也同意首席仲裁员的方案，但她几乎是以哭诉的状态表达其诉求，多次提及因深圳地区房价暴涨导致丙公司意图毁约的背景。调解活动进行了整整一天，到下午即将下班时，首席仲裁员再也不想闲聊了，要求由双方律师草拟继续合作的协议。此时，丙公司的实际控制人突然又说他的想法不是这样的，双方应终止合作。顿时，包括首席仲裁员和笔者在内的所有人都惊呆了！第二次仲裁的结果是，仲裁庭再次驳回了丙公司的仲裁请求。

方案是否合理，也会影响法官的内心确信。法官在了解各方当事人提出的和解方案时，会考虑各方当事人为什么提出这样的和解方案，以及该等和解方案说明了什么问题。因此，律师代表客户提出的和解方案，应当与客户主张的事实相吻合，不能相互矛盾。例如，在民间借贷案件中，如果被告在庭审时否认借款的真实性,但是在调解环节又同意偿还大部分借款,那么法官显然会慎重采信被告的主张。又如,在案例 7－1 中,广州海事法院多次通过电话方式要求双方和解,由于在诉讼发生前,A 公司与 D 公司的领导就曾经商谈过和解方案,笔者与 D 公司的代理人也认识,而且 D 公司一直以来也承认其应当承担费用,双方的分歧仅是 D 公司应当按照 8000 多吨混合芳烃的重量承担费用,还是按照四个储罐的容积承担费用,所以双方有和解的基础。但是,作为 A 公司的代理人,笔者建议无论 A 公司愿意接受的金额是多少,均不能在和解过程中表现出愿意按照 8000 多吨混合芳烃的重量计算费用的倾向,必须坚持按照四个储罐的容积计算 D 公司应当承担的费用,让步的地方是违约金以及在按四个储罐的容积计算费用的基础上作出的减免。最终,双方表现了和解的诚意,但因双方体制原因(A 公司是香港上市公司的子公司,D 公司是国有企业,均有严格的内部控制制度),无法达成和解方案。但笔者认为,A 公司的策略是正确的,最终的审理结果也说明了这一点。所以,在和解过程中提出合理的方案很重要。

谨言慎行,要求律师在调解过程中谨慎说话,而当事人在调解过程中的言辞和行为,也会对法官的内心确信产生影响。上述仲裁案件中,丙公司的实际控制人在调解期间的言行对裁决结果产生了不利影响,就是一个典型的例子。所谓“说者无心,听者有意”,在调解活动中,除了慎重确定调解方案、态度诚恳之外,还应当在调解和庭审结束时,注意自己说的每一句话是否会影响法官,是否会对己方在庭审时或者法律文件中的陈述产生负面影响。有些聪明的代理人会在案件调解过程中,或者庭审结束后、法官尚未离开之时,有意无意地与对方当事人闲聊,提及一些关于案件事实的观点,甚至是闲聊双方实际控制人相互之间的关系、社会地位等话题,此时如果另一方代理人没有理解其目的,轻易承认某些事实,或者默认某些事实,也有可能会影响法官的内心确信。例如,在案例 5－1 中,如果涂某等四人的代理人在庭审结束后主动与杨某本人攀谈闲聊,多次提及涂某曾经在某年某月某日与杨某协商过如何处理双方股权过户问题,而杨某对此予以承认,则有可能会影响法官心证,尽管此时法官看上去是在整理案卷,但他依然在倾听——当然,事实上,双方从未就股权过户事宜进行过任何协商,而涂某等人的代理人也没有与杨某交谈,他们的态度是拒绝与杨某进行任何沟通。

第十二章 庭审后的工作

庭审结束，并不意味着案件已经结案，还需要律师继续处理与案件相关的事项，包括保持与客户和法官的沟通、在恰当的时机与对方当事人进行谈判以促成双方和解、在判决后与对方联系处理有关事项等。

第一节 保持与客户和法官的沟通

案件庭审结束后，如果客户没有参与庭审，律师应当将庭审期间的有关情况及时向客户汇报；同时，律师还应与法官保持必要的工作沟通，掌握案件审理的进展情况。

一、如何向客户汇报庭审情况

向客户汇报庭审情况，应当坚持客观、全面、及时汇报原则。所谓客观，就是不偏不倚地汇报庭审发生的客观事实，不虚构或者隐瞒、夸大庭审情况；所谓全面，就是汇报庭审时，完整地说明对方当事人如何陈述关键事实，对于有争议的问题，其核心观点是什么，提供了什么样的证据进行反驳，而法官对于争议问题询问了哪些问题，并要求各方当事人补充什么证据、核实什么事项，自己又是如何回应对方意见或者法官关切的问题的；所谓及时，就是在庭审结束后的合适时间里，主动向客户说明庭审情况，不要等到客户询问之时再向其汇报。

笔者认为,如果是案情简单的案件,可以通过电话或者微信沟通的方式,向客户汇报庭审情况。但如果是案情非常复杂、对客户非常重要的案件,则应当尽量与客户当面沟通,专门汇报庭审情况。

此外,由于目前不同法院,对于代理律师能否在庭审后复印庭审笔录问题的把握尺度不同,如果庭审后法院不同意复印庭审笔录,而案件的案情又相对复杂或者比较重要,那么律师可以在庭审结束后仔细复盘庭审情况,并据此起草一份庭审记录。

律师起草的庭审记录,既可以作为自己后续处理案件的参考文件,也可以作为向客户汇报庭审情况的主要材料。庭审记录主要记述庭审时间、参加庭审的人员、各方陈述的主要意见、法官调查的问题和双方对此的陈述等。其中,法官调查了什么问题,应当作为重点内容记载。

起草庭审笔录,也是一个查漏补缺、准确把握法官审理方向,并预判案件审理结果的时机。在起草庭审笔录之时有所思、有所悟,并将思考的结果作为起草代理词的基础,是一种良好的工作习惯。

笔者实习期间,深圳地区的法院普遍不允许代理律师在庭审结束后复印庭审笔录,所以笔者经常在庭审结束后撰写庭审记录。笔者执业后,对于重要案件,也经常起草庭审记录,这也是笔者在案件的庭审结束十余年后,还能在本书中复述当时庭审细节(如案例6-1第一次庭审的具体过程)的原因。

以下是笔者在案例7-1二审法庭调查结束后起草的庭审记录。

庭审记录

(2015)粤高法民四终字第×××号案件,于2016年3月1日上午9:00~11:00在广东省高级人民法院四号审判庭进行二审法庭调查,法庭调查由合议庭成员、审判长陈某强主持。

上诉人D市××油品经销有限公司(以下简称D公司)代理人广东××律师事务所律师钟××、陈××(以下简称对方代理人),以及被上诉人东莞市A国际石化仓储有限公司(以下简称A公司)代理人广东××律师事务所阙清华律师(以下简称本代理人)到庭参加了法庭调查活动。

现将本次法庭调查主要事项记录如下,以备查对:

一、基本情况

审判长要求D公司先陈述其上诉请求和事实理由，然后由A公司简要陈述答辩意见，以此作为双方第一次辩论的内容，此后双方又分别发表了三次辩论意见，并回答了审判长调查的问题，最后审判长询问了双方关于调解的意愿。

二、辩论情况

（一）第一轮辩论、争议焦点

第一轮辩论主要由双方根据各自己提交的文件，简要陈述意见。

其中，对方代理人确认其上诉请求、事实和理由没有变更，并强调：

1. A公司与B公司之间的长租合同不应由其承担付款责任，D公司此前不清楚原保管合同的内容；

2. D公司与A公司仅因8000多吨货物形成事实保管合同关系，因此仅在8000多吨的范围内承担付款责任；

3. 香港E公司转让4万多吨货物给广东中油的货权转移文件没有原件，一审判决认定事实错误。

本代理人首先简要陈述了上诉答辩状的有关内容，并针对对方代理人发言，特别强调了以下观点：

1. 就双方不可能存在事实保管合同关系，补充了以下内容：首先，货物所有人变更仅是转让货物所有权，并不等于终止旧保管合同，更没有成立了新保管合同的意思表示。原保管合同就是保管第三人货物的合同，货物所有人是谁、货物所有权如何转移，不影响这个合同的权利义务，合同的架构明确。其次，上诉人和被上诉人之间并没有约定仓储合同的核心内容：保管条件、保管期限和保管费用。两者之间不存在所谓的保管合同关系。

2. 关于D公司所述香港E公司货权转移文件的原件问题，事实上A公司自2013年11月起一直要求D公司提供原件，但D公司一直没有提供；如果没有原件，则意味着D公司的提货权存在一定瑕疵；如果D公司对该份文件不予确认，则D公司显然无权要求A公司赔偿。

3. 关于A公司的告知义务问题，留置权按法律规定和合同约定行使，A公司没有义务告知货物所有权人保管合同的内容；相反，D公司作为买方，应了解货物的他项权利，D公司没有进行尽职调查，应由其承担相应的责任。

根据双方第一轮辩论，审判长将本案争议焦点归纳为：

1. 双方当事人之间是否成立了事实仓储保管合同关系？这涉及货权转移证明属于债务加入还是原保管合同(A 公司、B 公司、C 公司签署的合同)权利义务的转移。

2. A 公司事实上行使了留置权,那么 A 公司行使留置权有无依据？该等依据是基于合同约定还是法律规定？留置权的法律效力如何、是否正确？

3. A 公司行使留置权所留置的货物是多少,以及该留置行为是否导致了 D 公司的损失？如果有损失,则 D 公司要求赔偿损失的依据是合同还是侵权？

(二)双方代理人针对争议焦点的辩论意见

1. 对方代理人意见

就上述争议焦点,对方代理人此后发表的辩论意见,实质与其上诉状所主张的观点基本一致,增加的主要观点为:

(1)自 C 公司出具货权转移文件后,三方协议即已终止;

(2)A 公司在 B 公司提取 33,700 吨货物时,就应当相应收取费用,并留置相应数量的货物。

2. 本代理人意见

本代理人补充了以下意见:

(1)关于双方的法律关系问题。本案中的 4 万多吨货物是分四个储罐储存,按行业惯例,无论存储了多少货物,均需要按储罐容积而非货物重量计算费用。但是,在 D 公司将 33,700 吨货物分四次转移给 B 公司后,D 公司从未与 B 公司或者 A 公司说明其与 B 公司之间费用承担的比例,而且至今没有付一分钱给 A 公司,更没有说明在何时、何地、以何种标准与 A 公司成立了保管合同关系、现在的债务总额一共是多少。因此,D 公司的主张毫无依据。

(2)关于留置权的问题。无论是基于法律规定还是合同约定,A 公司均有留置权,A 公司的留置权体现在两个方面:一方面,即使假设 D 公司仅需承担 8000 多吨货物存储的费用,那么就该 8000 多吨货物存储的债权 A 公司有留置权。另一方面,B 公司已提取的 33,700 吨货物也产生了费用,基于 B 公司与 A 公司之间的合同关系,根据最高人民法院相关司法解释的规定,由此也存在留置权,因此无论如何 A 公司均有留置权;B 公司提取 33,700 吨货物的时候并没有拖欠费用,而且还有 8000 多吨货物在 A 公司储存,根本没有必要在当时就留置;A 公司为存储 4 万多吨货物付出了辛勤劳动,显然不能在没有收到钱的情况下发货。

(3)关于D公司的损失问题。本案没有任何有效证据证明D公司有损失,相反,D公司一审提交的邮件记载的价格,证明其没有任何损失;本案证据证明,A公司在2013年11月至2014年1月,曾三次要求D公司提取货物,但D公司一直没有提货,显然应当由其承担油价下跌的损失;A公司全体员工为存储本案4万多吨货物付出了辛勤劳动,如果在没有收到钱的情况下还要倒贴赔钱给D公司,则于理于情均不通。

(4)实际上,D公司、香港E公司、广东中油、C公司同属中油系统,显然清楚涉案货物的具体情况,D公司不可能无法获得货权转移文件的原件。

三、审判长调查的问题

审判长询问了以下问题:

序号	审判长调查事项	D公司答复	A公司答复
1	D公司是否清楚三方协议的具体内容?	不清楚	我们认为D公司是清楚的
2	三方协议约定何时以及如何留置货物?		在B公司欠费的时候就可以留置
3	D公司要求提货时(2013年11月)该批货物对应的债权是多少?从何时开始计算、是谁欠的?	费用不能按四个储罐计算,而应当按重量计算	大约1200万元,包括本金和利息;其中大部分是2013年4月之后的仓储费,部分为2013年4月的操作费,B公司和D公司对此均有付款义务
4	D公司,该剩余8000多吨货物你们最终提到没有?	经多方争取,才提取了其中6400多吨	
5	A公司最终留置了多少吨货物?	1815.629吨	1653吨
6	D公司对已提取的6400吨货物支付了费用没有?	操作费已经付了	没有支付任何费用,包括仓储费和操作费。提取6400吨货物的时候,仅仅是提货人支付了从仓库到装车运走的费用,但D公司并没有付费

续表

序号	审判长调查事项	D公司答复	A公司答复
7	6400吨货物转移到粤海后,是不是放在一个储罐?		是的,我们正是要这样才能降低成本减少损失
8	D公司,法庭注意到你们提及了价差损失,你们认为价差损失如何跟仓储合同衔接?	按行业惯例,由下家承担相关仓储费、操作费,所以A公司当时要求D公司支付四个储罐的费用不合理,由此导致D公司无法提货而产生损失,应当赔偿	

四、调解

对方代理人没有和解权限,本代理人表示愿意调解,并简要说明一审期间双方因分歧较大没有达成一致意见。

为此,审判长确定双方在15天内协商调解方案,如双方在15天内没有达成调解的,法庭将择期判决。

记录人:阙清华

2016年3月2日

二、如何与法官沟通

笔者认为,作为代理律师,庭审后与法官进行沟通,主要涉及三个方面的内容:一是积极主动回应法官所关切的问题;二是用代理词与法官进行沟通;三是主动询问案件处理进程。

对于庭审期间,法官要求律师进一步核实的问题,或者需要补充的材料、客户的和解意愿等,律师应当积极主动地调查核实清楚,并在法官限定的时间内,将相关补充材料提供给法官,或者将客户对有关问题的回复意见(和解意愿、和解方案等)如实向法官转达。

如果是案情比较复杂的案件,而且庭审期间双方对于争议焦点问题分歧较大,互不相让,那么律师就应当结合案件事实,以及庭审期间各方陈述,尤其是针对法官所关切的问题,起草代理词,并及时提供给法官,以便法官能够及时了解代理律师对于案件处理问题的意见。

有必要说明的是，代理词应当围绕争议焦点和法官关切的问题进行分析和论述。代理词的主要内容，就是假设自己是一个中立的、理性的法官，自己对于案件的争议焦点的具体分析意见是什么，以及自己将会如何判决，这样判决的事实和法律依据是什么。如果是在起诉状或者答辩状中已经强调过的意见，则可以不再详细论述，以免代理词太长，导致法官阅读时不易抓住重点；如果有相关权威案例可以作为案件的参考，则可以将相关权威案例作为代理词的附件，提交给法官参考。

庭审后的另一项重要工作，就是及时了解案件审理的进展情况。如果庭审结束后案件一直未能结案，至少应当每个月以电话询问的方式，向案件书记员或者法官核实案件审理的具体进展情况；如果案件涉及鉴定或者评估，则应当积极主动地推进鉴定或者评估工作，争取案件尽快审结。

第二节　把握时机促和解

民商事诉讼是通过法定程序，根据法律规定和案件事实，对当事人之间的权利和义务进行调整的活动。而民事活动有一个非常重要的原则，就是自愿原则，《民法典》第5条即规定："民事主体从事民事活动，应当遵循自愿原则，按照自己的意思设立、变更、终止民事法律关系。"所以，当事人可以在诉讼过程中，通过和解的方式解决争议，这是民商事诉讼与刑事诉讼的不同之处。

笔者认为，和解是民事诉讼活动中，解决各方争议的最好方式，通过和解方式结案，不但可以全面、快速地了结各方之间的争议，真正做到案结事了，促进社会和谐，也有利于当事人实现各自的诉讼目的，从而将重心投入生产经营方面，为社会创造更多的价值。正因如此，我国各地法院均大力倡导调解结案，在立案之时（如诉前联调）和诉讼过程中，均设置了调解环节。

但是，一起案件之所以产生，往往是因为当事人之间已经无法通过协商的方式解决争议，才会向法院或者仲裁机构寻求权利救济。而且，一旦到了诉讼阶段，双方当事人均具有了防备之心，双方当事人和代理人基于各种利益考量，往往也不会主动沟通联系，这导致诉讼中的和解看似简单，实则是一个复杂微妙又有趣的博弈过程,需要律师反复揣摩,不断总结经验。

一、影响案件能否和解的因素

笔者认为,一起案件能否成功和解,一般主要受以下几个因素影响:

第一,双方分歧的大小。如果双方对某一争议事项的分歧太大,则难以和解,所以最容易和解的案件,往往是对货物质量、交货数量均没有异议的货物买卖合同纠纷,这类案件一般是由于买方(被告)暂时存在资金周转问题导致,如果买方的资金得到缓解,那么其往往倾向于与卖方和解;相反,如果是一起因货物质量引发的案件,而且买方因对货物质量有异议而没有使用该货物,而是选择通过更换供应商的方式减少损失,而双方交易的货物又是定制产品,卖方取回货物也无法转售的,那么双方有可能就会存在较大分歧,难以在判决生效之前达成和解。

第二,案件涉及的利益大小和法律关系的复杂程度。某些案件涉及的利益太大,而且法律关系非常复杂,合同中关于双方权利义务履行的先后顺序约定不明、双方对于项目最终无法推进或究竟是谁违约等问题各执一词,这类案件就比较难和解。如本书第二篇第六章第二节所述案例 6 - 3,就很难在诉讼过程中达成和解。一方面,李某是在朱某出具《授权委托书》两年后才签订涉案合同,且朱某此前已登报要求撤销委托;另一方面,纠纷发生之时涉案房屋的房价,与李某代表朱某签订涉案合同之时的房价,已经是天壤之别,判决结果对当事人利益的影响巨大,这种情况下,双方很难就和解方案达成一致意见。

如果案件涉及的诉讼利益在被告可以承担的范围之内,而且法律关系简单,则容易达成和解。如本书第四篇第十三章第二节会详细介绍的案例 13 - 1,同样是朱某和马某之间的纠纷,但在该案件判决生效后,朱某就接受了主动履行生效判决的和解方案,因为判决结果在其可以承受的范围之内,而且双方对判决结果并无争议;同时朱某的房产已被查封,如果待法院强制执行之后再付款,不但朱某的个人征信会受到影响,而且拖延下去的意义不大。

第三,被告有没有实际履行能力,以及原告有没有保全到被告有价值的财产。如果被告有实际履行能力,完全可以履行原告要求支付的款项,而且原告已经保全了被告重要的财产(如等额的银行存款或者被告唯一的住宅),那么只要争议不大,一般情况下,只要双方各退一步,就极有可能达成和解;反之,如果被告没有实际的履行能力,原告又没有保全到被告有价值的财产,由于原告不会在没有保障的情况下接受被告的和解方案,而被告又无法提供令原告感到安全的履行方案,双方自然难以和解。

第四,双方是否存在较大的对立情绪。这是一个很重要的因素,如果双方的对立情绪很严重,基于情感方面的原因而不愿意与对方沟通,则比较难达成和解,如因家庭暴力导致的离婚纠纷案件,有可能就比较难达成和解。

所以,作为一名诉讼律师,除了要考虑案件实体法律争议(如原告的请求权基础、被告的抗辩理由等),还要考虑与案件有关的其他各种情况,并在处理案件过程中,运用自己掌握的专业知识和社会常识,准确把握当事人的心理、其他信息(如被告究竟有没有履行能力、市场变化情况等),争取在案件处理过程中把握时机,促使各方当事人达成和解。

笔者认为,在案件起诉后的诉前联调阶段、开庭审理后的调解阶段,以及一审庭审后至判决前的等待阶段,当事人之间是比较容易达成和解的。因此,如果代理的案件争议不大,被告也有实际履行能力,而且原告已经保全了被告有价值的财产(如等值的银行存款),那么尽管双方有一定的分歧,但只要分歧不是特别大、情绪对立不是特别严重,就可以在庭审过程中,或者庭审结束之后,积极配合法官,把握时机促使双方达成和解,提高处理案件的效率。

二、处理和解事宜的原则

要注意的是,律师代表客户与对方当事人就和解事宜进行谈判,需要坚持以下几项原则:

第一,必须尊重客户的意愿。客户才是案件的当事人,案件审理的结果直接影响客户的切身利益,所以客户会在诉讼过程中审慎考虑各方面的因素,决定是否提出或者接受某个和解方案。律师作为客户的代理人,必须始终将客户的利益放在第一位,并充分尊重客户的意愿,按照客户的意愿处理与和解有关的事项。否则,即使最终双方达成了和解,但如果和解方案违背了客户的意愿,客户也不会认可律师的工作。

第二,在分析案件可能的判决结果,以及汇报庭审情况时,应当坚持实事求是的原则,客观分析,如实汇报。律师是法律方面的专业人士,律师对案件可能的判决结果作出的分析,是客户据以决定是否应当与对方和解、什么时候与对方进行和解、和解方案是什么的重要依据,而庭审情况,尤其是法官所关切的问题,也会影响客户的判断。因此,律师必须不偏不倚地客观分析,实事求是地汇报庭审情况,不隐瞒庭审重要事项以免误导客户,这样客户才会认可律师的工作。

第三,和解方案应当切实可行。所谓切实可行,对原告而言,就是和解方案能够顺利履行完毕,如果被告不履行和解方案,将会受到比履行和解方案或者法院判决更大的损失;对被告而言,则是和解方案在其可以承担的范围之内。例如,某起房屋租赁合同纠纷中,原告的诉讼请求是没收租赁保证金、被告支付拖欠的租金并支付违约金,而原告作为我们的客户,同意减免被告部分租金以达成和解,所起草的和解方案就应当约定清楚:如果被告没有如期履行和解方案,则原告已减免的租金不再减免,且原告有权按没有减免租金的债权总额,向法院申请强制执行民事调解书。

第四,和解方案应当安全有保障。所谓安全有保障,就是和解方案可以保障客户的核心利益,不会出现和解后反而比和解前更差的情况。例如,在某起买卖合同纠纷中,原告起诉要求被告支付货款,并查封了被告的房产,如果是原告的代理律师,所提出的和解方案就应当确保被告在付款之后,原告才申请解除对被告房产的查封手续,以保障客户的利益,而不能在没有收到全部款项或者只收到小部分款项时,就解除对被告房产的查封手续;如果是被告的代理人,则应当在和解方案中确保客户按和解方案履行义务后,双方因此产生的债权债务全部结清,且原告必须限期解除对被告相关财产的保全措施,否则原告应当承担相应的违约责任。

三、处理和解事宜的技巧

关于和解的技巧,笔者认为,以下几个方面值得年轻律师注意:

第一,不急于求成。如上所述,诉讼过程中的和解,是一个复杂微妙的博弈过程,既然是一个博弈过程,那么如果其中一方急于达成和解,而另一方看透了该方的心态,反而会策略性地采取一定的方法拖延,以求对方作出更大的让步。所以,在和解的过程中,急于求成往往会适得其反,最终反而会损害客户的利益,并损害律师自己的利益。

第二,善于把握时机。既然和解是一个博弈过程,意味着和解必然是一个讨价还价的过程,一个需要见机行事的过程,并往往与市场行情变化、各方实际需要有关。笔者认为,律师需要把握以下几个时机:一是法官主持调解的时机,法官作为专业而中立的一方,在调解的时候会更为客观地分析案情,说服双方当事人,作为代理律师应当珍惜这个机会,在和解期间坦率地提出自己的和解方案;二是在庭审结束之后,由法官或者法官助理,继续通过电话沟通或者专门组织双方调解的方式进行调解时,这种情况一般是由于案情疑难复杂,或者案件牵涉众多当事人利益(如因开发商资金出现问题,导致楼盘延期交房产生的争议);三是在一审判决之后、二审判决之前,此时一审判决的败诉方接受另一方提出的和解方案的可能性更大。

第三,主动起草和解协议。如果双方已经就和解方案达成一致,剩余事项是签订和解协议,此时一般由双方协商,确定由其中一方起草和解协议,另一方确认该方起草的和解协议后,再签字或者盖章确认。笔者认为,由哪一方起草和解协议,则哪一方就有了表述和解内容、设计和解细节的优势。通过前期不断地交换意见,双方已经对基本条款达成了一致,所以,只要一方起草的和解协议条款表述没有歧义、和解方案与双方协商的结果一致,另一方一般就不会对和解协议进行大幅度地修改。所以如果由己方起草和解协议,则可以利用该机会更为严密地表述有关条款,并尽量条理清晰地约定清楚双方的权利和义务,从而最大限度地保障己方客户的权益。

第四,使用中性词进行表述。需要注意的是,既然双方已经达成了和解,律师在起草或者修改和解协议时,应当尽量客观地陈述事情的前因后果,并尽量使用中性的词语进行表达,避免在和解协议中使用指责对方甚至侮辱对方的词语,否则,对方当事人有可能因此对和解协议作出大幅度的修改,甚至直接拒绝和解。

第三节　判决生效后主动与对方联系

律师代理的案件判决生效了,客户面临的选择有:申请再审;申请强制执行,或者等待对方申请强制执行;与对方联系,就履行生效判决事宜进行沟通。

申请再审是当事人的权利,因此,是否要申请再审,除了律师基于对案件判决是否符合事实和法律进行专业判断之外,还要充分尊重客户的意愿。如何分析判决是否正确,属于案件实体法律争议处理问题,笔者已在第二篇中讨论了有关分析方法,在此不再赘述。笔者想在此分享的经验是——如果判决生效后,当事人不打算申请再审的,律师并非只能申请强制执行,或者等待对方当事人向法院申请强制执行。

笔者认为,案件的判决生效后,只要双方当事人不存在严重到无法调和的冲突,作为代理人可以尝试打一个电话给对方的代理人或者对方当事人,询问其有无主动履行判决,或者不申请强制执行而接受客户履行方案的意愿。

这项工作,有些律师基于代理费或者面子问题,不愿意主动去做;有些当事人基于情绪方面的障碍,也不愿意做。但笔者认为,在判决生效后,与对方联系和沟通还是值得尝试的。当然,作为代理人,律师在与对方当事人或者代理人沟通前,必须征得客户的同意。

在判决生效后主动与对方联系,如果对方愿意沟通,此时依然有可能达成一定程度的和解,并可以大大提高案件的处理效率。例如,作为原告的代理人,在判决生效后申请强制执行前,与对方当事人电话沟通,而对方也愿意按照判决履行义务的,就可以不用再起草相应的强制执行文件,如此一来,一个电话就可以大为减少工作量(此时只要双方确认收款账户即可),而且客户也可以更快地收到判决款项,大大提高案件的处理效率,减轻法院的工作量,这显然是一件两全其美的事情;即便对方不愿意履行,律师或者客户也没有任何实际损失。又如,作为被告的代理人且案件败诉,判决生效后当事人愿意履行判决,但希望对方给予一定的宽限期,律师也可以代表客户主动与原告联系。此时,如果客户要求的宽限期在合理的期限内,而且不会对对方的权益造成损害(如在客户履行全部义务后,对方才解除全部保全措施),那么对方当事人在一般情况下也会同意我方客户的请求,这样实际上也为客户争取到了利益,客户也会认同律师的工作。

笔者在2021年处理的几起案件,就是在案件判决生效之后,由笔者通过电话与对方联系,最终没有经过强制执行程序,客户就收到了判决款项,或者在对方给予了一定宽限期后,客户主动履行了全部义务,案件顺利结案,双方当事人案结事了,别无牵挂。

PART 04

第四篇

诉讼策略和程序运用

本书第一篇至第三篇所述的内容,可以概括为处理个案实体争议的方法。但案件不仅会涉及实体法律争议,还会涉及程序法律争议。一个争议项下也有可能同时产生多起案件。因此,运用程序规则解决争议,恰当处理同一争议项下不同案件之间的关系,从而达到客户的诉讼目的,是非常重要的方法。

如果在争议发生之际,律师能够与客户形成良好的沟通,恰当运用诉讼程序规则,共同确定诉讼策略,则可以使律师的处理方案更具预见性,甚至起到"不战而屈人之兵"的良好效果。

本书第二篇第七章对如何确定诉讼方案有所涉及,案例 7 - 1 的《案件要点及处理方法》也涉及仲裁与诉讼的选择问题,但因论述重点不同,未能在第七章专门论述诉讼策略和程序运用问题。考虑诉讼策略和程序运用对解决争议具有重要意义,笔者特将其作为一个独立篇,专门论述有关问题。

第十三章 如何确定诉讼策略

诉讼策略，是指解决争议事项的综合方案，包括个案实体法律争议的处理方案，以及利用程序规则恰当处理案件管辖、保全、确定当事人以及关联案件之间关系的方案，关键点是综合运用各种法律措施，达到客户的诉讼目的。

诉讼策略并非深不可测的问题。事实上，律师很多时候都在思考诉讼策略问题。例如，在某个民间借贷纠纷中，如果律师代表原告提起诉讼，除了考虑原告的诉讼请求有无事实和法律依据、被告可能提出的抗辩理由之外，还要考虑何时起诉、向哪个法院起诉、是否应当将被告的配偶作为被告之一，以及是否需要采取财产保全措施、保全被告的哪些财产更稳妥等问题。解决这些问题的过程，就是确定诉讼策略的过程。如果律师作为被告的代理人，就会考虑是否需要提出管辖权异议、是否需要申请置换被保全的财产、是否需要提起反诉、是否需要申请追加被告或者第三人、是否需要申请法院中止诉讼，这实际上也是在确定诉讼策略。

因此，诉讼策略就是将解决争议作为一个整体，对争议项下的各种法律关系以及程序问题进行统筹安排，结合案件实际情况，恰当运用各种法律手段达到客户的诉讼目的。确定诉讼策略，既离不开对实际情况的把握，也离不开对程序规则的恰当运用。其中，明确客户的诉讼目的，结合实际确定个案实体法律争议的处理方案，恰当运用各种程序规则，是确保诉讼策略正确的前提。

虽然律师都会在处理具体案件时，自然而然地选择不同的程序规则，以求最大限度地维护客户利益,但作为一种统筹案件不同处理方案的思维方式,将确定诉讼策略作为一种有意识的训练方法,对于提升律师处理案件的能力,确保律师可以站在更高的角度思考问题,具有重要意义。

确定诉讼策略,就是根据案件事实和法律规定,从客户的诉讼目的出发,结合案件实际情况,思考律师可以采取的法律措施有什么,并综合考虑不同措施之间的逻辑关系(尤其是其中的因果关系),恰当处理不同案件之间的审理顺序,努力使案件的审理方向朝着客户的诉讼目的迈进。

分析原告的诉讼请求有无请求权基础,以及被告的抗辩理由是否会被采信,是对个案涉及的实体法律问题进行分析,这种分析属于纵向分析,侧重点是实体法律,是确定诉讼策略的其中一个环节;而制定诉讼策略,则是考虑与案件有关的实际问题,从案件与客观情况之间的关系、不同案件之间的关系层面考虑,并据此确定全面的应对方案,这种分析属于横向分析,更侧重运用程序规则。

在纵向分析的基础上进行横向分析,据此根据实体法律和程序规则综合确定应对方案,则可以大大提高律师对案件处理结果和所需时间的预见性,确保客户的诉讼目的能够如期实现。

当事人会慎重衡量其利益,其中案件能否尽快审结,对于部分原告而言具有重要意义。如果律师作为被告的代理人,能够运用程序规则迫使原告与被告尽快坐到谈判桌前,签订有利于被告的和解协议,达到客户的目的,那么律师的工作就是成功的。

第一节　明确客户的诉讼目的

当事人之间的分歧和矛盾已经无法通过自行协商的方式解决,才会转而寻求以诉讼方式解决。从这个角度来说,民事诉讼的实质,就是通过法律规定的程序和方式,调整当事人之间利益关系的活动。

当事人在特定争议项下有其特定的利益和目的。当事人之所以在诉讼活动中需要律师提供法律服务,就是要利用律师所掌握的专业知识和专业技能,实现其特定的利益和目的。如果律师不能利用专业技能实现客户的诉讼目的,律师提供的服务对于客户而言就没有任何价值,迟早会被客户抛弃。

所以,诉讼策略就是实现客户诉讼目的的桥梁,清楚客户的诉讼目的,是制定诉讼策略首先应当考虑的因素。律师只有清楚客户的诉讼目的是什么,才能根据客户的诉讼目的设计处理方案,从而帮助客户实现其诉讼目的。

客户的诉讼目的有特异性,不同客户的不同案件,诉讼目的自然不同,即便是必然会输掉的案件,客户也有可能有其需要争取的利益。例如,一起法律关系非常简单、事实非常清楚的民间借贷案件,如果客户是被告,而该客户正处于资金紧张的阶段,必须延缓案件执行的时间,那么延缓案件审结时间就是客户的诉讼目的。为了实现客户的这一诉讼目的,律师可以将提出管辖权异议、申请对借款合同中的笔迹或印章进行鉴定,乃至寻找恰当的理由中止诉讼,作为确定案件诉讼策略的备选方案。

即便是同一起案件,客户在不同时期的诉讼目的也可能会发生变化。例如,在某起二手房买卖合同纠纷的诉讼过程中,如果房地产市场剧烈波动,客户的诉讼目的也会随之发生变化。如果在诉讼过程中房价大幅上涨,作为卖方的客户往往希望通过诉讼解除合同,以便另寻买家,所以在确定买方已根本违约时,其往往不愿意轻易作出让步,与买方和解;但如果诉讼过程中房价逐渐下跌,作为卖方的客户可能就会有所让步,尽管买方曾经存在某些违约行为,只要可以确保和解方案安全可行,客户也会接受买方要求继续履行合同的和解方案。

笔者参与处理的部分合作开发房地产合同纠纷,均在房价大幅上涨之际顺利和解结案,因为这种情况下,合作方之间尽快解决争议,并趁势开发项目,卖出产品,才符合各方的核心利益,此时和解后可以获得的收益远远大于法院判决所能获得的收益。

因此,明确客户的诉讼目的,是律师制定诉讼策略首先要考虑的因素。作为一名诉讼律师,应当善解人意,善于审时度势,清楚客户的利益点和诉讼目的。这要求律师在处理案件的前期,必须与客户深入沟通,清楚客户提起某个诉讼的目的是什么;或者对于原告提起的诉讼,客户想达到的目的是什么,并在客户的具体诉讼目的下确定或调整诉讼策略。

第二节　结合实际确定应对方案

如何确定客户的诉讼请求以及如何提出抗辩等问题,本书第二篇已有详细论述,在此不再赘述。

确定诉讼策略不能局限于实体法律层面的分析。应对方案是否可行,除了分析有无请求权基础和抗辩理由之外,还应当考虑胜诉后能否执行到位、如何才能使客户处于主动地位等问题。否则,如果案件胜诉而被告有价值的财产均已转移,那么这种结果对原告而言就没有太大的意义,不但损失了诉讼费用,还有可能因此耽误了解决问题的良机。此外,如果在案件处理过程中客户的损失持续扩大,那么即便法院支持了客户的诉讼请求,客户也不会满意。

例如,在代表出租方处理大型物业(商场、厂房等)租赁纠纷时,如果承租人因经营不善而拖欠租金,又没有有价值的财产可以保全的,律师不但要确保客户要求解除合同、支付租金的诉讼请求能够获得支持,而且还应当提出合理的建议,并采取相应的措施,确保承租人立即迁离涉案物业,因为承租人因经营不善而拖欠租金,往往没有实力履行生效判决确定的义务,而如果承租人没有迁离涉案物业,客户就无法及时出租该涉案物业,从而导致客户的损失与日俱增。所以,此时律师应当建议客户竭力采取一切合法措施,确保承租人尽快搬离涉案物业,以减少损失。

因此,确定诉讼策略除了分析原告的诉讼请求有无请求权基础、被告的抗辩理由有无可能被采信之外,还应当结合案件实际情况,综合考虑应对方案。

一、结合实际确定恰当的案由

一个旅客如果想从深圳到上海去旅游,他可以选择的交通工具有很多,海陆空各种方案均可选择,具体选择哪一种,则由其根据自己的实际情况(如经济能力、个人偏好等)来确定。

同样地,为了实现客户的某个目的,律师可以根据法律规定,选择不同的案由,提出不同的诉讼方案。例如,客户的目的是否定合同的法律效力,可以考虑主张合同无效、撤销合同、解除合同,甚至如案例6－3一样,主张合同已经依法终止。至于具体选择何种案由,则视实际情况而定。律师可以在这一目的的指引下,逐一考虑不同案由的可能性,最终确定最优方案。笔者处理案例6－3时,就是这样逐一考虑方案,不断排除并最终选定解决方案的。

又如,抵押借款合同法律关系中,如果借款人拖欠借款本息,则贷款人(抵押权人)可以考虑申请支付令,也可以直接以抵押借款合同纠纷为由起诉借款人,还可以选择按照实现担保物权特别程序提起诉讼。至于究竟采取何种方案,则应当根据实际情况,综合考虑各种因素,从中选定最安全且有效的方案。

所以,为了达到客户特定的目的,律师可以根据法律规定和案件事实,选择不同的案由起诉。例如,客户是某个有限责任公司持股10%以上的股东,但与大股东之间存在严重的利益冲突,需要律师帮助其维护合法权益,律师可以根据《公司法》及其司法解释,结合实际情况,合理从股东知情权纠纷、公司盈余分配纠纷、董事损害公司利益纠纷、公司解散纠纷,或者请求公司收购股份纠纷等案由中进行选择。具体提起何种诉讼,则应根据实际情况和起诉之时的需要确定。关于这一问题,应当特别留意《公司法》及其相关司法解释关于股东提起公司解散纠纷的条件和裁判规则,由于在公司解散纠纷中可以申请财产保全,如果客户与控股股东之间的矛盾无法调和,而公司需要运作其名下资产(如筹划改制上市、开发房地产项目、转让资产等),则可以考虑以解散公司纠纷为由提起诉讼,并查封公司相应的资产,从而促进双方尽早达成和解。此时,解散公司并非目的,而是实现目的的一种手段。

笔者在本书第二篇第八章第一节里,讲述了案例8－1的处理过程:在该案件中,张某与朱某某发生争议的原因,是双方对朱某某投资P公司的实际成本存在较大争议,导致双方对朱某某应当结算给张某的款项是多少产生了争议。所以,张某提起诉讼的目的,是根据其主张的投资成本所计算的股票数量,要求朱某某向其支付相应的投资收益;由于P公司是上市公司,P公司的股票可以在证券市场自由买卖,所以获得P公司的股票并不是张某的诉讼目的。但张某的代理人选择以代持股为由提起诉讼,并要求朱某某将股票过户至张某名下,笔者认为,这种诉讼策略就不是明智的选择:一方面,这与基本事实不符,法院认定双方存在股票代持关系的可能性较小;另一方面,假设法院认定双方存在股票代持关系,按各地法院关于代持上市公司股权案件的裁判观点,也有可能会认定代持协议无效,[1]这对张某而言显然是不利的。尤其重要的是,在案件审理过程中,当有关证据对自己明显不利时,张某应当及时变更诉讼请求,如果张某将诉讼请求变更为要求判令朱某某支付相关股票对应的投资收益款,那么即便是按委托理财关系处理,张某的诉讼目的依然是可以实现的,而且这一方案并无合同无效的风险。

二、根据实际情况确定被告

根据案件实际情况确定诉讼策略,还包括根据实际情况,恰当确定案件的被告,以节省案件处理期限,或者确保自己的诉讼请求能够获得支持。

根据实际情况确定被告,还包括在执行过程中根据案件实际情况,以及最高人民法院《关于民事执行中变更、追加当事人若干问题的规定》的规定,追加或者变更被执行人,以更为有效地执行生效判决,维护客户利益。相关案例,详见本书第十四章案例 14 - 2。

(一)剔除不必要的被告

如果案件的被告较多,除非是《民事诉讼法》第 135 条规定的必须共同进行诉讼的当事人,否则律师可以根据实际情况,确定以哪个主体作为案件的被告更合适,并剔除不必要的被告,以免案件处理期限因之被延长;特殊情况下,还可以根据情况变化,撤回对某个被告的起诉。

比如,在下文将要介绍的案例 13 - 1 中,马某就因为没有在一审法院与其沟通公告送达事宜之时撤回对李某的起诉,最终导致案件的处理期限被大大延长。

案例 13 - 1 | 马某诉朱某、李某房屋买卖合同纠纷案(之二)

在本案中,笔者代表被告朱某,参与处理了该案件一审阶段、二审阶段的全部法律事务。本案是因案例 6 - 3 衍生的案件。

---

[1] 参见最高人民法院民事裁定书,(2017)最高法民申 2454 号;其他各地法院亦有类似案例。

【案情概要】

案例6－3中，李某代表朱某与马某签订《二手房买卖合同》后，马某向李某支付了100万元定金、50万元按揭代理费，该等费用均由李某以朱某的名义收取。

此后，深圳市中级人民法院作出的生效判决，认定涉案《二手房买卖合同》已经终止，并据此驳回了马某要求继续履行合同的诉讼请求；就马某要求返还50万元按揭代理费的诉讼请求，深圳市中级人民法院判决朱某返还该50万元按揭代理费，李某对此承担连带责任，理由是朱某向李某出具的《授权委托书》合法有效，涉案《二手房买卖合同》对朱某有法律约束力，在该《二手房买卖合同》已终止履行的情况下，朱某作为涉案合同当事人，应当承担返还该50万元的责任，李某则应承担连带责任。案例6－3的二审判决作出后，朱某在判决确定的期限内，向马某支付了该50万元。

因马某在案例6－3中要求继续履行合同，因此在该案中，其并未要求返还100万元定金，二审判决对此未予处理。

2019年6月，马某再次向深圳市龙岗区人民法院起诉，要求被告一朱某返还该100万元定金，并赔偿自马某实际付款之日起按年利率6%计算的利息损失；被告二李某则应承担连带责任。

【处理过程】

深圳市龙岗区人民法院成功向朱某送达了马某的起诉资料和开庭传票。但由于李某手机关机，户籍地址无人签收法院文件，法院无法联系到李某，无法向其送达马某的起诉资料和开庭传票。

其间，笔者曾代表朱某，与马某的律师就庭外和解事宜进行过沟通，但因双方存在较大分歧（主要分歧为李某在纠纷发生之前已经向马某支付的15万元是否应当予以扣除），无法达成一致意见；笔者在与马某沟通期间，明确表示朱某也无法联系上李某，且李某没有什么财产可供保全（因为朱某也考虑过起诉李某，要求其赔偿损失）。

为此，深圳市龙岗区人民法院拟重新排期（重新安排的开庭时间为2020年2月），并向李某公告送达起诉资料和开庭传票。

深圳市龙岗区人民法院在公告之前，分别与马某的代理人和笔者沟通过公告送达事宜。按照法院重新安排的开庭时间，该案件在2020年上半年才能作出一审判决。

一审判决后,朱某提起上诉,此时二审法院还是联系不上李某,深圳市中级人民法院再次进行了公告送达。

【处理结果】

最终,马某于2021年3月才获得了案例13－1的生效判决。判决生效后,朱某委托笔者与马某的律师联系,并主动履行了全部判决义务,马某则解除了对朱某房产的查封手续。

如果马某的代理人结合本案的事实,认真考虑其诉讼策略的话,完全可以避免案件因公告送达而大大延长处理期限的问题,解决方法是撤回对李某的起诉,仅起诉朱某一个人。

首先,马某仅起诉朱某,其诉讼请求也能获得支持。深圳市中级人民法院已在案例6－3的二审判决书中,认定朱某出具的《授权委托书》合法有效,虽然相关款项由李某收取,但售房款如何收取,以及李某是否将售房款交付给朱某,是朱某与李某之间的内部关系,不能免除朱某作为合同当事人应当承担的还款责任。既然如此,那么马某在案例13－1中,根据此前案例6－3的二审判决,仅起诉朱某要求其返还该100万元定金并赔偿利息损失,法院显然也会支持马某的诉讼请求,不可能出现不同判决。

其次,马某在案例13－1中已经查封了朱某价值约1800万元的房产,而且根据笔者多方调查所掌握的情况,李某在深圳没有房产,也没有发现李某有其他较大价值财产的线索。因此,仅起诉朱某,并不会导致判决后无法执行的情况。

最后,李某并非《民事诉讼法》第135条规定的必须共同进行诉讼的当事人。最高人民法院《关于适用〈中华人民共和国民事诉讼法〉的解释》(以下简称《民事诉讼法解释》)第71条第1款规定:"原告起诉被代理人和代理人,要求承担连带责任的,被代理人和代理人为共同被告。"根据该条规定,原告起诉被代理人和代理人,要求代理人承担连带责任的,被代理人和代理人是共同被告。但该条规定并不是说原告起诉被代理人(该案中为朱某),就必须同时起诉代理人(本案中为李某),因为这是两种不同的诉讼。

所以,李某只是朱某的代理人,马某是否起诉李某,对朱某是否应当承担还款责任,并没有实际影响——更何况,朱某有相应的资产,判决后完全可以执行到位，而李某暂时无法找到可供保全的财产，因此马某将李某作为共同被告之一，实际上没有太大意义，反而会导致诉讼期限被大大延长。

（二）不遗漏必要的被告

《民事诉讼法》第135条规定："必须共同进行诉讼的当事人没有参加诉讼的，人民法院应当通知其参加诉讼。"为此，《民事诉讼法解释》第65～72条规定了几类必须共同进行诉讼的当事人的情形。如果律师代表原告提起诉讼，则在确定被告之时，需核实相关当事人是否属于必须进行共同诉讼的当事人，不遗漏必要的被告。

除了上述基本的要求之外，笔者认为，在某些案件中，如果因为案情复杂，一时无法准确判断参与交易的各当事人之间的法律关系、需要承担的法律责任，甚至对对方各当事人之间的法律关系和具体情况毫不知情的，则需要谨慎对待，反复权衡，并将相关当事人作为共同被告，以免遗漏必要的被告或者真正的债务人，甚至导致案件事实无法查清。下文所述案例13－2即属于这种情况。

案例13－2 | 程某诉伍某、丛某民间借贷纠纷案

在该案件中，笔者作为原告程某的代理人，参与处理了案件重新起诉后一审阶段、二审阶段的法律事务。

【案情概要】

程某与丛某相互认识，是朋友关系，亦有共同的朋友。程某的亲属此前将资金提供给丛某，丛某再提供给伍某，并由伍某向丛某支付利息，丛某收到利息后，再支付给程某的亲属。

2018年5月30日，程某拟参照其亲属此前做法出借款项并收取利息。为此，程某向丛某发微信称："帮我做个理财吧，还房贷"，丛某对此表示："你啥时候有空我约他"，双方就月利率等问题进行了沟通，丛某明确表示月利率为1.25%。

2018年5月30日，程某分4笔（每笔100万元）向丛某转账400万元，转账附言均为"程某投资款"。程某转账后要求丛某"给我一个协议"，丛某表示"协议是他写给我，他会写我的名字，我写一行字给你：说代程某投资"，并表示："等他出差回来，我再让他给我协议"。

2018年6月5日,丛某将伍某签字的《借款合同》发给程某,该借款合同记载的出借人为丛某,借款人为伍某,借款金额为400万元,借款期限为1年,借款年利率为15%,签约时间为2018年5月30日。同时,伍某出具了一份《收据》,记载:"今收到从丛某处借到人民币400万元,年利息15%,借款期限1年,以上借款以银行转款为准",该《收据》的落款时间为2018年5月30日。程某回复"收到"。

2018年6月23日,程某向丛某发微信表示:"明天再给你400万,我分散一下,赚个孩子学费",丛某表示"我要先问一下"。随后丛某将其与伍某沟通的微信截图发给程某(沟通内容主要为丛某向伍某表示,程某还要投400万元,伍某那边是否需要,伍某表示可以)。

2018年7月3日,程某向丛某转账200万元,转账附言为"程某理财";2018年7月4日,程某向丛某转账200万元,转账附言为"程某理财"。

2018年7月16日,丛某通过微信向程某发来伍某就第二笔400万元签署的《借款合同》《收据》的照片,该《借款合同》的内容与之前的《借款合同》基本一致,但借款期限为10个月。

2018年6月至2019年4月,丛某按月向程某支付了上述800万元的利息,但自2019年5月开始,没有再向程某支付利息。为此,程某多次要求丛某协调伍某立即还款。

2019年6月,程某以丛某为被告,以民间借贷纠纷为由,向深圳市福田区人民法院起诉,要求丛某偿还借款本金800万元,并按年利率15%支付利息。丛某在该案件庭审时表示,其只是程某的代理人,并提供其银行流水,证明其收到程某支付的800万元款项后已立即转给伍某,而且伍某每月向其支付利息后,其也是立即转给程某,因此丛某与程某之间存在的是代理关系,而非民间借贷关系,丛某不应当承担还款责任。

程某于第一次庭审结束后,向深圳市福田区人民法院申请追加伍某为第三人,但深圳市福田区人民法院没有批准其申请。

【处理过程】

程某于2020年4月向笔者咨询案件处理意见。笔者分析案件全部材料后,也倾向于认为丛某是程某的代理人,伍某才是实际借款人。现将理由简要说明如下:

首先,根据程某与丛某之间的微信聊天记录可知,是程某主动表示希望丛某帮助其"做个理财",丛某为此表示"你啥时候有空我约他",在程某支付款项之前,清楚相关款项并非借给丛某个人使用,而是由丛某再投资到其他途径,即程某委托丛某理财。程某转账之后,丛某将其与伍某签订的《借款合同》发给程某,并表示"协议是他写给我,他会写我的名字,我写一行字给你:说代程某投资",表达了丛某仅作为代理人的意思,程某对此没有异议。此后丛某收到伍某转款,则按程某实际资金金额对应的利息转给程某,发生纠纷后,程某也是通过丛某与伍某沟通。因此,从微信聊天记录可知,程某与丛某之间没有就借款事宜达成一致意见,但就程某委托丛某办理理财事宜达成了一致意见。

其次,程某两次转款 400 万元,均在转账凭证注明"程某投资款"或者"程某理财",也可以印证程某没有与丛某建立借贷关系的意思表示。

所以,程某与丛某之间形成的是委托代理关系,程某的本意是委托丛某理财。根据《合同法》第 402 条[1]的规定:"受托人以自己的名义,在委托人的授权范围内与第三人订立的合同,第三人在订立合同时知道受托人与委托人之间的代理关系的,该合同直接约束委托人和第三人,但有确切证据证明该合同只约束受托人和第三人的除外。"

因丛某在与伍某签订《借款合同》前,已经向伍某披露了其与程某之间的委托关系,所以其与伍某之间形成的民间借贷关系直接约束程某和伍某。

既然如此,那么在程某仅起诉了丛某,且深圳市福田区人民法院又不同意追加伍某为案件当事人的情况下,程某败诉的可能性较大。

该案中还有一个情况——程某与丛某当时还存在其他纠纷,丛某因此对外声称其将暂扣案例 13-2 中属于程某的款项;同时,根据丛某在该案件中提交的银行流水,可以看出丛某与伍某之间存在长期、大量的资金往来,而且双方还合作开设公司,因此,丛某、伍某之间可能是资金借贷方面的合作方关系。据此,笔者认为,丛某和伍某存在恶意串通的可能性。

此外,程某对丛某的资产情况很清楚,但从未见过伍某,对伍某的资产情况一无所知。

---

〔1〕 相关规定参见《民法典》第 925 条。

《民法总则》第164条第2款[1]规定:"代理人和相对人恶意串通,损害被代理人合法权益的,代理人和相对人应当承担连带责任。"根据该条规定,以及对于丛某和伍某之间谁才是实际债务人存在争议,而程某又不清楚伍某的资产状况的具体情况,笔者建议程某撤回起诉,并以丛某、伍某为共同被告,要求两被告承担共同还款责任,向深圳市南山区人民法院起诉。

【处理结果】

程某接受笔者的建议,撤回了在深圳市福田区人民法院起诉的案件,并于2020年7月以丛某、伍某为共同被告,向深圳市南山区人民法院重新起诉。丛某再次提出管辖权异议,伍某则以拒收法院送达的法律文书,拖延案件审理进程。

2021年6月,深圳市南山区人民法院作出一审判决,认定丛某为程某的代理人,伍某是实际债务人,相关借款合同仅约束程某与伍某,因此判决伍某偿还借款本息,并驳回了程某要求丛某承担责任的诉讼请求。

一审判决后,程某向深圳市中级人民法院提起上诉,要求改判丛某承担连带责任。伍某则主动与程某联系,告知程某其自2019年6月至2021年6月,每月都向丛某支付了该800万元对应的利息;此外,伍某还向程某偿还了2021年7~10月的利息。

2022年4月29日,深圳市中级人民法院作出二审判决,以现有证据不足以证明丛某与伍某存在恶意串通为由,维持了一审判决。因伍某没有履行生效判决,程某于2022年5月10日向深圳市南山区人民法院申请强制执行。

通过案例13-1和案例13-2的处理过程和结果可知,如何根据案件的实际情况确定被告,对案件的处理进程以及处理效果,具有较大影响。

但需要注意的是,确定诉讼策略尤其是确定被告时,应当尽量谨慎,采取更为保守的方案。俗话说,"油多不坏菜",当某个当事人(如案例13-2中的伍某)有可能要承担连带责任甚至是实际债务人时,应当将其作为共同被告,以最大限度地维护客户利益。在案例13-1中,笔者之所以认为马某无须将李某列为被告,是因为该案件法律关系非常明确,且此前已有生效判

---

[1] 《民法总则》已于2021年1月1日因《民法典》的施行而废止,相关规定参见《民法典》第164条第2款。

决对朱某、李某之间的法律关系，以及各自应当承担的责任作出了判定，而且朱某有足够的资产，所以马某仅起诉朱某，也无须担心判决后无法执行到位的问题。

三、根据实际情况确定减损措施

既然确定诉讼策略是为了实现客户的诉讼目的，那么确保客户在诉讼过程中处于有利地位便十分重要。而客户是否处于有利地位，一方面，与客户是否已经采取了得当的法律措施（如依法保全了对方财产）有关，另一方面，则与客户是否已经采取了减损措施有关。

《民法典》第591条规定了减损规则，即在一方违约后，另一方应当采取适当措施防止损失的扩大，没有采取适当措施致使损失扩大的，不得就扩大的损失要求赔偿。

《民法典》第1177条第1款则进一步规定："合法权益受到侵害，情况紧迫且不能及时获得国家机关保护，不立即采取措施将使其合法权益受到难以弥补的损害的，受害人可以在保护自己合法权益的必要范围内采取扣留侵权人的财物等合理措施；但是，应当立即请求有关国家机关处理。"

但是，对于如何采取减损措施，如何进行私力救济，法律并没有作出具体规定。所以，根据司法实践和笔者经验，合乎情理地采取适当的私力救济措施，是有效减少损失的方法。例如，在案例7－1中，因B公司和D公司一直未能支付相应的仓储费和操作费，为了减少损失，腾出四个储罐，A公司在2013年12月将扣除留置的混合芳烃之外的6400吨混合芳烃转移到粤海（番禺）公司仓库，从而确保四个容积较大的储罐可以正常使用，就是恰当的减损方法。由于A公司采取了减损措施，并留置了1653吨混合芳烃，因此A公司既不会在诉讼过程中继续产生损失，也无须担心诉讼后其权利无法实现。

所以，律师制定诉讼策略也应当结合实际情况，考虑客户可以采取的减少损失的方法，必要时客户应当通过私力救济措施减少损失或者挽回损失。采取相应措施的要点是：确保客户在诉讼过程中不会产生新的损失，且尽量确保客户胜诉后可以实现其利益。

又如，因为通过诉讼解决争议所需时间较长，大部分出租人在承租人拖欠租金的情况下，往往采取停水、停电、锁门等私力救济措施迫使承租人支付租金,如果租赁合同已经依法解除,则通过自己的方式强制承租人搬离。该等私力救济措施已被大部分司法机关接受。司法机关支持私力救济措施的前提,是租赁合同对此有明确的约定,且承租人确实存在违约行为、出租人采取相应措施前已经提前通知承租人。

因此,如果律师作为出租人的代理人,解决租赁合同纠纷时,为最大化保障出租人的合法权益,可以建议出租人采取停水、停电、锁门、强制迁离等措施,并应当及时另行出租,以免在诉讼过程中,出现承租人继续使用租赁房屋却一直拖欠租金,或者租赁房屋一直空置的情况,因为这样会导致客户处于不利地位,客户的心态会非常焦急,也不利于律师开展相关工作。

需要注意的是,私力救济措施不能超过必要限度,并且应当注意采取私力救济措施的具体方式,律师应当谨慎建议客户是否采取私力救济措施。如果存在不宜采取私力救济措施的情况,则不能建议客户采取私力救济措施。如承租人将房屋用作冷藏仓库、危险品仓库、医院、学校等必须使用水电的场所,则不宜建议客户采取停水、停电措施。而承租人放置在租赁房屋中的物品,不宜由客户直接变卖,更不能以显著低于市场价格的方式变卖。

第三节 恰当运用程序规则

一、精通诉讼程序规则

诉讼律师必须精通程序规则。如果律师对诉讼和仲裁程序一知半解,不但会在庭审时被对方代理人"戏耍",而且可能因为无法运用程序规则制定出正确的诉讼策略,失去解决问题的良机。

那么,作为一名年轻律师,如何才能精通诉讼程序规则呢?

首先,律师应当不定期地阅读《民事诉讼法》《仲裁法》以及最高人民法院相关司法解释,全面掌握诉讼和仲裁程序规则,用诉讼和仲裁程序规则武装自己的头脑。一位执业多年的老律师,会拥有十分丰富的经验,凭经验即可应对很多程序问题,这是年轻律师无法比拟的。但是,正如"熟读唐诗三百首,不会作诗也会吟"一样,作为一名年轻律师,除了要多学、多问之外,进步的另一个捷径,就是在不同时期反复阅读有关程序规则,并理解其中的精髓,从而达到运用自如的状态。

其次，需要注意的是，某些重要的、经常出现争议的程序规则，往往有多个法律渊源，是由多部法律或者司法解释，甚至是最高人民法院的批复组成的。例如，关于财产保全的规定，除了《民事诉讼法》第九章以及《民事诉讼法解释》第 152 ~ 168 条的规定之外，最高人民法院还制定了《关于人民法院办理财产保全案件若干问题的规定》。关于保全错误导致另一方受到损失的案件管辖问题，最高人民法院还曾于 2017 年 8 月 1 日发布了《关于因申请诉中财产保全损害责任纠纷管辖问题的批复》，规定由作出诉中财产保全裁定的法院管辖该等案件。所以，年轻律师在学习程序规则时，除了要通读多遍相关法律及司法解释之外，对于重要的程序规则，还应当注意学习最高人民法院就此作出的专项规定。

再次，律师还可以自己编辑相应的法规汇编电子版。例如，可以将《民事诉讼法》和最高人民法院相关司法解释全部拷贝成电子版，按照自己的方式编辑成册。这样做的好处有三点：一是可以在编辑的同时温习民事诉讼程序；二是当《民事诉讼法》修改或者最高人民法院发布新的司法解释时，可以方便地将之纳入，无须重新购买新的法规汇编；三是在引用或者参考具体规定时，可以方便地在电子版中利用软件的查找功能，快速查找和拷贝相应的条款。

最后，程序规则和实体法律问题一样，需要律师积累经验的同时，不断研究和分析其中涉及的法律问题。如下文所述“先裁后审”仲裁协议的效力问题，以及本书下一章所述的仲裁协议效力问题、仲裁司法审查的规则运用问题，就需要代理律师特别注意并加以研究，否则无法准确掌握和运用相关规则。

二、灵活运用程序规则

当然，规则能否发挥作用，关键在于如何运用它。规则就摆在那里，有的人善于运用，有的人却对其视而不见，甚至根本无心研究和分析，后者当然就无法运用规则使之发挥作用了。

就《民事诉讼法》以及最高人民法院的相关司法解释而言，在确定诉讼策略时常用的重要规则有：(1)案件管辖规则；(2)保全规则；(3)中止诉讼规则；(4)关于诉讼与仲裁关系的规则；(5)关于第三人撤销之诉和执行异议之诉的相关规则。其中，如果能够灵活运用案件管辖规则、中止诉讼规则，可以帮助律师确定正确的诉讼策略,甚至达到“不战而屈人之兵”的良好效果。

(一)实例之一

笔者认为,案件管辖规则非常重要,因为在何时、何地提起何种诉讼,本身就是制定诉讼策略必须考虑的问题。如果律师熟悉管辖规则,并能灵活运用管辖规则,则不但能够在客户咨询时就做到对答如流,而且在收到对方当事人的起诉文件时,也能运用自如;反之,如果律师不精通案件管辖规则,那么有可能在客户咨询之时,所提供的意见就令客户心存疑虑,在处理案件之时,也很容易陷入被动局面,甚至被对方牵着鼻子走。例如,在案例8-1中,因张某申请法院采取财产保全措施,导致朱某某持有的P公司的部分股票在2017年5月至2018年12月无法交易,最终产生了约400万元损失,为此朱某某拟起诉张某,要求赔偿因此产生的损失。根据最高人民法院《民事案件案由规定》的相关规定,此类纠纷的案由为“因申请财产保全损害责任纠纷”,属于侵权纠纷,而张某的户籍在浙江省,朱某某的经常居住地在深圳市,一般人都会考虑向张某所在地的法院起诉。

但是,笔者此前曾注意到,最高人民法院就该类纠纷的管辖问题作出了专门的批复,批复意见为该类案件由作出财产保全裁定的法院管辖。为此,在朱某某向笔者咨询该案件应当向哪个法院起诉时,笔者即告知朱某某可以向深圳市南山区人民法院起诉;并在立案时,专门向立案庭提交了最高人民法院《关于因申请诉中财产保全损害责任纠纷管辖问题的批复》作为依据,最终成功立案。张某收到起诉资料后,提出了管辖权异议,法官助理收到其管辖权异议后,曾专门打电话与笔者沟通,询问该案件为何在深圳市南山区人民法院立案,笔者对此进行了解释,并将上述批复意见提供给法官,最终一审法院和二审法院均驳回了张某的管辖权异议,而张某和朱某某也在2020年3月达成了全面和解——这正是笔者最希望看到的结果。

(二)实例之二

《民事诉讼法》第153条规定了中止诉讼的几种情形,其中第5种情形为“本案必须以另一案的审理结果为依据,而另一案尚未审结的”,即某一争议项下同时存在两起以上的案件(如案件A和案件B),而且这些案件的审理结果之间存在因果关系,如案件A是甲起诉乙,认为乙侵占了其房屋,要求乙立即迁离涉案房屋，而案件 B 是乙起诉甲，认为双方曾签订房屋买卖合同且乙已付清房款，因此要求甲履行合同，则案件 A 的审理就需要以案件 B 的审理结果为依据，若乙申请案件 A 中止诉讼，法院一般会裁定案件 A 中止诉讼，待案件 B 审结后继续审理。

如果作为被告代理人，善于运用该等规则，利用另行提起的诉讼中止原告提起的诉讼，则不但可以拖延审理进程，而且有利于反击原告——如果被告另行提起的诉讼的审理结果可以为被告的抗辩理由奠定基础，那么重新恢复原告提起的诉讼之后，被告会处于更为有利的地位。特殊情况下，由于案件处理周期过长，而客观情况的发展如市场变化等，还有可能促进当事人之间达成全面和解。

2021 年第 11 期《最高人民法院公报》刊载的《BY. O 诉豫商集团有限公司服务合同纠纷管辖权异议案》，其裁判摘要为："当事人虽就同一争议约定仲裁和诉讼两种争议解决方式，但协议明确约定，或者协议内容表明应首先适用仲裁方式、然后适用诉讼方式的，属于'先裁后审'协议。在涉外民事案件中，应准确认定'先裁后审'协议效力适用的法律。先仲裁条款依据其应当适用的法律认定为合法有效的，鉴于后诉讼条款因违反法院地即我国的仲裁一裁终局法律制度而无效，后诉讼条款无效不影响先仲裁条款效力，故应认定涉外'先裁后审'协议中仲裁条款有效、诉讼条款无效。"该案件的裁判思路，将"先裁后审"的仲裁协议条款与"或审或裁"条款区别开来，并认定"先裁后审"协议有效，这是一个特别有意思的案例，值得认真研究和学习。

上述案例，令笔者联想起自己实习期间的指导老师周律师在 2007 年处理的一起经典案件。该案件同样涉及与上述公报案例类似的争议，并且周律师最终综合运用案件管辖和中止诉讼等程序规则，迫使对方与客户达成全面和解并撤回起诉。

该案件概况如下：深圳某公司与海南某公司签订了股权转让合同，该合同的争议管辖条款约定，如果是因某一方根本违约导致合同解除等争议，则提交海南某公司所在地法院诉讼解决；如果是属于一般争议事项，则将争议提交深圳仲裁委员会仲裁解决。后来深圳某公司与海南某公司发生重大争议，为此海南某公司以深圳某公司构成根本违约为由，要求解除合同并赔偿损失（以下简称案件甲），因该案件标的金额约为 2 亿元，按 2007 年的级别管辖标准，该案件应由海南省高级人民法院进行第一审审理。

周律师代表深圳某公司应诉,首先就案件甲提出了管辖权异议,以争取应对时间。在处理案件甲的管辖权异议期间,周律师认真研究了双方签订的争议管辖条款,并认为深圳某公司可以向深圳仲裁委员会申请确认海南某公司的某一行为构成一般违约(以下简称案件乙,该案件裁决结果将导致深圳某公司享有先履行抗辩权);如果深圳仲裁委员会成功受理案件乙,则深圳某公司可以以案件甲的审理需要以案件乙的审理结果为依据为由,申请中止诉讼。

但是,因该合同约定的争议管辖条款有可能涉及"或审或裁"问题,如果直接向深圳仲裁委员会申请仲裁,则海南某公司有可能直接向深圳市中级人民法院申请确认仲裁协议无效,从而导致深圳某公司以案件乙为由,申请中止案件甲的诉讼的计划,无法得以实施。

为此,周律师经深思熟虑之后,首先以深圳某公司的名义,向深圳市中级人民法院起诉,主张双方约定的争议管辖条款有效(这是很罕见的,一般当事人均申请确认仲裁条款无效,不会申请确认仲裁条款有效)。深圳市中级人民法院受理了该案件(以下简称案件丙),而海南某公司的代理人也在案件丙的审理过程中,表示深圳某公司的诉讼请求很奇怪,因为他们也认为合同约定的争议管辖条款有效。最终,深圳市中级人民法院裁定确认双方签订的争议管辖条款有效。而深圳某公司则在获得该裁定书后,提起了案件乙,并以案件甲的审理需要以案件乙的审理结果为依据为由,向海南省高级人民法院申请中止审理案件甲。海南省高级人民法院收到申请后,同意了深圳某公司的申请,裁定案件甲中止审理。

至此,海南某公司的代理人才恍然大悟,终于明白了深圳某公司申请确认合同争议管辖条款有效的意图,然而为时已晚!最终,周律师采取的这一诉讼策略,迫使海南某公司主动与深圳某公司协商和解方案,双方达成了全面和解协议后,海南某公司和深圳某公司均撤回了各自的起诉。

上述案例,可谓灵活运用程序规则,迫使对方"知难而退",最终成为"不战而屈人之兵"的经典案例,其中的处理思路,值得年轻律师认真学习。

事实上,笔者下一章要讲述的案例 14 - 1 中,对于放弃仲裁协议后当事人应当先向深圳市福田区人民法院起诉,还是先向深圳仲裁委员会申请仲裁,也受到了上述案例的启发。

第十四章 诉讼与仲裁的衔接问题

本书讨论的诉讼,实际上包括了仲裁,但为便于表述,相关章节没有特别强调仲裁。

仲裁与诉讼一样,都是按照法律规定的程序和方式,调整当事人之间利益关系的活动。就方法和技巧而言,处理仲裁案件与处理诉讼案件大致相同。仲裁的特殊之处在于其形式相对灵活,且仲裁有可能转化为诉讼。一方面,仲裁有可能因仲裁协议无效或者失效而转化为诉讼;另一方面,仲裁裁决后当事人有权申请撤销仲裁裁决、不予执行仲裁裁决,从而发生仲裁司法审查诉讼。因此,研究仲裁与诉讼之间的衔接问题,注意仲裁司法审查规则的发展和变化,对诉讼律师具有现实意义。

本章主要探讨仲裁协议的效力、仲裁司法审查规则的变化对代理律师工作的影响,以及我们应当如何应对等问题。

第一节 仲裁协议的效力问题

仲裁协议是当事人双方达成的、自愿将彼此之间可能发生或已经发生的争议提交仲裁的意思表示,[1]本质上是一种契约。根据《仲裁法》第16条和最高人民法院《关于适用〈中华人民共和国仲裁法〉若干问题的解释》

〔1〕 参见张斌生主编:《仲裁法新论》,厦门大学出版社2010年版,第65页。

(以下简称《仲裁法解释》)第1条的规定,仲裁协议包括合同中订立的仲裁条款和以其他书面方式达成的请求仲裁的协议。"其他书面形式"包括合同书、信件和数据电文(包括电报、电传、传真、电子数据交换和电子邮件)。

仲裁协议集中体现了仲裁自愿原则和协议仲裁制度,对缔约当事人、仲裁机构、法院都具有法律约束力,是仲裁制度的基石,是仲裁机构排除法院管辖权的重要条件。因此,仲裁协议是否存在无效、失效的情形,是法院能否行使管辖权的前提条件。无效或者失效的仲裁协议,均不具备仲裁协议的效力,法院可以行使管辖权。

所谓仲裁协议的效力,是指仲裁协议所具有的法律上的约束力,其实质是产生"妨诉抗辩"效力,[1]即仲裁协议缔约当事人违反仲裁协议约定向法院起诉后,另外可以以仲裁协议为依据向法院提出异议,请求法院驳回相对方的起诉,而法院亦不能主动受理约定了有效仲裁协议的案件。正因如此,在案例7-1中,笔者才会建议A公司撤回同时对B公司、C公司、D公司的起诉,因为A公司与B公司签订的《合同》,以及A公司、B公司、C公司签订的《三方协议》,均有仲裁条款且仲裁条款有效,如果A公司不撤回起诉,广州海事法院必然会驳回A公司的起诉,从而耽误A公司处理相关问题的时机。

仲裁的依据是当事人达成的仲裁协议,但仲裁协议有可能存在无效或者失效的情形,如果仲裁协议无效或者失效,则根据相关规定应当将争议提交法院审理。

缺乏生效要件的仲裁协议无效,因此缺乏法律约束力。由于仲裁协议本质上是一种契约,首先,仲裁协议必须具备合同生效的一般要件,如各方当事人有相应的行为能力、意思表示真实等。其次,仲裁协议还必须符合《仲裁法》等法律规定的特殊要件,如应符合《仲裁法》第16条规定的形式要件,并且不存在《仲裁法》第17条规定的无效情形等。

仲裁协议失效,则是指当事人所订立的原本有效的仲裁协议,因法律规定的某项特定事由的发生而丧失其既有的法律约束力。[2]一般而言,各方当事人达成将相关争议由仲裁变更为诉讼管辖的协议,或者仲裁裁决被法

[1] 参见张斌生主编:《仲裁法新论》,厦门大学出版社2010年版,第65页。
[2] 参见叶青主编:《中国仲裁制度研究》,上海社会科学院出版社2009年版,第94页。

院依法撤销或裁定不予执行等,都可以导致仲裁协议失效。

一、放弃仲裁协议的法律后果及其分歧

除上述无效和失效情形外,一般认为《仲裁法》第 26 条规定的放弃仲裁协议情形,也将导致仲裁协议失效。

《仲裁法》第 26 条规定:"当事人达成仲裁协议,一方向人民法院起诉未声明有仲裁协议,人民法院受理后,另一方在首次开庭前提交仲裁协议的,人民法院应当驳回起诉,但仲裁协议无效的除外;另一方在首次开庭前未对人民法院受理该案提出异议的,视为放弃仲裁协议,人民法院应当继续审理。"

由于对上述规定中的"未声明有仲裁协议"具体包括了哪些情形存在不同理解,例如,是仅指证据材料中没有任何文件记载有仲裁条款(双方的仲裁协议独立于涉案合同),还是包括已经提交了载有仲裁条款的涉案合同;以及对"放弃仲裁协议"的具体法律后果存在不同解读,司法实践中对于何种情形下可认定当事人已放弃仲裁协议,及当事人放弃仲裁协议后的法律后果,至今存在不同的处理。

以下案例即反映了上述问题。

案例 14-1 | 许某诉孙某房屋买卖合同纠纷案

在该案件中,笔者代表原告许某,参与处理了该案件一审阶段、二审阶段以及驳回起诉后的仲裁阶段、撤销仲裁裁决阶段、不予执行仲裁裁决阶段、强制执行阶段的全部法律事务。

【案情概要】

2005 年 9 月 4 日,孙某(系彭某继母)以彭某代理人身份与许某、中介方签订《二手房买卖合同》(以下简称买卖合同),约定由彭某以 135 万元将涉案房产转让给许某,孙某代表彭某审阅合同并承担连带责任,中介方收取4000元居间费用。买卖合同第 16 条约定:"如本合同产生争议,三方协商无法解决时,可向深圳仲裁委员会提出仲裁,仲裁结果对三方均有约束力。"

买卖合同签订后,中介方收取了佣金,孙某收取了许某支付的 22 万元定金,并将涉案房产交许某使用,许某遂投入资金进行装修。因签约后房价急

剧上涨,孙某、彭某反悔,未配合许某办理过户手续。

2010 年 5 月,彭某以涉案房屋内的实际居住人员为被告,提起物权保护之诉,要求实际居住人马某(系许某亲属)搬离房屋并赔偿租金损失,一审法院以彭某与许某存在合同关系,马某不构成侵权为由,驳回了彭某的诉讼请求。

2011 年 12 月 14 日,彭某以孙某、许某为被告,向深圳市福田区人民法院起诉,以孙某没有获得授权为由,要求确认买卖合同无效(以下简称无效案件)。许某收到起诉资料后,既未提供任何资料,亦未参加一审庭审。深圳市福田区人民法院经审理后作出一审判决,确认买卖合同无效。

许某收到一审判决后提起上诉,以买卖合同订有仲裁条款、一审遗漏了必要的当事人(中介方)为由,要求深圳市中级人民法院驳回彭某的起诉。

2012 年 12 月 10 日,深圳市中级人民法院作出二审判决,认为管辖权异议需以明示方式提出,但许某没有以明示的方式提出管辖权异议,应当视为放弃了仲裁协议;买卖合同对彭某没有约束力,但孙某承诺承担连带责任的条款对孙某有效,如许某因买卖合同无效遭受损失,可另寻法律途径向孙某追偿,并据此维持了一审判决。

2013 年 1 月 23 日,许某以孙某为被告向深圳市福田区人民法院起诉,以孙某违约为由要求孙某赔偿损失(以下简称赔偿案件)。深圳市福田区人民法院立案后,以买卖合同的仲裁协议仍有效、两起案件不是相同争议为由,裁定驳回许某的起诉。许某不服,向深圳市中级人民法院提起上诉。深圳市中级人民法院以相同理由维持了一审裁定。

【处理过程】

1. 存在的问题

笔者在处理案例 14 - 1 之前处理的一起建设工程施工合同纠纷案件,当事人同样在前一个诉讼中放弃了仲裁协议,但与案例 14 - 1 不同,深圳市中级人民法院在上述建设工程施工合同纠纷案件此后的诉讼中,认为该当事人放弃仲裁协议后,仲裁协议就已失效,此后发生的全部争议均应当由法院管辖;另一起笔者同事代理的债权转让合同纠纷案件,因被告没有参加诉讼,但债权转让合同中约定了仲裁条款,深圳市中级人民法院直接驳回了原告的起诉。

上述不同案件的不同处理结果,反映了司法实践对放弃仲裁协议的构成要件和法律后果存在分歧。

首先,就放弃仲裁协议的构成要件,深圳市中级人民法院认为,无效案件中许某一审期间没有进行实质性答辩可以导致放弃仲裁协议的后果;许某认为,必须以其进行实质性答辩作为构成要件(被告未答辩且庭审时缺席的,不属于放弃仲裁协议情形),且深圳市中级人民法院在其他案件(如上述债权转让合同纠纷案)中的观点也是如此。

其次,就放弃仲裁协议的法律后果,深圳市福田区人民法院和深圳市中级人民法院在赔偿案件中认为,放弃仲裁协议仅能导致仲裁协议在法院受理的具体案件中失去法律约束力,但仲裁协议并不因此完全失效;许某认为,放弃仲裁协议的法律后果是仲裁协议完全失效,且深圳市中级人民法院在其他案件(如上述建设工程施工合同纠纷案)中的观点也是如此。

2. 解决办法

由于深圳市中级人民法院已于 2012 年 12 月 10 日就无效案件作出判决,认定许某"放弃"了仲裁协议,那么许某于 2013 年 1 月要求孙某赔偿损失(包括差价损失),是根据买卖合同约定的仲裁条款向深圳仲裁委员会申请仲裁,还是向深圳市福田区人民法院提起诉讼?这是摆在笔者面前的一个重要问题。

笔者经慎重考虑,最终建议许某先向深圳市福田区人民法院起诉(案情概要最后一段所述赔偿案件)。作出这一选择,笔者主要考虑了以下因素:

第一,根据以往案件中深圳市中级人民法院作出的裁定,如果当事人已被认定放弃了仲裁协议,则基于该合同发生的其他争议,均应当提交法院审理,放弃仲裁协议的后果是仲裁协议完全失效。因此,如果许某选择先向深圳仲裁委员会申请仲裁,孙某有可能会在仲裁过程中就仲裁协议的效力提出异议,并将之作为今后申请撤销仲裁裁决的重要理由,一旦仲裁裁决因仲裁协议的效力问题被撤销,则许某因此投入的精力和仲裁费均无法挽回,具有较大的风险。

第二,如果许某向深圳市福田区人民法院起诉,但法院最终认为应当向深圳仲裁委员会申请仲裁,法院也仅是驳回许某的起诉并退还诉讼费,许某并不会有损失,但法院就此作出的驳回起诉的裁定书,却可以作为许某向深圳仲裁委员会申请仲裁的法律依据,从而扫除可能的程序法律障碍,即便孙某败诉后转而以许某已放弃仲裁协议为由要求撤销仲裁裁决,法院也不可能支持其这一主张。因此这一方案更为妥当。

此后,深圳市福田区人民法院和深圳市中级人民法院均认为,许某应当向深圳仲裁委员会申请仲裁,而许某则根据该等生效裁判,向深圳仲裁委员会申请仲裁。案件裁决后,孙某果然又以仲裁条款无效为由,先后申请撤销仲裁裁决和不予执行仲裁裁决,但深圳市中级人民法院认为,此前的生效裁判已确认仲裁条款对双方仍具有法律约束力,因此分别驳回了孙某要求撤销仲裁裁决和不予执行仲裁裁决的申请。

【处理结果】

自彭某2010年5月起诉开始,与案例14-1相关的诉讼和仲裁活动,一直到2015年12月才全部结束。

该案件最终的处理结果是,法院判决许某向彭某返还涉案房屋,深圳仲裁委员会则裁决孙某向许某赔偿购房差价损失2,771,485.5元,并返还许某已支付的定金和租金34.6万元、赔偿律师费15万元以及相关款项产生的利息等。仲裁裁决后,深圳市中级人民法院分别驳回了孙某申请撤销仲裁裁决和不予执行仲裁裁决的请求,此后顺利执行到位。

赔偿2,771,485.5元购房差价损失这一裁决结果,对许某而言来之不易。鉴于房屋买卖合同纠纷中关于赔偿差价损失的争议较多,且司法实践对该问题的处理同样存在分歧,除了分享上述运用程序规则的经验之外,下面笔者再分享一下处理该案件实体法律问题的经验。

许某与孙某签订的买卖合同约定了成交价格,并约定还要另行签订正式的买卖合同(过户时网签的买卖合同),因此在法律性质上属于预约合同,并非正式的买卖合同。在卖方违约的情况下,深圳市各级法院一般仅支持双倍返还定金或者赔偿合同约定价款20%的违约金,因此深圳仲裁委员会裁决孙某向许某赔偿差价损失是一大突破。而深圳仲裁委员会之所以会支持许某要求赔偿差价损失的仲裁请求,有以下几个因素:

第一,涉案房屋在签订买卖合同十年后,市场价格已经由135万元上涨至500余万元(仲裁裁决时的评估价,该仲裁裁决在区分双方过错的基础上,支持了差价部分的70%),确实会导致许某重新购买房屋时需要额外增加较大成本,许某因孙某的违约行为导致了重大损失的事实很明确。值得一提的是,房价上涨后的价格与合同约定的价格之间的差额,应理解为买方的购房差价损失,是买方受到的实际损失,即这是买方在卖方违约后,在同一地段重新购买同等房产时必然会增加的费用,是客观存在的。很多买方在诉讼中将房价上涨后的价格与合同约定的价格之间的差额理解为可得利益,即假设买方按合同约定获得争议房产并卖出后可能获得的利益,笔者认为这种主张并不可取,因为可得利益是建立在假设买方出售争议房产的基础之上的,偏于主观。两者比较,买方主张购房差价损失更客观,更容易被法官或者仲裁员接受。

第二,孙某在房价上涨之后恶意违约的证据确凿。涉案房屋实际由孙某及其丈夫控制,仅登记在彭某名下,孙某及其丈夫在刑事案件询问笔录中承认,因房价上涨不想卖房了。笔者还发现,以彭某名义向法院提起的诉讼,相关起诉状及授权文件均非彭某签名,而是孙某的丈夫代彭某签名,孙某及其丈夫因房价上涨而故意制造诉讼以毁约的目的昭然若揭。此外,彭某与孙某在无效案件再审过程中虽互为原审的原告与被告,但却委托了同一个律师参加庭审(笔者当时对此提出了异议,后孙某代理人主动表示不代理孙某参加庭审,但庭审笔录已记载该事项)。因此,在诉讼过程中尽力调查全部案件事实,不放弃任何一个细节(如比对各方当事人的签名有无异常),并在庭审时突出对自己有利的事实,非常重要。

第三,笔者在该案件处理过程中,将《最高人民法院公报》中关于卖方恶意违约需要赔偿差价损失的案例[1]作为证据,成功说服了仲裁庭。

案例 14－1 的处理过程和处理结果,证明重视诉讼策略和恰当运用程序规则,对实现客户诉讼目的、确保案件质量具有重要意义。此外,熟悉《最高人民法院公报》相关判例,百折不挠地追寻正义,也是该案件最终取得胜利的原因之一。

二、理解放弃仲裁协议问题的其他视角

关于放弃仲裁协议的构成要件以及法律后果,由于《仲裁法解释》等专

---

〔1〕 参见《张励与徐州市同力创展房地产有限公司商品房预售合同纠纷案》,载《最高人民法院公报》2012 年第 11 期;《仲崇清诉上海市金轩大邸房地产项目开发有限公司合同纠纷案》,载《最高人民法院公报》2008 年第 4 期。

门性的司法解释没有作出明确规定,导致不同人员对此有不同的看法。只有清楚不同人员存在不同的看法,律师才能在不同情形下,根据客户的具体需要灵活运用规则。

为此,在介绍案例14-1的处理经验的基础上,笔者尝试从其他司法文件、"放弃"一词的含义、放弃仲裁协议与仲裁制度的关系等不同角度,对放弃仲裁协议的构成要件和法律后果进行解读,以期抛砖引玉。

(一)可供参考的司法文件

事实上,就各方当事人均未提交仲裁协议,且另一方没有出庭应诉答辩能否导致当事人放弃仲裁协议的问题,最高人民法院曾在《关于订有仲裁条款的合同一方当事人不出庭应诉如何处理的复函》中规定:"……你院受理后发现有仲裁条款的,应先审查确定仲裁条款的效力。如仲裁条款有效,被告经合法传唤未答辩应诉,不能据此认为其放弃仲裁并认定人民法院取得管辖权。如果本案所涉及仲裁条款有效、原告仍坚持起诉,你院应驳回原告的起诉"。

根据上述规定,最高人民法院以被告经合法传唤后是否"应诉答辩",作为当事人放弃仲裁并认定法院取得管辖权的必要条件,并明确规定当事人经合法传唤后没有答辩应诉的,不能认为当事人放弃了仲裁协议。这也是笔者参与处理的部分案件(如前述债权转让合同纠纷案),在当事人没有应诉答辩的情况下,法院直接驳回原告起诉的原因。

(二)"放弃"的基本含义

汉语中"放"字的本义是"解除约束,得到自由",[1]"弃"字的本义则是"舍去、扔掉",[2]而"放弃"的基本含义是"丢掉(原有的权利、主张、意见等)"。[3]"放弃"一词在日常生活和法律条文中均较为常见,除《仲裁法》第26条外,《民法典》第1124条规定了"放弃继承"的概念,继承人放弃继承后将不再享有要求分配遗产的权利。

因此,根据汉语字义,法律条文中"放弃"的含义应当是指舍去原有的某

---

〔1〕《新华字典》,商务印书馆2004年版,第125页。
〔2〕《新华字典》,商务印书馆2004年版,第387页。
〔3〕中国社会科学院语言研究所词典编辑室编:《现代汉语词典》,商务印书馆2002年版,第359页。

一特定权利,与“弃权”含义相近。权利人一旦“放弃”某种权利,即不再享有该等权利,而放弃仲裁协议应当理解为解除仲裁协议对彼此的约束,并舍去了向仲裁机构申请仲裁的权利,仲裁协议因对各方当事人不再具有法律约束力而完全失效。

(三)放弃仲裁协议与仲裁制度的关系

由于仲裁协议具有“妨诉抗辩”效力,“或裁或审”成为大多数国家采用的基本仲裁制度,即当事人选择争议解决方式时,只能在仲裁与诉讼中二者取其一,不能同时选择仲裁和诉讼。我国仲裁制度亦是如此,《仲裁法解释》第7条即明确规定,如果当事人约定争议既可以向仲裁机构申请仲裁也可以向法院起诉的,则仲裁协议无效。

“或裁或审”仲裁制度意味着一旦约定事项依法确定应当由法院审理后,除非双方达成了将争议提交仲裁机构解决的新的仲裁协议,否则就必然排除了当事人向仲裁机构申请仲裁的可能性和合法性。

而根据《仲裁法》第26条的规定,如果法院认定各方当事人的行为符合放弃仲裁协议情形,其直接法律后果是“人民法院应当继续审理”,即法院获得了对约定事项的管辖权——根据“或裁或审”仲裁制度,这意味着该仲裁协议已不再具有“妨诉抗辩”效力,对各方当事人不再具有法律约束力,即仲裁协议已完全失效。

第二节 仲裁司法审查规则的变化与应对

除了仲裁与诉讼在特定条件下,可以因为仲裁协议的效力问题而相互转换之外,《仲裁法》《民事诉讼法》还分别规定当事人有权向法院申请撤销仲裁裁决、不予执行仲裁裁决。因此,即便仲裁协议有效且仲裁机构已经作出了仲裁裁决,也有可能因当事人向法院申请撤销仲裁裁决、申请不予执行仲裁裁决,而产生诉讼案件。

法院处理当事人申请撤销或者不予执行仲裁裁决的案件,统称为仲裁司法审查案件。对诉讼律师而言,研究仲裁司法审查案件处理程序和标准的具体变化,是在相关案件中采取恰当措施的前提。

2012年8月31日修正后的《民事诉讼法》第237条[1],对2007年修正的《民事诉讼法》第213条规定的可申请不予执行仲裁裁决的条件进行了修改,删除了“认定事实的主要证据不足的”以及“适用法律确有错误的”两种情形。

2017年12月26日,最高人民法院发布了《关于仲裁司法审查案件报核问题的有关规定》(以下简称《报核问题规定》)和《关于审理仲裁司法审查案件若干问题的规定》(以下简称《仲裁司法审查规定》)。

2018年2月22日,最高人民法院在《报核问题规定》《仲裁司法审查规定》的基础上,又发布了《关于人民法院办理仲裁裁决执行案件若干问题的规定》(以下简称《办理仲裁执行规定》)。

2021年12月24日,最高人民法院发布《关于修改〈最高人民法院关于仲裁司法审查案件报核问题的有关规定〉的决定》,对《报核问题规定》作了部分修改。

《报核问题规定》《仲裁司法审查规定》《办理仲裁执行规定》三个司法解释,是最高人民法院自2006年8月23日发布《仲裁法解释》以来,再次通过的与《仲裁法》适用有关的司法解释。因该三个司法解释是与仲裁司法审查有关的新规定,为便于表述,以下将该三个司法解释统称为“仲裁司法审查新规”。

自《仲裁法解释》通过以来,《民事诉讼法》也经历了2007年10月28日、2012年8月31日、2017年6月27日、2021年12月24日四次修正,最高人民法院则于2014年12月18日通过了《民事诉讼法解释》,并于2020年12月23日、2022年3月22日作了两次修正,仲裁司法审查的程序、标准均发生了较大变化。

为此,笔者特结合《仲裁法》《民事诉讼法》《民事诉讼法解释》《仲裁法解释》,对仲裁司法审查规则的变化进行简要梳理,总结其中的制度创新和律师应当注意的事项,并以笔者实际参与处理的案件为例,分享处理司法审查案件的经验。

---

[1] 2021年修正的《民事诉讼法》对应的为第244条。

一、确立了仲裁司法审查案件逐级报核制度

在《报核问题规定》发布前，最高人民法院曾分别于1995年8月28日和1998年4月23日发布了《关于人民法院处理与涉外仲裁及外国仲裁事项有关问题的通知》和《关于人民法院撤销涉外仲裁裁决有关事项的通知》，这两个通知确立了所谓的"报请制度"，即我国法院在确认涉外仲裁协议效力、承认与执行我国涉外仲裁机构或外国仲裁机构裁决、撤销我国涉外仲裁裁决的案件中，需要逐级"报请"最高人民法院。

而《报核问题规定》则在第2条和第3条，根据案件是否具有涉外涉港澳台因素，将司法审查案件分为"涉外涉港澳台仲裁司法审查案件"和"非涉外涉港澳台仲裁司法审查案件"两类，并据此规定了不同的"报核"程序：

1. 对于涉外涉港澳台的仲裁司法审查案件，《报核问题规定》规定了与报请制度类似的"三级法院报核"制度：中级人民法院对于否定仲裁协议效力案件，经审查拟认定仲裁协议无效，不予执行或者撤销我国内地仲裁机构的仲裁裁决，不予认可和执行我国香港特别行政区、澳门特别行政区、台湾地区仲裁裁决，不予承认和执行外国仲裁裁决，应当向本辖区所属高级人民法院报核；高级人民法院经审查拟同意的，应当向最高人民法院报核。待最高人民法院审核后，方可依最高人民法院的审核意见作出裁定。

2. 对于非涉外涉港澳台仲裁司法审查案件，《报核问题规定》则在第2条第2款规定了"两级法院报核并报备"制度：中级人民法院经审查拟认定仲裁协议无效，不予执行或者撤销我国内地仲裁机构的仲裁裁决，应当向本辖区所属高级人民法院报核；待高级人民法院审核后，方可依高级人民法院的审核意见作出裁定。

3. 将仲裁司法审查案件按是否涉外涉港澳台区分的同时，《报核问题规定》还在第3条规定，对非涉外涉港澳台司法审查案件，如果是以违背社会公共利益为由不予执行仲裁裁决或者撤销仲裁裁决的，则与涉外涉港澳台司法审查案件一样，实行"三级法院报核"制度。

逐级报核制度如果得到严格执行，意味着各地区的中级人民法院在审理仲裁司法审查案件，尤其是在审理涉外涉港澳台仲裁司法审查案件时，法官的自由裁量权将被大大限制，当事人申请撤销仲裁裁决、不予执行仲裁裁决的难度会比此前更大。

本节下文将要讲述的案例14－2，即因仲裁申请人郑某在房屋租赁期间

获得了香港居民身份,并注销了内地户籍,因此深圳国际仲裁院、深圳市中级人民法院均按涉外(涉港)仲裁案件有关规则处理该案件相关事项。而笔者正是基于对《报核问题规定》等相关仲裁司法审查规则的了解,在T公司深圳分公司申请撤销仲裁裁决时,向郑某提供了正确的咨询意见,从而获得了郑某的理解和信任,郑某因而没有接受T公司深圳分公司此后提出的不合理的和解方案。

二、确立了案外人申请不予执行仲裁裁决制度

仲裁是当事人之间协商选择的纠纷解决方式,因此仲裁活动一般仅在订立仲裁协议的当事人之间进行,仲裁裁决也只约束仲裁当事人。《仲裁法》《民事诉讼法》均没有赋予案外人申请撤销或者不予执行仲裁裁决的权利:《仲裁法》第58条规定的可以申请撤销仲裁裁决的"当事人"并不包括案外人,《民事诉讼法》第244条也仅规定"被申请人"有权申请不予执行仲裁裁决,同样没有赋予案外人申请不予执行仲裁裁决的权利。

由于上述原因,特别是2012年修正的《民事诉讼法》增加了第三人撤销之诉以及打击虚假诉讼的内容之后,出现了较多当事人利用仲裁具有封闭性以及不公开审理、不公开仲裁裁决书等特点,通过恶意串通的方式进行恶意仲裁、虚假仲裁损害案外人利益的情况。笔者在工作中即见过类似案例,其中尤其以代持股、代持房产等关系中的名义权利人与他人合谋较为普遍。由于缺乏明确的法律规定,案外人主张救济权利存在较大困难。

为此,《办理仲裁执行规定》基于案外人权利救济理论,在《民事诉讼法》的框架内对可申请不予执行的主体作出了扩张解释,允许案外人对损害其利益的仲裁裁决申请不予执行。

《办理仲裁执行规定》在第9条规定了案外人申请不予执行仲裁裁决的程序条件:"案外人向人民法院申请不予执行仲裁裁决或者仲裁调解书的,应当提交申请书以及证明其请求成立的证据材料,并符合下列条件:(一)有证据证明仲裁案件当事人恶意申请仲裁或者虚假仲裁,损害其合法权益;(二)案外人主张的合法权益所涉及的执行标的尚未执行终结;(三)自知道或者应当知道人民法院对该标的采取执行措施之日起三十日内提出。"

在规定程序条件的基础上,《办理仲裁执行规定》在第18条规定了案外人申请不予执行仲裁裁决的审查标准:"案外人根据本规定第九条申请不予执行仲裁裁决或者仲裁调解书，符合下列条件的，人民法院应当支持：（一）案外人系权利或者利益的主体；（二）案外人主张的权利或者利益合法、真实；（三）仲裁案件当事人之间存在虚构法律关系，捏造案件事实的情形；（四）仲裁裁决主文或者仲裁调解书处理当事人民事权利义务的结果部分或者全部错误，损害案外人合法权益。”

笔者认为，《办理仲裁执行规定》所创设的案外人申请不予执行仲裁裁决规则，是非常重要的仲裁司法审查规则，这一规则的功能与《民事诉讼法》所规定的第三人撤销之诉规则相似，作为年轻律师，需要特别关注这一规则，并在执业过程中，注意运用这一规则维护客户利益。

三、调整了申请不予执行仲裁裁决的期限

2015 年《民事诉讼法解释》第 481 条[1]规定，当事人请求不予执行仲裁裁决或者公证债权文书的，应当在执行终结前向执行法院提出。

《办理仲裁执行规定》第 8 条则对当事人申请不予执行仲裁裁决的申请期限作了调整，规定如下：“被执行人向人民法院申请不予执行仲裁裁决的，应当在执行通知书送达之日起十五日内提出书面申请；有民事诉讼法第二百三十七条第二款第四、六项[2]规定情形且执行程序尚未终结的，应当自知道或者应当知道有关事实或案件之日起十五日内提出书面申请。本条前款规定期限届满前，被执行人已向有管辖权的人民法院申请撤销仲裁裁决且已被受理的，自人民法院驳回撤销仲裁裁决申请的裁判文书生效之日起重新计算期限。”

对逾期提出申请的后果，《办理仲裁执行规定》第 19 条第 1 款规定：“被执行人、案外人对仲裁裁决执行案件逾期申请不予执行的，人民法院应当裁定不予受理；已经受理的，应当裁定驳回不予执行申请。”

鉴于《办理仲裁执行规定》第 19 条明确规定当事人逾期申请将丧失权利，作为诉讼律师，应当特别注意申请不予执行仲裁裁决的期限，避免出现逾期提出申请的情况。

---

〔1〕 参见 2022 年修正的《民事诉讼法解释》第 279 条。

〔2〕 此处适用的是 2017 年修正的《民事诉讼法》，相关规定参见 2021 年修正的《民事诉讼法》第 244 条第 2 款第 4 项、第 6 项。

笔者处理案例14-1时,并无任何法律或者司法解释规定,当事人必须在收到执行通知后15日内申请不予执行仲裁裁决。因此,孙某在收到仲裁裁决后,不但申请了撤销仲裁裁决,而且在法院驳回其要求撤销仲裁裁决的申请后,又以同样的理由继续申请不予执行仲裁裁决(事实上,根据《仲裁法解释》第26条的规定,当事人申请撤销仲裁裁决被驳回后,又在执行过程中以相同理由申请不予执行仲裁裁决的,法院不予支持),导致案件处理周期较长;在下文将要讲述的案例14-2中,T公司深圳分公司则没有在收到执行通知书后15日内申请不予执行仲裁裁决。

因此,上述规定可以提高仲裁司法审查案件的处理效率,加快法院执行进程,从而保障当事人的正当权益。

四、仲裁司法审查案件实例

笔者在2021年处理了一起涉港仲裁案件,该案件部分案情比较特殊,并且从笔者参与处理该案件之日起,该案件经历了仲裁、申请撤销仲裁裁决、执行、追加被执行人等几个完整的阶段,现将笔者办理该案件的相关经验分享给各位读者。

案例14-2 | 郑某诉T公司深圳分公司房屋租赁合同纠纷案

在该案件中,笔者代表申请人郑某,参与处理了该案件仲裁阶段、申请撤销仲裁裁决阶段、强制执行阶段的全部法律事务。

【案情概要】

2012年3月1日,郑某与T公司华南区域指挥部签订了一份《租赁合同》,约定由T公司华南区域指挥部向郑某承租位于深圳市南山区的面积约980平方米的房屋(以下简称涉案房屋),租赁期限从2012年3月1日起至2022年2月28日止,其中,自2020年3月1日开始每月租金为94,765元,物业管理费、本体维修基金、空调费以及水电费等均由T公司华南指挥部承担;该《租赁合同》第8条第1款约定:"因履行本合同而产生的争议,双方应协商解决;协商不成的,双方同意将争议提交深圳仲裁委员会,按照该会仲裁规则进行仲裁";此外,该《租赁合同》第8条第3款还特别约定,《租赁合同》与双方提交租赁管理所备案的合同不一致的,则以该《租赁合同》为准。

上述《租赁合同》签订后，根据该《租赁合同》第8条第3款的约定，郑某与T公司深圳分公司于2012年4月26日签订了用于备案登记的《深圳市房屋租赁合同书》，约定的租赁期限与《租赁合同》约定的租赁期限一致，争议管辖条款也同样约定由深圳仲裁委员会仲裁解决，但约定的租金标准与《租赁合同》不同。

2014年6月24日，郑某获得香港居民身份，随后注销了内地户籍。

T公司华南指挥部实际上没有进行工商登记，而是T公司的内部机构，与T公司深圳分公司合署办公（人财物混同，对外分别挂T公司华南指挥部和T公司深圳分公司两个牌子）。

在上述《租赁合同》《深圳市房屋租赁合同书》签订后，一直由T公司深圳分公司按上述《租赁合同》约定的租金标准和支付期限，向郑某支付租金，并由T公司深圳分公司在物业公司开户，支付相应的水电费、物业管理费等各项费用。

2020年6月起，T公司深圳分公司开始拖欠租金。为此，郑某通过各种方式，多次催告T公司深圳分公司支付租金等各项费用，但T公司深圳分公司始终没有支付任何费用。

2020年12月20日，郑某向深圳国际仲裁院提交仲裁申请，要求解除《租赁合同》《深圳市房屋租赁合同书》，裁决T公司深圳分公司支付拖欠的租金合计663,355元、其他费用39,205.13元，并按双倍租金标准（每月189,530元）向郑某支付自合同解除之日起至T公司深圳分公司实际向郑某返还租赁房屋之日止的逾期迁离期间的赔偿金、赔偿郑某因本案支付的律师费80,000元等。

2021年3月21日，郑某开始实际接管涉案房屋，并在涉案房屋内进行装修。

【处理过程】

上述案件，事实方面的争议较为简单，但程序方面的问题相对复杂：因T公司华南指挥部并没有办理任何注册登记手续，实际上是T公司或者T公司深圳分公司的内设机构，并没有诉讼主体资格，郑某无法依据与其签订的《租赁合同》，以T公司华南指挥部为被申请人提出仲裁申请。因此，笔者要解决的第一个问题，就是如何确定被申请人（被告）。也就是说，谁才是涉案房屋的实际承租人。

对于该问题,笔者认为,根据该案件相关材料可知,T 公司华南指挥部虽刻有公章,但实际上并未办理工商登记手续,所以不能作为被申请人。可以选择作为被申请人的、有诉讼主体资格的,一是 T 公司,二是 T 公司深圳分公司。但根据该案件实际情况,笔者认为不宜选择以 T 公司作为被申请人:

首先,T 公司在全国各地均有分公司,但所谓的“T 公司华南指挥部”,究竟是 T 公司设立的,还是 T 公司深圳分公司设立的,郑某并不清楚,笔者也无法掌握更为确切的证据对此予以证实,但从合同履行情况来看,T 公司华南指挥部并没有银行账户,而 T 公司却从未向郑某支付过租金等任何费用,因此 T 公司被认定为涉案合同的实际承租人的概率很小。

其次,T 公司深圳分公司不但与郑某签署了《深圳市房屋租赁合同书》并办理了备案登记,而且多年来一直由 T 公司深圳分公司支付租金,涉案房屋现场照片也可以证明 T 公司深圳分公司、T 公司华南指挥部是合署办公的,《租赁合同》记载的 T 公司华南指挥部负责人,也与 T 公司深圳分公司登记的负责人是同一个人,物业公司每月就涉案房屋出具的物业收费单据,均载明 T 公司深圳分公司为房屋使用人。因此, T 公司深圳分公司与涉案合同和涉案房屋均具有密切联系,以 T 公司深圳分公司作为被申请人,更符合本案事实,获得仲裁庭或者法院支持的可能性较大。

最后,T 公司的注册地在天津,而 T 公司深圳分公司的注册地在深圳,假设郑某以 T 公司深圳分公司为被申请人申请仲裁且胜诉,那么郑某就可以直接向深圳市中级人民法院申请强制执行,这没有争议;但是,如果以 T 公司为被申请人,即便假设郑某的仲裁请求获得支持,也有可能会出现郑某应当向哪个法院申请执行仲裁裁决的争议,如果郑某向深圳市中级人民法院申请执行仲裁裁决,则还要举证证明 T 公司在深圳有相应的财产〔1〕。

为此,笔者在确定诉讼策略之时,决定以 T 公司深圳分公司为被申请人,理由如下:T 公司华南指挥部是 T 公司深圳分公司的内设机构,两者合署办公,人财物混同,T 公司华南指挥部在签订《租赁合同》时,是作为 T 公司深圳分公司的代理人签署的,构成表见代理,此后租金等全部费用实际均由

〔1〕《仲裁法解释》第 29 条规定:“当事人申请执行仲裁裁决案件,由被执行人住所地或者被执行的财产所在地的中级人民法院管辖。”

T 公司深圳分公司支付给郑某,因此 T 公司深圳分公司才是实际承租人。

笔者需要解决的第二个问题,是该案应当向《租赁合同》《深圳市房屋租赁合同书》均约定的仲裁机构——深圳仲裁委员会(现深圳国际仲裁院)申请仲裁,还是向涉案房屋所在地法院——深圳市南山区人民法院起诉?经咨询深圳国际仲裁院,如果郑某向深圳国际仲裁院申请仲裁,那么案件将按涉外案件的收费标准收取仲裁费用,根据郑某申请仲裁的金额和事项(要求解除合同)进行测算,郑某需要预缴的仲裁费用为 73,968 元(如果仲裁请求被驳回,该等仲裁费用不予退还)。但是,如果郑某向深圳市南山区人民法院提起诉讼,则应预交的案件受理费为 13,520.90 元,且如果法院最终以双方有仲裁协议为由驳回郑某起诉,预交的案件受理费可以全部退回。两者的收费标准差别较大,如果处理不当,郑某不但要承担败诉的风险,而且还有可能损失 73,968 元仲裁费用。

根据该案件实际情况,笔者最终建议郑某向深圳国际仲裁院申请仲裁。如果读者朋友已了解笔者在处理案例 14 - 1 时是如何考虑许某应当先选择诉讼还是仲裁这一问题的,一定会对笔者的这一建议产生疑问。

笔者确定郑某应向深圳国际仲裁院申请仲裁,而非向深圳市南山区人民法院起诉,主要是考虑了三个方面的因素,一是案件实际情况,二是客户实际需要,三是法院受理案件的实际操作程序。

第一,关于案件实际情况。本案虽然与案例 14 - 1 相似,即仲裁协议的效力有可能存在争议,但是,本案的仲裁协议与案例 14 - 1 的仲裁协议涉及的争议不同:案例 14 - 1 的仲裁协议争议,是关于生效裁判已确认当事人"放弃仲裁协议"后,该仲裁协议对当事人后续产生的新案件是否依然有约束力;而本案的争议,是《租赁合同》《深圳市房屋租赁合同书》中的仲裁条款对 T 公司深圳分公司有没有约束力,这是两个不同的问题。根据本案实际情况,笔者认为,《租赁合同》《深圳市房屋租赁合同书》中的仲裁条款,对 T 公司深圳分公司是有约束力的,因为:

首先,T 公司深圳分公司在《深圳市房屋租赁合同书》中签字盖章,是该合同的其中一方当事人,至少《深圳市房屋租赁合同书》中的仲裁条款对 T 公司深圳分公司是有约束力的。因此,无论《租赁合同》中的仲裁条款对 T 公司深圳分公司是否有约束力,深圳国际仲裁院均可依据《深圳市房屋租赁合同书》中的仲裁条款受理本案,本案并不存在双方"没有仲裁协议"的情况。

其次,《租赁合同》与《深圳市房屋租赁合同书》是相互补充的关系,而非两份独立的、完全不相干的合同。《租赁合同》第 8 条第 3 款特别约定,如《租赁合同》与双方提交租赁管理所备案的合同不一致,以该《租赁合同》为准,这意味着双方主要按《租赁合同》约定的面积、期限、租金履行合同义务,但双方进行备案的《深圳市房屋租赁合同书》并不是完全作废的合同,而是与《租赁合同》相互补充的合同,只要《深圳市房屋租赁合同书》中的条款与《租赁合同》没有冲突,依然可以适用《深圳市房屋租赁合同书》中的条款。

第二,关于郑某的实际需要。T 公司深圳分公司开始拖欠租金时,郑某在香港,受新冠肺炎疫情影响,加上其需在香港处理更为重要的个人事务,当时的郑某无暇处理 T 公司深圳分公司拖欠租金的相关事项。但 2020 年 12 月,郑某从香港返回深圳,并按防疫政策隔离了 14 天后,希望能尽快解决相关争议,以便其可以继续出租涉案房产,减少损失。既然如此,就不宜选择先向深圳市南山区人民法院提起诉讼的策略,因为一旦郑某提起诉讼,T 公司深圳分公司极有可能会提出管辖权异议,认为相关纠纷应当向深圳国际仲裁院申请仲裁解决,从而拖延案件审理进程。

第三,关于法院受理案件的实际操作程序,法院在受理合同纠纷时,首先会看合同约定的争议管辖条款,在《租赁合同》《深圳市房屋租赁合同书》均已约定了仲裁条款的情况下,法院一般不会受理郑某的起诉,而是告知郑某应当向深圳国际仲裁院申请仲裁解决(需要说明的是,笔者处理案例 14－1 时,当时的法院均实行现场立案,笔者在 2013 年 1 月 23 日代表许某向深圳市福田区人民法院提交赔偿案件立案资料时,特意向立案庭工作人员提交了深圳市中级人民法院此前就生效判决已认定"放弃仲裁协议"后仲裁协议即已失效的判决书,立案庭工作人员看了该判决书,经请示立案庭领导后,才成功立案),因此郑某没有必要先选择向深圳市南山区人民法院起诉。

此外,笔者认为,根据该案件相关证据,T 公司深圳分公司才是实际承租人,在 T 公司深圳分公司签署的《深圳市房屋租赁合同书》约定的仲裁条款与《租赁合同》约定的仲裁条款一致的情况下,如果郑某以 T 公司深圳分公司为被申请人,提出要求其支付拖欠租金的仲裁申请,郑某的仲裁请求全部被驳回的可能性不大。

基于上述原因,笔者于2020年12月20日代表郑某向深圳国际仲裁院提出仲裁申请,深圳国际仲裁院于2021年1月6日正式受理了该案件,该案仲裁庭则于2021年3月26日开庭审理了该案件。

【处理结果】

1. 仲裁案件裁决结果

T公司深圳分公司委托了两名代理人出庭处理本案,其提出的主要抗辩理由为:T公司深圳分公司与T公司华南指挥部是两个不同的主体,郑某将T公司深圳分公司作为申请人,没有事实和法律依据,主体不适格;T公司华南指挥部已于2020年5月21日通知郑某解除《租赁合同》;T公司华南指挥部已于2020年5月21日搬离涉案房屋;对郑某提出的第3~6项仲裁请求,均不认可。

2021年5月26日,仲裁庭就该案件作出裁决,支持了郑某要求解除涉案合同、支付663,355元租金、支付其他费用47,244.75元(仲裁过程中,郑某增加了要求T公司深圳分公司支付物业费的请求金额)、补偿郑某因本案而支付的50,000元律师费并承担50,000元仲裁费用的仲裁请求,并以郑某2021年3月21日已接管涉案房屋为由,驳回了郑某的其他仲裁请求。

其中,关于诉讼主体资格问题,仲裁庭认为,T公司深圳分公司的营业执照显示,其负责人与《租赁合同》记载的T公司华南指挥部负责人为同一人,同时T公司深圳分公司一直支付涉案合同约定的租金等各项费用,而物业公司出具的收费单也显示T公司深圳分公司才是涉案房屋的实际使用人,综合《租赁合同》《深圳市房屋租赁合同书》的签署主体、时间、内容和T公司深圳分公司的登记信息来看,《深圳市房屋租赁合同书》即《租赁合同》中所称的"备案的合同版本",T公司深圳分公司是涉案房屋的实际承租人,主体适格。

2. 撤销仲裁案件处理结果

T公司深圳分公司收到该案件仲裁裁决后,曾与郑某联系过一次,但因双方分歧较大,没有达成任何解决方案,T公司深圳分公司随后向深圳市中级人民法院申请撤销该案件仲裁裁决。

2021年7月7日,深圳市中级人民法院向郑某发出《应诉通知书》《书面审理通知书》,通知郑某就T公司深圳分公司申请撤销仲裁一案应诉,并通知该案件将进行书面审理。

T 公司深圳分公司申请撤销仲裁裁决的主要理由为:T 公司深圳分公司与郑某之间没有仲裁协议;裁决的事项不属于仲裁协议的范围或者仲裁委员会无权仲裁;仲裁庭的组成或者仲裁的程序违反法定程序。

郑某本以为仲裁庭裁决后,T 公司深圳分公司会主动履行仲裁裁决,但没有想到 T 公司深圳分公司提出的方案实在令其无法接受,而且还继续申请撤销仲裁裁决,因而很不理解,并担心法院会不会撤销仲裁裁决,导致前面所有工作白忙一场。

笔者基于对该案件事实和相关法律规定的理解,认为该案件的仲裁裁决结果有充分的事实和法律依据,T 公司深圳分公司要求撤销仲裁裁决的理由无法成立,深圳市中级人民法院应当不会撤销该案件仲裁裁决,而且本案仲裁裁决为涉港仲裁裁决,法院如果要撤销仲裁裁决,应当按规定报最高人民法院审核,因此法官一定会慎重处理的。

为此,就郑某担心的问题,笔者逐一作了解答,并特别解释了《报核问题规定》的具体内容,打消了郑某的疑虑。

当然,由于 T 公司华南指挥部没有办理任何登记手续,而且《租赁合同》与《深圳市房屋租赁合同书》记载的承租方毕竟不同,因此也有可能有个别法官会对本案相关问题存在疑虑,笔者作为郑某的代理人,认为依然应当重视该申请撤销仲裁裁决案件,并积极应对。

为此,针对 T 公司深圳分公司提出的几点理由,笔者专门撰写了书面的答辩意见,逐一反驳 T 公司深圳分公司的主张。基于对仲裁司法审查案件审理重点的理解,笔者将答辩的重点放在了"双方有没有仲裁协议"这一问题上,并强调 T 公司深圳分公司在庭审期间并没有提出管辖权异议,无权在裁决后又以双方没有仲裁协议为由申请撤销仲裁裁决[1]。

2021 年 8 月 30 日,深圳市中级人民法院作出民事裁定书,驳回了 T 公司深圳分公司要求撤销该案件仲裁裁决的申请。关于双方是否存在仲裁协议问题,深圳市中级人民法院的意见为:T 公司深圳分公司与郑某签订的《深

---

〔1〕《仲裁法解释》第 27 条第 1 款规定:"当事人在仲裁程序中未对仲裁协议的效力提出异议,在仲裁裁决作出后以仲裁协议无效为由主张撤销仲裁裁决或者提出不予执行抗辩的,人民法院不予支持。"

圳市房屋租赁合同书》已约定了仲裁条款,双方存在仲裁协议,至于当事人之间实际履行合同的情况,不影响仲裁协议的效力。

3. 执行案件处理结果

2021 年 6 月 12 日,郑某向深圳市中级人民法院申请执行该案件仲裁裁决,深圳市中级人民法院于 2021 年 6 月 17 日受理了郑某的执行申请。

2021 年 8 月 13 日,深圳市中级人民法院作出执行裁定书,裁定本案由深圳市南山区人民法院执行。

深圳市南山区人民法院在执行过程中,查封了 T 公司深圳分公司的 6 辆车辆,但通过法院执行系统查控,没有发现 T 公司深圳分公司银行账户有存款,也没有发现其他财产线索。

为此,笔者经与执行法官多次沟通,认为法院查封的 6 辆车辆郑某无法实际控制,因此无法实际执行,应当依据最高人民法院《关于民事执行中变更、追加当事人若干问题的规定》第 15 条〔1〕的规定,追加 T 公司为被执行人。执行法官同意了笔者的意见,并于 2021 年 12 月追加了 T 公司为本案被执行人。

同时,基于对 T 公司基本情况的判断(国内知名企业,在全国各地均有分支机构),笔者认为,本案不存在因 T 公司无可供执行的财产而无法顺利执行的风险,并耐心地向郑某解释了相关法律规定,如实陈述 T 公司的实际情况。

T 公司深圳分公司要求撤销仲裁裁决的申请被驳回后,没有继续申请不予执行仲裁裁决,但是多次通过代理律师、T 公司深圳分公司管理人员与笔者以及郑某关联人员沟通,希望通过和解方式解决争议,但因 T 公司深圳分公司提出的和解方案不合理(T 公司深圳分公司提出的和解方案,是如果郑某在仲裁裁决金额的基础上再减少 20 万元,则 T 公司深圳分公司将一次性付清全部款项),而且笔者坚持认为本案不会出现无法执行到位的情况,因此郑某不同意妥协,双方最终未能就和解事宜达成一致。

---

〔1〕 最高人民法院《关于民事执行中变更、追加当事人若干问题的规定》第 15 条规定:"作为被执行人的法人分支机构,不能清偿生效法律文书确定的债务,申请执行人申请变更、追加该法人为被执行人的,人民法院应予支持。法人直接管理的责任财产仍不能清偿债务的,人民法院可以直接执行该法人其他分支机构的财产。作为被执行人的法人,直接管理的责任财产不能清偿生效法律文书确定债务的,人民法院可以直接执行该法人分支机构的财产。"

2021 年 12 月 27 日,因 T 公司已被追加为本案被执行人,T 公司深圳分公司主动向深圳市南山区人民法院支付了全部执行款和执行费,郑某于 2022 年 1 月 14 日收到了包括迟延履行金在内的全部执行款,该案件顺利执行完结。

五、重视仲裁活动,维护客户利益

在 2012 年修正的《民事诉讼法》施行之前,各地法院较多以仲裁裁决“认定事实的主要证据不足”或者“适用法律确有错误”为由,裁定不予执行仲裁裁决(笔者在之前参与处理的两起仲裁案件,即分别以上述两个理由裁定不予执行)。

而 2012 年修正的《民事诉讼法》第 237 条(2021 年修正的《民事诉讼法》为第 244 条)规定的当事人可申请不予执行仲裁裁决的情形,与《仲裁法》第 58 条规定的撤销仲裁裁决的情形,实质上已经完全一致(仅第一项表述略有差别)。从此以后,法院不能以“认定事实的主要证据不足”“适用法律确有错误”为由,裁定不予执行仲裁裁决。之后,法院裁定不予执行仲裁裁决的数量明显减少,就笔者参与处理过的案件而言,仅见过一起陕西省渭南市中级人民法院作出的裁定书,以某仲裁机构作出的其中一项裁决超出了仲裁协议约定的范围为由,根据《仲裁法解释》第 19 条的规定,撤销了超出仲裁协议范围部分的裁决内容。

在上述基础上,最高人民法院通过“仲裁司法审查新规”统一案件审查标准,在对各级法院进行明确指导的同时,必然限制各级法院进行审查时的自由裁量权。因此,“仲裁司法审查新规”在确立报核制度的同时,详细、明确地规定了申请撤销仲裁裁决案件、申请不予执行仲裁裁决案件的审查标准,必将促使各地区法院依法审查仲裁司法审查案件,从而减少法院随意裁定撤销或者不予执行仲裁裁决的情况,其目的是提高仲裁裁决的公信力。

对代理律师而言,由此带来的直接影响是,申请撤销仲裁裁决或者申请不予执行仲裁裁决,尤其是申请撤销或者不予执行涉外涉港澳台仲裁裁决的难度将比以前大大增加。

上述司法审查规则的变化及其带来的深刻影响,至少可以给我们以下几点启发:

首先,在审查客户合同时,应当根据交易的实际情况,在综合考虑审理效率和诉讼成本后，审慎选择争议管辖方式，尤其是要慎重选择仲裁机构。就笔者的经验而言，现各仲裁机构收取的仲裁费，相对法院收取的案件受理费而言还是比较高的（以标的金额为 100 万元的国内案件为例，法院收取的案件受理费为 13,800 元，如果双方约定争议由深圳国际仲裁院仲裁解决，那么按深圳国际仲裁院现行的收费标准，申请人应当缴纳的费用合计为40,050 元；在案例 14－2 中，笔者也计算过诉讼与仲裁收费的差别），此外，如果向法院提起诉讼，当事人还可以选择在胜诉后，申请由法院退回预交的案件受理费，并由法院向被告申请执行相应的案件受理费，因此，从诉讼成本考虑，向法院起诉的成本更低；仲裁的优势在于效率较高，如果是争议不大的案件，一般均可在仲裁规则规定的期限内作出仲裁裁决。

其次，对仲裁活动应予以特别的重视，切勿以为仲裁机构作出裁决后代理律师还有机会代表客户申请撤销仲裁裁决、不予执行仲裁裁决，就对仲裁活动掉以轻心，现在申请法院撤销仲裁裁决或者不予执行仲裁裁决，难度是非常大的。

最后，注意梳理和研究“仲裁司法审查新规”，精通相关规则，如果仲裁裁决结果对客户不利，需要申请撤销或者不予执行仲裁裁决的，就必须熟悉仲裁司法审查的全部规则，并处理好案件的每一个细节，切实维护客户的合法权益。

本书第十六章第一节讨论的案例，即涉及仲裁司法审查方面的争议，读者可以结合该部分内容，理解仲裁与诉讼衔接的有关问题。

PART 05

第五篇

坚持学习和总结

本书第一篇至第四篇讲述的是处理案件的具体方法,除了这些具体的工作方法之外,还有什么方法可以提高律师处理案件的能力?或者说,律师可以通过什么方式提高理解事实和法律的能力?

处理案件的能力并不是一种天赋,而是通过不断地学习和实践,积累知识和经验形成的。学习逻辑学知识和法律知识可使律师获得基本知识,积累经验的方法则包括参与案件处理、案例学习、案例讨论以及学习其他知识。经验不仅包括处理案件的经验,还包括经济、历史、社会文化、宗教、心理学等各个领域的知识,以及个人在各个方面的阅历。美国联邦最高法院大法官霍姆斯有一句名言:“法律的生命不在于逻辑而在于经验”。但霍姆斯并非认为逻辑毫无用处,而是强调经验在法律领域的重要性。

在学校掌握了法律基础知识之后,不同律师处理案件的能力之所以逐渐出现差别,主要原因在于不同人的知识和经验积累程度不同。因此,要成为一名优秀的诉讼律师,就应当不断学习不同的知识,并不断积累各方面的经验。

第十五章 学习的方法

学习并不是读几本法律书或者几篇法律评论那么简单，而是不断地研究和分析案例，将案例分析作为一种工作习惯，同时还应当学习优秀的同事和对手的工作方法，并广泛阅读各个领域的书籍，积累经济、历史、社会文化、宗教、心理学等各个领域的知识。

第一节 研究分析案例

法学是一门实践性极强的学科，但律师在有限的时间内，可以亲自参与处理的案件数量是有限的，不可能通过亲自参与处理大量案件的方法积累经验。所以，对他人处理的案例进行研究和分析，从具体案例中学习处理案件的具体方法和经验，是积累经验的重要途径之一。

一、《最高人民法院公报》

《最高人民法院公报》由最高人民法院办公厅编写，每月一期，设置了法律选登、司法解释、司法文件、任免事项、裁判文书、案例等栏目。

其中，“裁判文书”栏目刊登最高人民法院作出的裁判文书，一般都是二审或者再审裁判、裁定，大部分是重大复杂疑难案件。阅读这些二审或者再审判决，可以看到整个案件的处理过程，包括原告在一审时提出的诉讼请求以及事实和理由、证据，被告针对原告提出的诉讼请求所提出的抗辩理由和证据,以及上诉人和被上诉人的应对策略,一审法院、二审法院或者再审法院,对于双方争议的事实问题和法律问题所作的分析。大部分裁判文书的判词非常精妙,是难得的裁判文书范本。所以,该等裁判文书对律师的具体工作有很好的参考价值。

"案例"栏目则刊登根据各地法院作出的生效裁判文书编写的案例,体裁与正式的裁判文书相近,保留了一份判决书的主要内容,但会删减案号、合议庭成员等信息。"案例"中刊登的具体案例,一般是当前司法实践中比较有代表性的案例,部分判例对当前热点问题的处理方法具有前瞻性。

笔者实习期间的指导老师周律师是研究《最高人民法院公报》的专家,保存了创刊以来的所有《最高人民法院公报》,认真地研究了每一期《最高人民法院公报》中与其专业领域相关的裁判文书和案例。周律师在阅读的同时划重点,对裁判文书和案例中的观点进行研究分析,把相关观点以眉批的方式标注在旁边。在周律师的影响下,笔者也形成了阅读《最高人民法院公报》的习惯,并且阅读方式相似。笔者在实习期间就经常在通勤的公交车上阅读《最高人民法院公报》。

作为司法领域最权威的期刊,《最高人民法院公报》中的很多裁判文书和案例都具有较高的参考价值,甚至部分案例创设的裁判规则成为制定法律时的具体条款。在最高人民法院推行指导性案例制度后,最高人民法院发布的部分指导性案例,即源于《最高人民法院公报》刊登的裁判文书或者案例。

梁慧星老师在《裁判的方法》一书中认为,"《最高人民法院公报》上刊登了很多判决,目的是供参考,当然有指导的意思。各级法院的法官在审理同一类案件时,可拿公报上刊登的判决来参考……《最高人民法院公报》上刊登的案例,各级法院都要认真对待,如遇到同类案件时要予以参考,不能不看公报的案例,或者对于公报上刊登的判例不理不睬,不讲道理地作出相反判决。如果作出与公报上刊登的判例相反的判决,要求法官一定要说出一定理由来……现在制定民事法律,都很重视裁判实践创设的判例规则,对最高人民法院发布的判例进行研究,认为合理的、可行的,就会把它规定在法律上,使裁判规则上升为法律规则。《合同法》第53条[1]规定免除人身伤害的免责条款无效,就是采纳了天津市塘沽区法院[2]审理'工伤概不负责'案所创设的裁判规则"。[3]

因此,如果读者的业务方向是诉讼(包括民商事诉讼和刑事诉讼),那么就很有必要将阅读《最高人民法院公报》作为一种工作习惯。阅读《最高人民法院公报》,目的是在阅读的过程中借鉴相关裁判文书或者案例中的代理人处理案件的方法,并学习最高人民法院法官分析案件争议问题的思维方式。具体而言,阅读《最高人民法院公报》可以研究、借鉴、总结、批判其中的处理方法或者裁判观点。

(一)研究分析问题的方法

《最高人民法院公报》从创刊至2022年7月,已出版311期,纵览《最高人民法院公报》的内容,可以清晰地看到我国司法改革的进程,也可以明显地感受到我国裁判文书质量的逐年提高,裁判文书中的说理和分析越来越详细、清晰,并且越来越注重法理和情理分析。因此,阅读《最高人民法院公报》中刊登的裁判文书和案例,是研究和分析最优秀的法官们对具体案件和具体问题进行裁判之时,如何甄别案件事实、如何解释法律、如何衡量利益的最佳方法。

随着移动互联网技术的发展,越来越多的机构开始研究《最高人民法院公报》中的裁判文书和案例,并据此编写相应的分析总结文章,这类产品也深受法律从业人员的喜爱。但是,笔者认为这类产品应当仅作为参考,因为这类所谓"干货"的分析文章,只是文章作者对相关裁判文书进行精简后的个人观点,省略了裁判文书或者案例中的很多细节,部分归纳观点甚至失之偏颇,背离了相关裁判文书或者案例的本意。阅读该等文章属于碎片化阅读,对提高律师研究和分析复杂问题的能力帮助不大。

因此,律师最好订阅《最高人民法院公报》。阅读纸质版的《最高人民法院公报》的好处有以下四点:

(1)可以全面了解相关案件的处理过程,从中学习他人的智慧;

---

[1] 相关规定参见《民法典》第506条。

[2] 现为天津市滨海新区人民法院。

[3] 梁慧星:《裁判的方法》(第2版),法律出版社2012年版,第81~82页。

(2)可以在阅读过程中标注重点,以增强印象,并便于在日后有需要时迅速找到重点内容;

(3)可以方便地在空白处,以眉批的方式写下自己对相关问题的看法;

(4)每月将每期《最高人民法院公报》放在书桌或者床头柜上,既方便阅读,也可以时时刻刻提醒自己要坚持学习。

当你带着研究的态度去阅读具体裁判文书和案例时,你就会开动脑筋思考相关问题。在阅读完相关裁判文书和案例后,你会感到仿佛自己也参与了相关案件的处理过程一样,这与阅读他人编写的“干货”之类的文章具有本质差别,这样的阅读才是有质量的阅读。

(二)借鉴裁判规则

《最高人民法院公报》的大部分裁判文书和案例,对具体法律规定的内涵与外延的把握是非常到位的,部分案例甚至创设了法律没有规定的裁判规则。例如,在案例7-1中,关于“债务加入”,《最高人民法院公报》刊登的几份裁判文书均涉及该裁判规则,而且这一裁判规则最终被《民法典》吸收,成为《民法典》第552条。

因此,当律师在工作中遇到疑难复杂的法律问题时,可以参考《最高人民法院公报》中的案例,借鉴其中的裁判规则。例如,像笔者处理案例7-1时的做法一样,将《最高人民法院公报》中关于“债务加入”的裁判文书,作为证据或者法律文书的附件之一,提供给法庭或者仲裁庭参考。通常情况下,对于疑难问题,法庭或者仲裁庭均比较尊重《最高人民法院公报》确定的裁判规则。

除了案例7-1之外,笔者处理的其他案件中,法官或者仲裁员参考笔者提供的《最高人民法院公报》案例的实例还有很多(如案例14-1),在此不再一一列举。

(三)总结裁判规则

如前所述,如果你从《最高人民法院公报》创刊之日开始阅读,就会发现《最高人民法院公报》反映了我国司法制度改革的进程。除此之外,如果你非常细心,还可以发现不同时期我国司法实践对相同问题的不同处理方式。例如,《最高人民法院公报》不同时期刊登的裁判文书,对于合同效力问题把握的尺度有所不同,总体而言,认定合同无效的尺度越来越严格。这反映了我国司法实践从机械适用法律到越来越重视法理，价值取向已转向鼓励交易。

又如，关于第三人撤销之诉，《最高人民法院公报》在 2016 年第 9 期至 2018 年第 7 期，一共刊登了 5 起关于第三人撤销之诉的裁判文书或者案例，律师可以通过总结该等案件的裁判摘要，总结各级法院在处理第三人撤销之诉方面的裁判规则，以便在处理第三人撤销之诉案件时，可以迅速找到解决问题的方法。

笔者在 2018 年 10 月曾经对此进行过总结，详见表 15 – 1。

表 15 – 1　《最高人民法院公报》2016 年第 9 期至 2018 年第 7 期中第三人撤销之诉案例裁判摘要

公报期数	案件名称	裁判摘要
2016 年第 9 期	黄光娜与海口栋梁实业有限公司、广东省阳江市建安集团有限公司海南分公司商品房销售合同纠纷案	一、案件争议不动产的登记所有权人，同案件处理结果具有法律上的利害关系，可以作为案件第三人。 二、一方当事人大股东在案件诉讼过程中受让争议标的物，但未作为第三人参加诉讼，在案件判决生效后，又提起第三人撤销之诉的，法院推定其知悉案件情况，非因不能归责于本人的原因未参加诉讼的，符合常理和交易惯例。上述大股东所提第三人撤销之诉不符合起诉条件，应裁定不予受理
2017 年第 10 期	香港大千国际企业有限公司与于秋敏、海门市大千热电有限公司第三人撤销之诉纠纷案	第三人撤销之诉是针对生效裁判提起的诉讼，一方面是给予因故未能参加诉讼而没有获得程序保障、却可能受到生效裁判拘束的第三人提供救济途径，另一方面则是防止第三人的合法权益受到他人虚假诉讼的侵害。鉴于生效裁判的既判力和法律稳定性，第三人撤销之诉在原告适格性问题上，应当严格遵守民事诉讼法第五十六条第三款* 的规定，即提起撤销之诉的原告必须是原案的有独立请求权的第三人或者无独立请求权的第三人，并符合该款规定的其他条件

续表

公报期数	案件名称	裁判摘要
2018 年第 3 期	高光与三亚天通国际酒店有限公司、海南博超房地产开发有限公司等第三人撤销之诉案	股东和公司之间系天然的利益共同体。公司的对外交易活动、民事诉讼的胜败结果一般都会影响到公司的资产情况,从而间接影响到股东的收益。由于公司利益和股东利益具有一致性,公司对外活动应推定为股东整体意志的体现,公司在诉讼活动中的主张也应认定为代表股东的整体利益,因此,虽然公司诉讼的处理结果会间接影响到股东的利益,但股东的利益和意见已经在诉讼过程中由公司所代表,则不应再追加股东作为第三人参加公司对外进行的诉讼。对于已生效的公司对外诉讼的裁判文书,股东不具有提起第三人撤销之诉的主体资格
2018 年第 6 期	张美云与朱忠民、田礼芳第三人撤销诉讼纠纷案	债权人提起第三人撤销之诉,主张债务人与案外人通过另行提起的虚假诉讼获取调解书,并对债务人的财产采取保全措施且不实际执行,损害债权人的合法利益。经人民法院审理,认为债务人与案外人另行提起的民事诉讼属于虚假诉讼的,对于债权人的诉讼请求应当予以支持
2018 年第 7 期	于忠民与田胤先、刘颖房屋所有权确认纠纷案	第三人撤销之诉的目的在于撤销原判决中对该第三人不利的部分。与再审程序不同,第三人撤销之诉中不对原审当事人的诉讼请求进行处理。 (第三人知道或者应当知道其民事权益受到损害之日,不能仅以第三人知道或者应当知道原审判决存在之日作为起算点,而应当综合案情进行分析,并以原审判决实际损害了第三人的民事权益且第三人知道原审裁判的具体内容之日作为起算日。* *)

＊案例中适用的是 2012 年修正的《民事诉讼法》,相关条款参见 2021 年修正的《民事诉讼法》第 59 条第 3 款。

＊＊该期《最高人民法院公报》之“裁判摘要”中没有该内容,系笔者综合该案例的裁判思路总结。

(四)带着批判精神阅读

《最高人民法院公报》是司法实践中最权威的期刊,但并不意味着《最高人民法院公报》刊登的裁判文书或者案例中的裁判观点就是完全正确的，也有部分裁判文书或者案例中的裁判观点存在瑕疵。因此，还需要带着批判的精神去阅读《最高人民法院公报》，这样才能在思辨的过程中获得真知。

例如，2010 年第 5 期《最高人民法院公报》刊登了“广西桂冠电力股份有限公司与广西泳臣房地产开发有限公司房屋买卖合同纠纷案”，笔者认为，其中总结的裁判规则就值得商榷。

该案件的“裁判摘要”为：“《中华人民共和国合同法》第九十七条〔1〕规定：‘合同解除后，尚未履行的，终止履行；已经履行的，根据履行情况和合同性质，当事人可以要求恢复原状、采取其他补救措施，并有权要求赔偿损失。’合同解除导致合同关系归于消灭，故合同解除的法律后果不表现为违约责任，而是返还不当得利、赔偿损失等形式的民事责任。”该案件的基本案情如下：

2003 年 3 月 12 日，广西桂冠电力股份有限公司（以下简称桂冠公司）与广西泳臣房地产开发有限公司（以下简称泳臣公司）签订了一份《基地定向开发建设协议书》（以下简称协议书），约定由桂冠公司委托泳臣公司建设办公综合楼和商品住宅小区。2005 年 3 月 30 日，双方又签订了一份《广西桂冠电力股份有限公司基地定向开发建设补充协议书》（以下简称补充协议），就协议书约定的有关事宜进行了补充约定。其中约定，基本开发建设费为 4350 元/平方米，合计 19,990.425 万元。如果泳臣公司无法按协议约定的时间交付工程，桂冠公司有权要求泳臣公司按日支付违约金，每日违约金为基本开发建设费的 3‱。泳臣公司违反土地抵押约定，应当按日支付违约金，每日违约金标准为基本开发建设费的 3‱，并且赔偿桂冠公司因此产生的一切损失。

上述协议签订后，桂冠公司共向泳臣公司支付了 11,050 万元用于办公楼建设。但是，泳臣公司没有按约定的时间完成工程，并且建设的大楼存在安全和质量问题，被南宁市建设主管部门认定“属重大工程质量事故”。

2007 年 7 月 30 日，桂冠公司起诉，要求解除协议书、补充协议，泳臣公司返还桂冠公司已经支付的 11,050 万元及利息，返还定金 100 万元并承担全部诉讼费用等。

---

〔1〕 相关规定参见《民法典》第 566 条第 1 款。

2008年2月29日,桂冠公司增加了以下诉讼请求:判令泳臣公司支付工程逾期违约金5187万元、支付办公楼抵押违约金5037.59万元;泳臣公司赔偿桂冠公司办公楼项目损失13,123.3万元。[1]

一审法院没有支持桂冠公司要求泳臣公司支付逾期违约金以及办公楼抵押违约金的诉讼请求,主要的理由是:"本案合同解除是基于泳臣公司的违约事实而产生的法律后果,解除合同不属于违约责任方式,而属于合同违约后的一种补救措施;合同解除后的法律后果不表现为违约责任,而是主要表现为包括不当得利返还和损害赔偿的民事责任";并认为"根据《合同法》第九十七条的规定,合同解除的法律效果是使合同关系归于消灭,解除合同的后果,违约方的责任承担方式也不表现为支付违约金"。据此,一审法院经审判委员会讨论决定,作出解除协议书及补充协议、泳臣公司返还桂冠公司购房款11,050万元、泳臣公司赔偿桂冠公司损失13,123.3万元、驳回桂冠公司的其他诉讼请求的判决。

最高人民法院在违约金问题上的观点与一审法院的观点一致,而且以"鉴于本案合同解除后桂冠公司另行购买办公楼等需要支付费用,而泳臣公司专门按照桂冠公司的要求定向建设的住宅楼和商品住宅小区,合同不履行后也会给泳臣公司造成一定损失"为由,将损失赔偿标准由一审判决的泳臣公司应当赔偿13,123.3万元酌定为1000万元。

笔者认为,最高人民法院作出的该二审判决,首先,在利益平衡方面值得商榷。泳臣公司作为违约方,收取了桂冠公司11,050万元,却做出了"豆腐渣"工程,导致桂冠公司无法实现合同目的;而对于桂冠公司而言,泳臣公司的违约行为,导致其支付了11,050万元,在7年后却仅仅获得1000万元赔偿,根本无法弥补其损失,尤其是关于改判的理由,更是难以令人信服。其次,该二审判决认为解除合同就不能主张违约金也是错误的,不但与裁判时适用的《合同法》的相关规定不符,而且与最高人民法院此后作出的司法解释不符。

解除合同是一种救济违约的手段,而非承担违约责任的方式,这是没有疑问的,目前多数学者以及司法实践均支持这一观点。但是,这并不意味着守约方解除合同后,不能要求违约方按照约定的方式承担违约责任。该案

---

[1] 经评估机构评估确定的桂冠公司需重新购置办公楼因价格上涨而产生的损失。

件的裁判理由援引的《合同法》第 97 条就明确规定:“合同解除后,尚未履行的,终止履行;已经履行的,根据履行情况和合同性质,当事人可以要求恢复原状、采取其他补救措施,并有权要求赔偿损失。”即合同解除后合同关系终止,当事人可以要求恢复原状、采取其他补救措施、要求赔偿损失等进行救济。但是,结合《合同法》的其他规定进行分析可知,解除合同与要求对方承担违约责任并不矛盾。

《合同法》第 97 条除了规定当事人可以要求恢复原状、采取其他补救措施外,还规定当事人“有权要求赔偿损失”。而这里的“赔偿损失”本身其实就是承担违约责任的一种方式,因为《合同法》第 107 条[1]规定:“当事人一方不履行合同义务或者履行合同义务不符合约定的,应当承担继续履行、采取补救措施或者赔偿损失等违约责任。”也就是说,“赔偿损失”是承担违约责任的方式之一,而非与违约责任并行或者相互排斥的民事责任承担方式。

而《合同法》第 107 条之后的第 108 条至第 122 条,都是对如何确定违约责任的具体规定。其中第 113 条[2]第 1 款规定了确定损失赔偿额的原则。一般而言,在当事人之间没有就违约金或者违约金计算方法作出约定的情况下,将依据《合同法》第 113 条的规定确定损失赔偿额。

除规定损失赔偿额的确定原则外,《合同法》第 114 条[3]还进一步规定,当事人之间可以约定违约金、损失赔偿额的计算方法。根据该规定可以明确的是:违约金与损失赔偿额,其实是一个硬币的两面,当事人约定的违约金或者违约金计算方法,就是当事人事先就某一违约行为对守约方可能造成的损失赔偿额作出的约定,这种约定符合《合同法》第 114 条的规定;当事人约定的违约金或者违约金计算方法,是确定《合同法》第 97 条以及第 107 条规定的“赔偿损失”数额的依据。

因此,根据《合同法》相关规定可知,合同解除后,守约方要求违约方按约定承担违约责任,不但不违反《合同法》第 97 条确定的原则,并且符合《合同法》相关规定,该案一审和二审判决就该问题作出的裁判理由有误。

尤为重要的是,最高人民法院于 2012 年 3 月 31 日通过的《关于审理买

---

〔1〕 相关规定参见《民法典》第 577 条。

〔2〕 相关规定参见《民法典》第 584 条。

〔3〕 相关规定参见《民法典》第 585 条。

卖合同纠纷案件适用法律问题的解释》第26条[1]规定:"买卖合同因违约而解除后,守约方主张继续适用违约金条款的,人民法院应予支持;但约定的违约金过分高于造成的损失的,人民法院可以参照合同法第一百一十四条第二款的规定处理。"该条规定是对上述问题作出的最权威解释了。

因此,笔者认为,该案件一审和二审判决关于合同解除后不能适用违约金条款的观点是值得商榷的。通过上述分析想说明的是,要成为一名优秀的律师,还应当带着批判的精神去分析《最高人民法院公报》有关案例。

二、《民事审判指导与参考》与《商事审判指导》

《民事审判指导与参考》由最高人民法院民事审判第一庭编写,截至2022年1月已出版了88辑;《商事审判指导》则由最高人民法院民事审判第二庭编写,截至2021年1月已出版了52辑,是民商事领域比较权威的审判指导丛书。

《民事审判指导与参考》设置了相关司法解释工作专题(如第84辑为食品安全法解释工作专题),以及理论前沿、指导性案例、最高人民法院案例解析、地方法院调研、民事审判信箱等栏目。

《商事审判指导》则设置了司法解释、政策通知、权威解读、各项专题(如金融或者破产专题)、学者评论、商事审判调研报告、商事审判案例分析等栏目。

与《最高人民法院公报》不同的是,除了裁判文书,《民事审判指导与参考》和《商事审判指导》还刊登最高人民法院以及其他各级法院法官撰写的案例分析或者其他实务文章、法学学者评论,并且会根据当前审判实际组织不同的专题,探讨相关问题的处理方法,该等文章均由处于审判一线的法官或者著名法学家撰写。所以,这两套丛书既具有较强的实务指导性,又具有较高的理论前瞻性,对处理民商事诉讼的律师具有很好的指导和参考价值。

因此,阅读《民事审判指导与参考》和《商事审判指导》,是获悉审判前沿动态的渠道之一,对于拓展律师的眼界有很大的帮助。其中刊登的案例,也可以作为律师工作中的参考。例如,在本书案例6-1中,笔者援引的关于合同之外的第三人无权撤销合同的案例,就源于《商事审判指导》。

阅读《民事审判指导与参考》和《商事审判指导》的方法与阅读《最高人

---

[1] 参见2020年修正的《关于审理买卖合同纠纷案件适用法律问题的解释》第20条。

民法院公报》的方法一样,需要研究和分析,也需要带着批判精神。

三、案件研讨会

如果律师事务所或者工作团队之间有相应的案件组织大家研讨,那么参与该等案件的研究和分析,也是获得经验和拓展眼界的一种方式。

需要说明的是,如果有案件需要律师参与讨论,以确定具体的处理方案,律师最好能够像对待自己的案件一样,在认真分析和研究案件材料的基础上,就案件处理提出具体的建议,并且认真倾听其他人对案件提出的意见,以检验自己的想法是否正确,同时学习他人的思考方式。如果律师事先没有认真研究案件材料,参加再多的案件研讨会都没有太大意义,因为知其然还要知其所以然,仅知道结果而不清楚通往结果的道路,是毫无意义的。

四、巧用办案辅助软件不能替代案例研习

随着科技的飞速进步,以及最高人民法院《关于人民法院在互联网公布裁判文书的规定》的施行,现在我们可以使用各种办案辅助软件(如威科先行、北大法宝、Alpha 法律智能操作系统等),非常便利地通过输入关键词来检索各类参考案件。

所以现在的年轻律师们,在处理案件时,如果对某个问题拿捏不准,首先想到的就是使用办案辅助软件检索案例,以解决心中的疑问,并将检索出来的相关案例提供给法官参考。这无疑是科技进步和政策共振给律师和法律事业带来的福音,年轻律师应当熟练掌握该等办案辅助软件的使用技巧,巧用该等办案辅助软件解决问题,提高办案效率。

但笔者认为,巧用办案辅助软件,并不能完全替代研习专业期刊中的案例:

首先,专业期刊中的案例,是由专业人员精心筛选和编辑的,相关裁判文书的质量很高,大部分案例具有理论前瞻性,代表了法律实务界关注的热点,这是办案辅助软件检索出来的海量案例无法比拟的。

其次,研习专业期刊的权威案例属于事前学习积累,在客户遇到类似问题时,如果律师此前已经研习过类似案例,可以马上反应过来,并准确分析案情,从而抓住机会以赢得客户的信赖;利用办案辅助软件进行检索则属于事后研判,无法在第一次与客户沟通时使用。

最后,分析和研究权威案例是学习他人卓越的思维方式、借鉴他人分析问题的方法,从而提高自己的思辨能力的最佳途径,年轻律师可以将此作为一种训练方式,据此慢慢将最优秀的思维方式、分析方法,内化为自己的办案智慧,这也是办案软件无法替代的。

如果年轻律师过分依赖办案软件而疏于研习权威案例,不能形成良好的分析方法,则容易养成怠于思考的习惯,最终反而有可能在碎片化的信息海洋中迷失方向。因此,在大数据时代,我们依然有必要多看一些专业期刊,多研习一些权威案例。

第二节　向优秀的人学习

一、与优秀的人共事

美国金融学者纳西姆·尼古拉斯·塔勒布(Nassim Nicholas Taleb)在其著作《随机漫步的傻瓜》一书中,提到"消防站效应",即消防队员因为每天有很多闲散的时间,聚在一起聊得太多,就会对很多事项形成相同的看法,而这些看法,在客观的局外人看来,十分荒唐可笑。[1]

纳西姆·尼古拉斯·塔勒布所讲的"消防站效应",不仅发生在消防员身上,也会发生在律师群体。经常见面聊天的人之间,如果知识和经验停滞不前,则有可能共同形成"荒唐可笑"的看法。但是,如果是一个优秀的群体,则将共同形成卓越的见识和优秀的品质。

所以,一个人与什么人共事,共事的人秉持什么样的价值观和人生观,对其影响是巨大的,这种影响对于一个年轻人而言更大。许多人毕业之后的第一份工作对其以后的工作习惯产生了深远的影响,甚至可能决定其人生道路。笔者的经历就是如此。笔者大学毕业之后在湛江某大型国有企业工作,初步养成了严谨的工作方法,并积累了国有企业改制的工作经验;而笔者在深圳成为实习律师之时,指导老师对工作的严苛要求及其对专业的追求,亦深深地影响了笔者,笔者在实习的过程中已经形成了相应的工作习

〔1〕 参见[美]纳西姆·尼古拉斯·塔勒布:《随机漫步的傻瓜》,盛逢时译,中信出版社 2012 年版,第 72 页。

惯,此后一直没有改变。

因此,选择与谁共事,与谁合作,到哪个律师事务所执业,对一个人的影响是巨大的,这种影响不是一天两天就形成的,而是久而久之、日积月累的结果。所谓"润物细无声",好的习惯以及好的氛围,会使律师形成良好的工作习惯、专业的思维方式、正确的价值观。正因如此,在顶尖的律师事务所,你会感受到工作氛围是安静严谨的,办公环境幽雅中散发着文化气息,而每个律师的衣着打扮均与其职业相符。反之,如果是一般的律师事务所,在工作环境、工作氛围、衣着打扮方面,往往会与顶尖律师事务所存在差别。实际上,差别不仅体现在这些外在方面,如果你有足够的经验,一定会发现顶尖律师事务所的律师与一般律师相比,在谈吐、思维、处理案件的态度等方面也存在一定的差别。当然,笔者所指的顶尖律师事务所不是指律师事务所的规模多大、设备如何先进,而是指其口碑和品质优异。

不同律师事务所之间的外在和内在品质,体现的是不同律师事务所的文化和传统,这些文化和传统,最终会影响在其中工作过一定时间的人员。

另外,在本章第一节所述的案件研讨会,如果是与能力级别相差太大的人研讨,一般情况下都不会有什么效果,因为不同能力层级的人员,思维方式和理解问题的能力均有所不同。如果与能力一般的人员讨论复杂问题,对方有可能无法理解需要讨论的事实或者法律问题,那么这样的讨论就有可能不会产生太大效果。

所以,选择与优秀的人共事,成为他们中的一员,对于律师形成良好的工作习惯、专业的思维方法有重要影响。

年轻律师应当尽可能地作出正确的选择,在年轻时不必过分追求金钱,要相信只要有足够的专业积累,做时间的朋友,时间必然会沉淀出丰硕的成果,给予你最好的回报。

二、向优秀的对手学习

孔子说,"三人行,必有我师焉,择其善者而从之,其不善者而改之",说的是每个人身上都有值得他人学习的长处与优点。律师都接受过良好的教育以及专业训练,并通过了专业资格考试以及实习期间的种种考验,是社会的精英阶层,所以律师群体中的大部分人都有其过人之处。

对方的代理律师专业能力越强,表现越优秀,越说明他们身上有你可以学习的优点。要成为一个优秀的诉讼律师,就要善于向优秀的对手学习,既可以学习他们在组织、制作证据方面的优点,也可以学习他们分析法律争议和事实争议的方法,并学习他们在庭审时的应对方法、表达方式。只要你足够谦虚,就可以发现对方的闪光点,不断学习,从而提高自己。

正是因为有优秀的对手,你才能不断前行,并清醒地认识到自己存在的不足,促使自己不断地提升综合素质。

此外,律师行业从业人数有限,圈子很小,律师在案件中代表其客户,为维护其客户的利益竭尽全力,是敬业的表现,更应当获得尊重。案件结束之后,律师之间可以是朋友。机缘巧合,某一个案件中的对方代理律师,或许就是下一个案件中的合作律师。笔者初到深圳时在广东浩晖律师事务所实习,其中两位主要的合伙人廖律师与周律师,就是因为在法庭上互为对手而相识,并在案件审结之后逐渐成为朋友,最终成为合作伙伴的。他们之间的合作真正地实现了优势互补,合作关系持续了十年之久,成绩斐然,直到其中一方移民国外才结束,可谓一段律政佳话。

所以,作为一名年轻律师,千万不要贬低对手,并记得在庭审前后主动与对方代理人握手,或者报以微笑。

第三节　博览群书

除了法学知识之外,律师还需要掌握丰富的经济、历史、社会文化、宗教、心理学等方面的知识。

一方面,这些知识将成为我们个人知识和经验的一部分,在处理具体案件时,帮助律师找到处理问题的关键点。例如,在案例2-1中,该案件的主办律师周律师能够发现被告B实业公司的记账凭证时间不符,一是因为周律师编写了案件事实明细表,二是因为周律师同时拥有注册会计师资格证,精通财务知识,在编写案件事实明细表后能够马上发现问题。又如,在案例6-4中,笔者之所以能够发现惠州A公司提供的证明存在问题,就与笔者此前参与过国有企业改制的工作经验有关。

另一方面,丰富的知识能够增强我们的思辨能力,开阔我们的眼界。面对复杂问题时,丰富的知识积累可以让律师站在更高的层面去理解案件事实和案件处理结果。例如,只有了解医学发展的历史,明白医学发展必须依靠试误法来累积知识,才能深刻理解为什么在医疗事故纠纷中法院的价值取向是倾向于保护医院一方,因为,如果法院在医疗事故纠纷中倾向于保护患者,将会束缚医院的行为,没有医生敢于尝试新的方法进行治疗,医学就不可能取得进步。又如,处理涉及历史遗留问题的公司出资纠纷、股东资格确认纠纷等,律师需要了解我国改革开放后《公司法》的历史沿革(历次修订及其背景),才能站在更高的层面理解证据材料所反映的事实(如全民所有制企业无须验资报告即可设立、早期有限责任公司的验资报告无须附银行进账单、部分国有企业"债转股"现象等,都是改革进程中的特有现象),从而从历史的角度向法官说明为什么客户的主张符合当时的法律和常理。

以下书籍,值得从事诉讼业务的律师细读。

一、经济类

1.《经济学原理》《宏观经济学》,作者是美国经济学家 N. 格里高利·曼昆(N. Gregory Mankiw)。这两本书从供给与需求、企业行为与消费者选择理论、长期经济增长与短期经济波动以及宏观经济政策等角度,深入浅出地剖析了经济学家们的世界观,是了解微观经济学和宏观经济学的理想教材。

2.《激荡三十年》《激荡十年,水大鱼大》,作者是中国财经作家吴晓波。这两本书以年份为章节,叙述中国公司发展的进程,可以从中了解我国改革开放的历史,以及面临的问题和挑战,对了解我国公司制度的历史沿革、资本制度的演化及其背景很有帮助。

3. 建议学习和掌握必要的财务知识,选择大学的《会计学原理》教材即可。

二、历史类

《全球通史:从史前到 21 世纪》,作者是美国历史学家勒芬·斯塔夫罗斯·斯塔夫里阿诺斯(Leften Stavros Stavrianos)。该书分两册,以全球为视角,以生产力发展为轴线,将整个世界看作一个不可分割的有机统一整体,考察世界各地区人类文明的产生和发展,把研究重点放在对人类历史进程有重大影响的历史运动、历史事件和它们之间的相互关联及相互影响上,努力反映局部与整体的对抗,以及它们之间的相互作用。该书文字隽永,思想深刻,叙事清晰,值得多读几遍。

三、社会文化类

1.《最好的告别》,作者是美国作家阿图·葛文德(Atul Gawande)。该书梳理了美国社会养老的方方面面和发展历程,以及医学界对末期病人应当采取何种处置措施更为合理等问题,并探讨了衰老与死亡这个人类无法回避的问题,看完后你会对医学的局限性产生深刻的认识,其中尊重生命的故事则令人倍感震撼。

2.《人类简史:从动物到上帝》,作者是以色列历史学家尤瓦尔·诺亚·赫拉利(Yuval Noah Harari)。该书书写了从10万年前有生命迹象开始到21世纪资本、科技交织的人类发展史,将科学和历史编织在一起,从全新的角度进行阐述,讲述了认知革命、农业革命、科技革命对人类的影响,有些观点非常新颖,读罢令人耳目一新。该书还有漫画版,可与家人一起阅读。

四、宗教类

1.《圣经的故事》,作者是美国学者亨德里克·威廉·房龙(Hendrick Willam Van Loon)。该书将《旧约》和《新约》中的故事,用通俗的写作手法转换为概略简要的故事,在保留《圣经》精神的同时,也使读者轻松进入《圣经》所描绘的世界。该书内容丰富有趣,作者运用通俗流畅、充满妙语灼见的文字,通过故事综述、艺术家生平及艺术风格介绍,深入阐释圣经故事,使大众都能熟悉古老而神秘的《圣经》。

2.《全球通史:从史前史到21世纪》。其中关于各宗教发展史部分,也写得很精彩,值得细读。

五、心理学类

《人格理论》,作者是美国心理学家杰斯·费希特(Jess Feist)和格里高利·J. 费希特(Gregory J. Feist)。该书体例是先讲述著名心理学家生平,再介绍该心理学家的主要理论以及其理论在生活中的应用。书中介绍了弗洛伊德、马斯洛、荣格等心理学大师的23种人格理论,有关内容概括准确而权威,行文风趣且逻辑性强,值得多读几遍。

第十六章 总结经验的方法

成为律师，意味着必须不断思考，既要思考如何应对手头需要处理的案件，也要在案件审理结束之后，对案件处理结果进行反思。

同时，律师作为社会成员之一，不可避免地会受到各种热点案件的影响，因此，年轻律师如何在关注热点案件的过程中，始终保持独立思考的能力和专业理性的态度，并从热点案件中总结经验，使之成为自己进步的阶梯，也是值得探讨的重要问题。

而那些思考和反思的法律问题，以及分析热点案件的方法和经验，可以用总结经验、探讨问题、进行点评的方式写下来，并在专业期刊或者微信公众号中发表，个人在写作过程中也可以获得成长。

第一节　冷静分析热点案件

随着互联网技术的发展，律师的工作和生活越来越离不开网络，各种各样的网络信息如同空气一样围绕着每个人，无孔不入。随之而来的问题是，网络热点迭出，部分进入司法程序的案件（特别是刑事案件和涉及公众人物的案件）甚至引发全民围观。热点案件往往伴随事实争议、法律争议、道德争议，网民的意见存在较大分歧，很多律师也参与其中，形成不同的观点。这类案件，从早期的“彭宇案”，到2015年的“贾敬龙案”以及2018年的“张扣扣案”，再到2020年的“孙杨抗检仲裁案”、2022年的“江歌母亲诉讼刘鑫案”,年年都有,层出不穷。并且,随着微博、微信等即时通信工具的出现和普及,信息的网络传播速度越来越快,热点切换的频率也越来越高。

网络热点案件,也可以成为训练年轻律师分析能力、总结办案经验的良好素材。一个网络热点案件的事实,就好比客户向律师陈述的案件事实,而律师如何甄别网络传播的信息,恰如律师如何甄别、归纳当事人主张的事实,律师对热点案件的相关争议所发表的观点,就是一份简要的法律意见。

然而,网络信息往往是碎片化的,部分网络文章为了获得网民的关注,甚至有选择性地隐藏某些事实,并以道德的名义绑架读者感情,使读者一看标题就义愤填膺,读完正文后则完全放弃了追寻事实真相的兴趣,而是一边倒地赞同这些文章的观点。笔者在2012年就曾经关注过一则新闻的流变途径,因网络平台删改了该则新闻的部分内容和标题,导致一起因紧急避险引发的民事纠纷,被网民误以为当事人“做好事被讹诈”,影响恶劣。

如果年轻律师不善于独立思考,对网络传播的信息不加甄别,长此以往,思维能力就会退化,从而失去辨明案件事实的能力,并逐渐失去运用专业知识理性分析法律问题的意愿。所以,我们在面对网络信息的时候,需要始终保持理性专业的态度。

那么,作为一名年轻律师,怎么做才能保持理性专业的态度?怎么做才能在热点案件中总结办案经验?笔者认为,坚持独立思考的习惯,多问一个为什么,全面了解案件事实,用专业知识分析热点案件,善于总结经验,是非常有益的方法。

一、保持独立思考的习惯

据说关于什么才是新闻,很久之前就有个有趣的说法:“狗咬人不是新闻,人咬狗才是新闻”,从这个角度说,追求轰动效应,一直以来都是部分媒体的原动力。而部分网络运营商更是深谙此道,往往一个简单的案件,只因被标上一个耸人听闻的标题,点击量就可以轻松突破10万次。

但是,很多热点案件,虽然一开始情节耸人听闻,但在经过网络传播、民众参与讨论后,随着权威媒体或者权威部门介入,更多的事实逐渐被披露,案件的基本事实与其开始传播时已经大相径庭,然后案件热度慢慢消退。有些存在争议的判决,最终经受住了时间的考验,而有些引起轰动的案件,却经不起推敲。但由于每个人接触该案件信息的深度和广度不同,对该案件所持的看法也不一样,由此所累积的经验也存在差别。

所以,年轻律师面对网络热点案件,应当时刻保持独立思考的习惯,尽力探求事实究竟是什么,并在全面了解案件事实后作出专业判断,避免人云亦云。否则,如果年轻律师总是不加思考就接受网络传播的观点,久而久之,必然会导致自己思维僵化,从而失去作为一名律师应有的理性,最终影响自己分析和判断问题的能力。这就要求年轻律师对网络信息保持警惕,时刻保持求真务实的态度,确保不让碎片化的信息侵蚀自己独立思考的能力。

二、多问一个为什么

一个人之所以会独立地思考、专业理性地分析问题,源于其对存在的问题或者某种现象,多问了一个为什么,并锲而不舍地寻找正确的答案。接下来,笔者以亲历的一个网络传播案例为例,分享个人分析热点案件的经验。

2019 年 5 月,笔者的微信好友突然纷纷在朋友圈转发一篇名为《深圳中院裁定驳回湛江仲裁委的裁决书的强制执行申请》的文章,该篇文章除了一份深圳市中级人民法院作出的(2018)粤 03 执异 2494 号之一执行裁定书(以下简称 2494 号裁定)之外,没有配发任何评论。根据 2494 号裁定记载,该案件的简要情况如下:

申请执行人许某元与被执行人郑某金民间借贷纠纷一案,湛江仲裁委员会(2018)湛仲字第 OE012299 号裁决书(以下简称 12299 号裁决)已经发生法律效力。由于郑某金没有履行生效法律文书确定的内容,许某元向深圳市中级人民法院申请强制执行,请求强制郑某金偿付 127,076.02 元及利息等。

在执行过程中,深圳市中级人民法院认为,12299 号裁决载明,湛江仲裁委员会于 2018 年 9 月 13 日受理双方当事人民间借贷纠纷案,并组成仲裁庭于 2018 年 10 月 12 日在深圳市不公开开庭审理了该案,但经查询广东省司法厅、深圳市司法局登记备案信息,未查询到湛江仲裁委员会经批准在深圳市设立分支机构、派出机构或业务站点的相关资料。

为此,深圳市中级人民法院认为,湛江仲裁委员会未经批准在深圳市进行仲裁,违反了《仲裁法》关于仲裁委员会应当依法设立并严格按照法律、法规开展业务之规定,其所作出的仲裁裁决不具有法律效力,许某元据此申请强制执行,深圳市中级人民法院予以驳回。

最终,2494 号裁定依照《民事诉讼法》第 154 条[1]第 1 款第 11 项、《仲裁法》第 10 条第 3 款、最高人民法院《关于人民法院执行工作若干问题的规定(试行)》(以下简称《执行工作规定试行》)第 18 条[2]等的规定,裁定驳回许某元的强制执行申请。

虽然该篇文章没有配发任何评论文字,但由于 2494 号裁定很短,且仅涉及一个争议问题,因此转发 2494 号裁定的人认可 2494 号裁定的裁判理由和裁判结果是不言而喻的,个别律师甚至配上了简短的评论意见,认为仲裁机构在其所在地外开庭所作出的仲裁裁决无效。此外,还有个别律师事务所的微信公众号也转发了 2494 号裁定。

仲裁机构能否在所在地之外开庭,在 2494 号裁定作出之前并非广泛存在的争议,司法实践中比较少见到就此进行评判的裁判文书。近年来,仲裁机构为了拓展业务,纷纷在经济发达地区设立办公地点,导致仲裁机构在其所在地之外开庭审理案件的现象越来越多。2494 号裁定认为湛江仲裁委员会在其所在地外开庭所作的仲裁裁决无效,比较罕见,因此瞬间引爆法律圈。

然而,笔者看完 2494 号裁定后,却总觉得 2494 号裁定的裁判理由和裁判结果值得商榷,因为这与笔者在工作中了解到的部分仲裁机构的《仲裁规则》的规定存在冲突。

例如,中国国际经济贸易仲裁委员会(以下简称贸仲)的《仲裁规则》,就规定当事人可以任意约定仲裁地,这意味着如果当事人在仲裁协议中约定在贸仲所在地之外的地点进行仲裁,是符合其《仲裁规则》的,既然符合贸仲的《仲裁规则》,那么应当没有法律规定仲裁机构不能在其所在地之外开庭审理案件。

既然如此,2494 号裁定的裁判理由是否成立?该裁决会产生什么样的影响?笔者带着上述疑问,开始了一段独立思考的历程。

当一个热点案件突然出现,如果该案件的裁判观点与你此前的认知存

---

〔1〕 此处适用的是 2017 年修正的《民事诉讼法》,相关规定参见 2021 年修正的《民事诉讼法》第 157 条。

〔2〕 此处适用的是 2008 年调整的《执行工作规定》,相关规定参见 2020 年修正的《执行工作规定》第 16 条。

在矛盾,就有必要思考其裁判逻辑是否成立,先问自己以下几个问题:为什么是这样?是自己以前的知识存在错误,还是该裁判观点存在问题?这个案件这样处理,有没有事实和法律依据?裁判逻辑有没有问题?

而你所提出的这些疑问,正是你探索事实真相、寻找真知、总结办案经验的开端。

三、全面了解案件事实

如果仅仅是对 2494 号裁定是否正确提出疑问,但没有去调查相应的事实,显然是无法解决自己的疑问的。如果自己的疑问没有解决,就无法在关注热点案件的同时,辨析不同的观点,从而获得正确的知识,总结出对自己有用的办案经验。所以,搞清楚案件事实,是解决疑问并据此总结办案经验的首要步骤。

就仲裁机构能否在所在地之外开庭审理案件这一问题,首先要了解的事实是:我国知名仲裁机构的《仲裁规则》是否允许当事人约定在其所在地之外开庭?其次要了解的事实是:湛江仲裁委员会的《仲裁规则》是否允许当事人约定在其所在地之外的地点开庭?最后要了解的是:有没有相应的法律法规规定,仲裁机构在其所在地之外开庭,需要办理相应的审批手续?

为此,笔者查询了贸仲、深圳国际仲裁院、湛江仲裁委员会当时有效的《仲裁规则》,其中关于仲裁地的规定详见表 16－1。

表 16－1　部分仲裁机构的《仲裁规则》对仲裁地的规定

仲裁机构	《仲裁规则》相关内容
贸仲	第 7 条　仲裁地 （一）当事人对仲裁地有约定的,从其约定。 （二）当事人对仲裁地未作约定或约定不明的,以管理案件的仲裁委员会或其分会/仲裁中心所在地为仲裁地;仲裁委员会也可视案件的具体情形确定其他地点为仲裁地。 （三）仲裁裁决视为在仲裁地作出。
深圳国际仲裁院	第 4 条　仲裁地 （一）当事人对仲裁地有约定的,从其约定。 （二）当事人对仲裁地没有约定的,以仲裁院所在地为仲裁地。仲裁院也可视案件的具体情形确定其他地点为仲裁地。 （三）仲裁裁决应视为在仲裁地作出。

续表

仲裁机构	《仲裁规则》相关内容
湛江仲裁委员会	第26条　仲裁地及印章使用 (一)除非当事人另有约定,湛仲总部及其分支机构所在地为仲裁地。湛仲决定或者根据当事人约定在临时地点开庭办理案件,该地为仲裁地,该种形式不须写明上述地址。 (二)通过互联网形式仲裁的,其仲裁地为合同(协议)签订地、仲裁材料提交地、仲裁机构所在地、仲裁法律文书作出地、指定地或者当事人约定地,该种形式不须写明上述地址。 (三)不论在何地办理案件或签订文件,仲裁法律文书或文件一律盖湛江仲裁委员会或湛江国际仲裁院的印章(包括湛仲确认的电子等印章形式),盖分支机构或其他印章无效。立案和其他通知送达材料,可以盖本仲裁机构立案专用章。 第27条　开庭地点 (一)开庭审理在湛仲总部或各分支机构所在地以及其他办案点进行,但当事人另有约定的除外。 当事人可以约定或者湛仲根据案件具体情况决定临时开庭地。 (二)当事人约定在湛仲所在地以外的其他地点(非案件发生地)开庭的,要承担由此发生的费用。当事人未在湛仲规定的期限内按照约定或者仲裁庭确定的比例预交费用的,视为未约定开庭地点。

根据表16-1可知,三家仲裁机构的《仲裁规则》,均允许当事人约定仲裁机构所在地之外的地点作为仲裁地,并都规定仲裁机构可以决定将其所在地之外的其他地点作为仲裁地。

关于仲裁机构登记问题,《仲裁法》第10条第3款规定,设立仲裁委员会,应当经省、自治区、直辖市的司法行政部门登记;国务院于1995年7月28日发布的《仲裁委员会登记暂行办法》第3条第2款则规定,“设立仲裁委员会,应当向登记机关办理设立登记;未经设立登记的,仲裁裁决不具有法律效力”,但没有仲裁委员会在其所在地之外开庭审理案件需要履行审批手续的规定,也没有就仲裁机构如何设立分支机构、派出机构或者办公点作出相应的规定。

既然《仲裁法》《仲裁委员会登记暂行办法》都没有要求仲裁机构必须在开庭地点办理相应的审批手续,而湛江仲裁委员会是经广东省司法厅批准登记设立的仲裁机构,12299号裁决适用的《仲裁规则》也规定湛江仲裁委员会可以决定在其所在地之外的地点开庭,那么12299号裁决就没有违反法律的禁止性规定。

因此,2494号裁定只认为“湛江仲裁委员会未经批准在深圳进行仲裁,违反了《仲裁法》关于仲裁委员会应当依法设立并严格按照法律、法规开展业务之规定，其所作出的仲裁裁决不具有法律效力”，却没有就湛江仲裁委员会应当在深圳办理哪项审批手续进行分析，有失严谨。

四、用专业知识分析法律问题

如果需要解决的热点案件存在法律适用方面的争议，意味着不同的人对此有不同的观点。为了辨析不同观点，必须查清楚相关法律是如何规定的，包括相关法律的具体规定是什么、不同法律规定之间存在什么关系，以及相关规定的历史沿革、法理基础等，并运用专业知识对争议问题进行分析。只有如此，才能准确判断热点案件中的法律适用是否正确，真正做到“知其然亦知其所以然”。

2494号裁定适用2017年《民事诉讼法》第154条第1款第11项、《仲裁法》第10条第3款、2008年《执行工作规定》第18条三条规定，驳回了许某元的申请。如果要解决心中的疑问，厘清头绪，除了核实各仲裁机构的《仲裁规则》如何规定之外，还应当核实这三条规定能否适用于该案件，是否符合裁判逻辑，并以此判断2494号裁定的裁判理由是否适当。

（一）分析热点案件适用法律是否正确

笔者检索了2494号裁定适用的三条规定。根据笔者检索的结果，2494号裁定适用的三条规定全文如表16－2所示。

表16－2　2494号裁定适用的法律条文一览

法律条文	具体内容
2017年《民事诉讼法》	第154条　裁定适用于下列范围： （一）不予受理； （二）对管辖权有异议的； （三）驳回起诉； （四）保全和先予执行； （五）准许或者不准许撤诉； （六）中止或者终结诉讼； （七）补正判决书中的笔误； （八）中止或者终结执行； （九）撤销或者不予执行仲裁裁决； （十）不予执行公证机关赋予强制执行效力的债权文书； （十一）其他需要裁定解决的事项。 对前款第一项至第三项裁定，可以上诉。 裁定书应当写明裁定结果和作出该裁定的理由。裁定书由审判人员、书记员署名，加盖人民法院印章。口头裁定的，记入笔录。

续表

法律条文	具体内容
《仲裁法》	第10条　仲裁委员会可以在直辖市和省、自治区人民政府所在地的市设立,也可以根据需要在其他设区的市设立,不按行政区划层层设立。 仲裁委员会由前款规定的市的人民政府组织有关部门和商会统一组建。 设立仲裁委员会,应当经省、自治区、直辖市的司法行政部门登记。
2008年《执行工作规定》	第18条　人民法院受理执行案件应当符合下列条件: (1)申请或移送执行的法律文书已经生效; (2)申请执行人是生效法律文书确定的权利人或其继承人、权利承受人; (3)申请执行人在法定期限内提出申请; (4)申请执行的法律文书有给付内容,且执行标的和被执行人明确; (5)义务人在生效法律文书确定的期限内未履行义务; (6)属于受申请执行的人民法院管辖。 人民法院对符合上述条件的申请,应当在七日内予以立案;不符合上述条件之一的,应当在七日内裁定不予受理。

如前所述,湛江仲裁委员会经广东省司法厅批准设立,而《仲裁法》第10条第3款仅规定设立仲裁委员会应当依法经省、自治区、直辖市的司法行政部门登记,并没有规定仲裁机构在其所在地之外开庭必须到当地的司法部门办理审批手续。因此,依据《仲裁法》第10条第3款的规定,并不能得出湛江仲裁委员会必须获得深圳市政府部门的批准后才能在深圳市开庭的结论,2494号裁定适用《仲裁法》第10条第3款否定12299号裁决的法律效力,理由并不充分。

而2008年《执行工作规定》第18条,是关于法院受理执行案件的具体条件,即符合条件的案件予以受理,不符合条件的案件裁定不予受理。2494号裁定适用该条规定,意味着深圳市中级人民法院认为12299号裁决不符合执行案件的受理条件。然而,根据2494号裁定的记载,12299号裁决已经生效,深圳市中级人民法院也受理了该案件,这说明12299号裁决并不存在不符合执行案件受理条件的情形。

更为重要的是,如果认为12299号案件不符合受理条件,那么也应当适用2017年《民事诉讼法》第154条第1款第1项(不予受理),而非第11项

(其他需要裁定解决的事项)。所以,2494 号裁定在适用 2008 年《执行工作规定》第 18 条的同时,又适用 2017 年《民事诉讼法》第 154 条第 1 款第 11 项,在法理上存在矛盾。根据 2017 年《民事诉讼法》第 154 条第 2 款的规定,依据该条第 1 款第 11 项作出的裁定,当事人不能提起上诉,即许某元实际上受到了不予受理的待遇,但无法享受不予受理的上诉权利。

从对上述三条规定的具体内容以及相互之间的关系分析,2494 号裁定在法律适用方面,也是值得商榷的。

由此可见,只有带着疑问去思考,在搞清楚案件事实后,用专业知识去分析不同法律条文之间的含义、相互之间的关系,方可以更为清楚地理解热点案件中的法律适用是否正确、可能存在什么样的问题,并解决心中的疑问,从而为自己积累相应的经验。如果不假思索即接受网络传播的观点,知其然而不知其所以然,就无法真正地积累有益的办案经验。

(二)从更广阔的视角思考相关问题

如果在分析热点案件之时,不但仔细核实了有关事实,而且详细分析了其中涉及的法律问题,就热点案件的裁判理由和裁判结果是否适当就会形成正确的认识,确保自己不会轻易被错误的信息干扰。

但是,除了核实案件事实并分析具体的法律条文适用是否正确之外,还可以从更广阔的角度思考与热点案件相关的制度问题、社会问题,甚至经济现象,从而开阔自己的视野,总结出更为深厚有用的思辨经验。例如,人们关注新冠肺炎疫情这一社会热点,除了搞清楚新冠肺炎疫情是否属于不可抗力、厘清不可抗力与情势变更之间的区别之外,还可以在此基础上,基于法院一直以来坚持的价值观(如公平原则),思考法院将会对因新冠肺炎疫情导致的各种问题,遵循怎样的裁判尺度,甚至考虑新冠肺炎疫情对经济、大众心理会有什么影响,从而提高自己的预判能力,为客户提出具有前瞻性的意见,提升自己的价值。

就 2494 号裁定而言,除了调查《仲裁规则》、分析上述三条规定之外,还有没有其他的视角供我们分析呢? 笔者认为,还可以从诉讼与仲裁之间的关系这一视角,分析 2494 号裁定的裁决理由和裁决结果是否适当。如果尝试就此进行分析,就可以总结出更多的办案经验。例如,可以联系本书第四篇第十五章关于诉讼与仲裁的衔接的知识,分析 2494 号裁定在法律适用方面是否正确。

众所周知,依据我国现行法律制度,可以否定仲裁裁决效力的方式主要有两种:一是裁定撤销仲裁裁决,二是裁定不予执行仲裁裁决。但这两种方式都需要被执行人提出申请,并应当分别符合《仲裁法》第 58 条和 2017 年《民事诉讼法》第 237 条的规定,而且均有明确的申请期限和办理程序(如需要询问当事人)。为指导各级法院相关工作,统一裁判尺度,最高人民法院于 2017 年和 2018 年分别通过了《报核问题规定》《办理仲裁执行规定》。其中,《报核问题规定》在第 2 条第 2 款规定,如中级人民法院经审查后,拟不予执行或者撤销我国内地仲裁机构的仲裁裁决,应当向本辖区所属高级人民法院报核,待高级人民法院审核后,方可依高级人民法院的审核意见作出裁定;而《办理仲裁执行规定》则在第 13 ~ 16 条,明确规定了当事人申请不予执行仲裁裁决案件的审查标准(见本书第四篇第十五章第二节)。

但是,2494 号裁定并没有适用 2017 年《民事诉讼法》第 154 条第 1 款第 9 项“撤销或者不予执行仲裁裁决”作出裁定,这意味着无须依据《报核问题规定》第 2 条第 2 款向广东省高级人民法院报核。所以,2494 号裁定不但不是不予受理的裁定,而且也不是“撤销或者不予执行仲裁裁决”的裁定,而是在已经受理了案件后,又以“其他需要裁定解决的事项”为由,否定仲裁裁决的一份裁定书。2494 号裁定规避了《报核问题规定》《办理仲裁执行规定》等司法解释的规定,可谓另辟蹊径。

那么,这种做法有没有法律依据?是否符合法律规定?会不会导致一种不好的结果,即从此之后,个别法院可以避开撤销仲裁裁决和不予执行仲裁裁决的制度,转而以“其他需要裁定解决的事项”为由,否定仲裁裁决的效力?法院今后审理类似争议,是否需要进行听证或者法庭调查?2494 号裁定显然无法回答这些质疑。

此外,还可以尝试从价值取向和立法层面着手,思考热点案件涉及的有关问题。就 2494 号裁定而言,可供分析的角度如下:

一方面,从价值取向的角度看,鼓励建立多元化的争议解决机制是我国当前所倡导的法治理念,2494 号裁定在没有法律法规禁止仲裁机构在其所在地之外的地点开庭的情况下,规避现有制度设计,否定仲裁裁决的效力,不利于仲裁的发展;至于仲裁机构在其所在地之外设立分支机构、派出机构是否会扰乱仲裁秩序,是否应当对此予以规范,则是行政管理层面的问题,而非司法审查方面的问题。

另一方面,从完善立法的角度看,2494 号裁定之所以会成为一个热点,并引发一定的争议,是由于《仲裁法》并没有明确区分仲裁地、开庭地、仲裁机构所在地这三个法律概念,也没有明确规定这三个地点是否必须为同一个地点,更没有就仲裁机构在其所在地之外设立派出机构、办事点等作出规定。而全国人大常委会已于 2018 年 9 月将《仲裁法》的修订列入二类立法项目,司法部则于 2021 年 7 月 30 日公布了《中华人民共和国仲裁法(修订)(征求意见稿)》,该征求意见稿的第 27 条规定:“当事人可以在仲裁协议中约定仲裁地。当事人对仲裁地没有约定或者约定不明确的,以管理案件的仲裁机构所在地为仲裁地。仲裁裁决视为在仲裁地作出。仲裁地的确定,不影响当事人或者仲裁庭根据案件情况约定或者选择在与仲裁地不同的合适地点进行合议、开庭等仲裁活动。”感兴趣的读者可以关注《仲裁法》修订工作的进展。

五、关注热点案件后续进展情况

一个热点案件存在争议,意味着不同的人或者不同地区的法院,对此持不同意见,没有统一的裁判规则。因此,在司法解释没有就该等争议作出明确规定之前,应当慎重对待与自己的倾向性意见不同的意见,审视这些不同意见是否有可取之处。

审视热点案件的不同意见,一方面,可以调查对于相同情形的案件,不同法院是否有不同的裁判观点,并分析两者之间的区别,以全面了解针对争议问题的不同意见。另一方面,也要关注与自己的倾向性意见不同的其他专业分析意见,了解该等意见的论点,作为研究相关问题的参考意见之一。

需要注意的是,很多热点案件出现后,引发讨论的判决有可能并未生效,有可能会因其中一方当事人上诉而改判;即便是生效判决,也有可能因其中一方当事人申请再审而改判。所以,还应当关注案件的后续进展情况,并据此判断司法机关对相关争议的倾向性意见,以供自己参考,否则容易导致自己的认知停留在案件的初始阶段,由此积累的是不正确或者不完整的知识。

2494 号裁定作出后,许某元向广东省高级人民法院申请了复议,其申请复议的核心理由是:深圳市中级人民法院作出 2494 号裁定前,没有询问双方当事人，且没有任何规定禁止仲裁机构异地开庭，不能一概否定异地开庭审理的仲裁案件的效力。广东省高级人民法院于 2019 年 12 月 20 日作出（2019）粤执复 430 号执行裁定书（以下简称 430 号裁定），认为该案件“系不予执行仲裁裁决纠纷”，并认为湛江仲裁委员会在深圳市设置固定场所，配备固定人员，长期、多次在该地进行仲裁，违反了《仲裁委员会登记暂行办法》第 3 条第 2 款，因此依据 2017 年《民事诉讼法》第 237 条的规定，维持了 2494 号裁定。

430 号裁定的裁判理由，可供读者参考。笔者认为，正如上文所述，事实上，郑某金并没有申请不予执行 12299 号裁决，2494 号裁定也没有适用 2017 年《民事诉讼法》第 154 条第 1 款第 9 项，深圳市中级人民法院也没有按照《报核问题规定》向广东省高级人民法院报核，因此 2494 号裁决并非不予执行仲裁裁决的裁定，该案件并非不予执行仲裁裁决案件。然而，许某元并没有提出该等异议理由，没有利用《报核问题规定》《办理仲裁执行规定》中对其有利的条款，其复议申请未能抓住要点。430 号裁定将该案件按不予执行仲裁裁决案件审理，在程序适用方面也值得商榷。

热点案件的争议根源，在于现有法律法规对相关事项没有明确的规定，因此导致不同的人对同一现象应当如何适用法律提出不同的观点。但是，行政部门和司法机关会在工作中发现相关问题，并通过制定管理法规或者司法解释的方式明确管理规定或者裁判规则。例如，就股东知情权纠纷中股东能否聘请律师、会计师配合查阅公司文件材料这一问题，此前不同地区的法院就存在不同的裁判观点，最高人民法院于 2017 年 8 月 25 日发布的《关于适用〈中华人民共和国公司法〉若干问题的规定（四）》，在第 10 条明确规定股东可以聘请律师、会计师辅助查询公司文件材料，至此这一争议才尘埃落定。又如，关于股东知情权的范围，由于 2018 年 10 月 26 日修正的《公司法》第 33 条，仅规定股东有权查阅公司会计账簿，并未就股东是否有权查阅会计凭证作出规定，导致司法实践中，对于股东是否有权查阅公司会计凭证存在较大争议，不同地区的法院对此的裁判规则不同（如深圳地区的法院认为股东无权查阅公司会计凭证，上海地区的法院则相反），为此，第十三届全国人大常委会第三十二次会议于 2021 年 12 月 24 日公布的《中华人民共和国公司法（修订草案）》第 51 条，已规定股东有权查阅公司会计凭证，如果该草案顺利通过，相关争议即可平息。

就2494号裁定涉及的仲裁机构在所在地之外的地点设立办事机构是否需要履行审批手续这一问题，司法部于2019年9月12日公布了《仲裁委员会登记管理办法(征求意见稿)》，其中第13条第1款的内容为："仲裁委员会可以根据工作需要自主决定在本市辖区内设立分支机构或者派出机构。在其他地方设立的，要经本机构所在地和设立地的市级政府同意，取得书面证明材料，并报省、自治区、直辖市司法行政部门备案。"该征求意见稿，一方面印证了此前并没有法律法规对仲裁机构设立分支机构、派出机构进行规定，另一方面则代表了行政部门对仲裁机构设立分支机构、派出机构的监管趋势，相关法律从业者应持续关注其动态。

六、善于总结和灵活运用相关经验

综上所述，对于热点案件，年轻律师应当保持独立思考的习惯，当热点案件的裁判观点与自己的认知存在差异时，多问一个为什么，积极思考其中的问题，努力追寻事实真相，用自己的专业知识认真分析问题，参考其他有益的观点，解决心中的疑问，在这个过程中，总结出对自己有益的办案经验。

但是，需要特别说明的是，关注热点案件不是为了"蹭热点"，不能为了标新立异而刻意想出不同意见。保持独立思考的习惯，关注热点案件，是为了分析问题和解决问题，落脚点是在思考的过程中不断甄别各种信息，获得新的知识，积累有益的经验。由此积累的经验，可以通过以下方式运用到日常工作中：

首先，充分考虑不同意见被法官采纳的可能性，避免失误。律师既不是法学家，也不是裁判者，维护客户利益才是律师的首要职责。因此，律师可以对争议问题存在倾向性的意见，但要清楚自己的倾向性意见并不一定与承办法官的意见一致。律师要尽量采取措施避免客户面临同样的争议，如果工作中涉及与热点案件相同的争议，则应当充分考虑其他意见被法官采纳的可能性。例如，了解2494号裁定的争议后，在起草、审核客户的合同之时，就应当在仲裁条款中约定清楚开庭地点；如果客户的情况与2494号裁定中某一方的情形一样，则在向客户出具法律意见之时，就应当考虑其他意见被法官采纳的可能性。

其次，充分了解不同意见的核心论点，并在具体案件中灵活运用。如上文所述，如果对于某一争议并没有统一的裁判规则，意味着争议双方都有可能说服法官。如果在关注热点案件的过程中认真分析过不同观点,清楚不同观点的核心论点,那么你就有了足够的经验,能够在代理不同的客户时采取不同的诉讼策略。例如,就与2494号裁定相同的争议,如果你的客户是申请执行人一方,可以参照笔者上述分析意见,努力说服法官确认相关仲裁裁决有效;如果你代表的是被执行人一方,则可以向法官提供2494号裁定以及430号裁定,借鉴其中的观点,努力说服法官。

总之,关注热点案件,并在分析热点案件的过程中总结办案经验,对律师工作非常有益。年轻律师应当尽量在运用上述方法分析热点案件的同时,尝试将自己思考的过程和结果形成文字,写成相应的点评文章或者论文,这样不但会促使自己努力解决疑问,而且会深化自己对相关问题的认识。通过写作的方式积累的各种知识,必然会成为你的知识财富。

如果一个年轻律师能够坚持对自己专业领域内的热点案件保持上述做法,不断总结办案经验,总有一天一定会成为一名思维开阔、经验丰富的律师。

第二节　善于反思案件处理得失

冷静分析热点案件是提升分析能力、总结办案经验的方法之一,但总结办案经验最直接有效的方法,不是毫无目的地追踪热点,而是在办理案件的过程中不断反思,从中吸取教训,总结办案经验。

律师处理过的案件,应当成为律师继续前进的基石。因此,无论案件处理结果如何,律师都应当在案件审理结束之后,对案件处理过程以及案件涉及的争议问题进行反思。

反思是促进年轻律师不断成长,最终成熟的方法。反思并不是否定律师处理案件的方法,而是总结处理案件的经验,思考自己在案件处理过程中对案件的事实争议和法律争议的理解是否正确,组织证据是否得当,庭审过程中的表达是否恰当,有哪些需要改进的地方,有哪些有益的经验可以在今后借鉴,等等。具体来说,可以从以下几个方面反思问题,并总结办案经验:

一、反思在案件处理过程中的得失

诉讼是一项受多种因素影响的，复杂的司法活动，即便是经验丰富的律师，也有可能在处理具体案件的过程中，由于没有充分了解案件事实，或者对争议焦点的判断不准确，或者没有抓住时机促成双方和解，导致案件败诉。所以，成为律师之后，败诉是难免的，但如果你善于反思，不断总结经验，就可以在日后的工作中避免再次出现类似的错误。

年轻律师的办案经验有限，因此更应该经常反思案件处理得失。案件败诉应当反思自己犯了什么错误，这是改正错误的最好方式，如在第二篇第八章讲述的案例 8－2 中，笔者对于深圳 A 医药公司保存的《市场交接明细》是否为原件的问题的处理，就存在失误。笔者对当时为何出现这样的失误进行了反思，此后再也没有出现过这种失误，并且笔者还将相关经验教训分享给了其他律师朋友，甚至在顾问单位培训时，笔者也会提醒客户如何识别书写文件的原件。即便案件胜诉了，也应该思考自己的工作还有哪些可以改进的地方，想一想对方代理人的哪些做法是值得自己学习的。

如果你在处理具体案件的过程中所采取的具体的方式和方法被法官采纳，或者得到客户认可，也可以总结相应的经验，并在总结的过程中反思该等方式和方法有没有值得改进的地方，以便将该等方式和方法运用到其他案件中。例如，如何绘制法律关系图、如何运用绘制法律关系图或者其他辅助文件的工具、采取何种绘制方法和表现形式更合适、怎样检索参考案例更为高效，都可以作为总结和思考的内容。只要不断总结相关经验，就可以提升自己整理案件材料和发现案件事实的能力。

二、思考具体案件对工作有何启发

办案经验之所以对律师很重要，是因为律师可以举一反三，将承办具体案件的经验，运用到其他案件或者其他事务上，从而不断提高自己的预判能力，提高工作效率。因此，总结办案经验时应当思考如何将从承办案件中学习到的新知识、新规则、新方法，运用到其他案件或者其他事务中。

例如，案例 7－1 涉及“债务加入”这一裁判规则的具体运用，在案件审理结束后，不仅要反思案件处理过程中的处理措施是否得当，还可以跳出个案处理层面，思考“债务加入”这一裁判规则的适用范围、构成要件、具体运用，并站在公司运营和管理的角度，思考在公司法律事务管理中应当如何运用“债务加入”裁判规则,将之应用到顾问单位的具体法律事务管理工作中。

三、总结处理同类案件的经验

反思处理具体案件的得失,思考方向一般是纵向的,即从具体案件的处理过程往回看,以体察具体的处理措施是否存在失误,据此得出的一般是具体的、不成系统的经验。除了这种纵向的思考方式之外,更重要的是采取横向的思考方式,将同类事务中的不同知识点联系起来思考,从中总结经验,形成系统化的知识。

例如,处理过多起租赁合同纠纷后,就应当将自己参与处理过的全部租赁合同纠纷案件所涉及的法律问题和事实问题进行梳理,从租赁合同的交易过程和交易特点出发,总结租赁过程中容易出现争议的若干节点(如签约阶段、装修阶段、免租期阶段、迁离阶段等),以及在这些节点中常见的纠纷类型是什么(如合同效力问题、装饰装修归属问题、转租问题等),总结司法机关对该等纠纷的裁判规则和尺度,总结出如何预防和应对这些问题的经验,并据此完善相关客户的租赁合同范本,指导客户采取得当措施预防法律风险。还可以更进一步,将总结出来的经验做成法律培训的 PPT 课件,为客户或者潜在客户提供法律培训,以此为契机开拓业务。

总结处理同类案件的经验非常重要,是年轻律师走上专业化道路的必要步骤。常言道,“罗马不是一天建成的”,律师也不是一天就可成为某个领域的专家的。任何领域的专业律师,都是在不断总结处理同类案件经验的过程中,逐渐形成自己的专业知识体系,从而被外界认可,并不断巩固自己的专业地位。

第三节　通过写作提升自己

年轻律师要努力尝试将自己思考的结果、总结的经验写下来,通过撰写专业文章,进一步提升自己的认知水平。

一、年轻律师为什么要写作

年轻律师为什么要坚持撰写专业文章?笔者认为有以下几个原因:

首先,写作是最好的思考方式。写作可以帮助你将很多心里的想法表达出来,并在写作的过程中,将之前想到的比较模糊的概念(或者是一闪而过的灵感)变得更为清晰。写作的过程就是一个深度思考的过程,人在写作的过程中会自然而然地反复检验自己目前对具体事物的认知是否准确,对具体概念的掌握是否清晰无误。

其次,写作的过程也是一个学习的过程。在写作的过程中,为了明确某个概念、说明某个问题,必须准确地将其表达出来。在表达的过程中,必然会参考他人的观点,从而获得学习的机会。如果仅仅停留在心有所思的阶段,大部分情况下并不会翻阅其他参考书籍,久而久之,你的思维就会钝化。

最后,写作也是对自己最好的投资方式。如上所述,总结处理同类案件的经验非常重要,是年轻律师走上专业化道路的必要步骤。而年轻律师的经验和能力被外界认可的体现,除了客户和同行的评价之外,最简单有效的方式就是通过自己的专业文章形成相应的影响力。如果一个年轻律师在执业之初就能够坚持写作,并将作品发表在相关的报纸、期刊或者微信公众号里,日积月累,不但个人经验可以因此得以增长,而且必然会有更多的人通过这些文章,知道这位律师在哪些方面拥有丰富的经验,值得信任,有助于年轻律师扩宽业务渠道,增加议价能力。

二、年轻律师应如何写作

既然撰写专业文章对提升年轻律师的专业能力具有重要意义,年轻律师应当如何撰写专业文章?有没有值得分享的经验?

笔者在大学期间曾经作为湖北省总工会主办的《工友》杂志的通讯员,撰写过三篇对劳动争议案件的深度报道;在执业初期,笔者投入了较多时间研究自己感兴趣的问题,关注过若干热点案件,并据此撰写了若干文章(主要为办案心得、热点事件点评、法学论文),该等文章有些发表在某些专业机构主办的期刊上,也有一些未能发表。2013～2016年,笔者主要编写法律培训的PPT课件,没有再撰写专业文章。自2017年开始,笔者回顾自己经办的部分案件后,又开始撰写若干文章,并在律师事务所的微信公众号发表。

根据笔者的经验,撰写专业文章并不是特别困难的事情,只要有相应的想法和目标,静下心来努力尝试,就可以写出较为满意的作品。撰写专业文章与文学创作不同,文学创作需要的是灵感和才华,是随性的;撰写专业文章需要的则是独立思考和专业分析,是理性的。此外,撰写专业文章有一定的范式可循,因此比文学创作更容易。

具体而言,如果你希望写出令自己满意的专业文章,可以参考笔者总结的以下几条经验:

首先,积极思考,认真观察。正如笔者在本章第一节中所述,思考问题是分析问题和解决问题的开端,这对于撰写专业文章而言同样适用,没有思考就不会有创作。专业文章记录的,就是律师对相关现象的分析过程和分析结果。所以,年轻律师要认真观察自己专业领域内的各种现象,分析这些现象的事实和法律争议,思考解决这些相关问题的办法。比如,本章第一节提到的2494号裁定涉及的相关争议,笔者对该等争议涉及的事实问题、法律问题、制度问题等进行了分析,如果对这些分析的过程进行修改和提炼,选择一个合适的观察角度(如该裁定与现有制度存在冲突的角度、如何完善立法的角度等),就可以写出一篇甚至几篇专业文章。

其次,积极尝试,立即行动。正如孔子所言,“学而不思则罔,思而不学则殆”,年轻律师不仅要独立思考、积极思考,更要注意不断学习新的知识、接受新的观念,以此作为自己思考和写作的素养。更为重要的是,要在积极思考的同时拿起笔来,将自己思考的问题和分析的过程、结果记录下来,查找相关材料论证自己的想法,形成相应的文章,不能停留在只是想一想的阶段。

最后,先易后难,不断超越。法律实务类文章,根据内容和体裁大致可分为办案心得、热点事件点评、行业法律问题解析、实务专著等。其中,办案心得和热点事件点评一般没有字数限制,形式灵活,相对比较容易写,年轻律师可以选择先从这两个类型着手,有了一定的写作经验后,再撰写难度更高的类型。此外,开始尝试写作之时,可以研究他人的文章,借鉴他人分析问题的方法和行文的方式,具备了一定的写作经验以及办案经验后,再根据自己的实际情况,选择最适合自己的文章类型,形成自己的风格。在有了足够的经验和精力后,还可以进一步尝试撰写法律实务专著,不断超越自己。

尊敬的读者,行文至此,本书也要结束了,在此衷心地希望你也能够坚持学习,坚持总结,坚持写作,坚持做一个专业、谨慎、令人尊敬的律师。

后　记

2022年1月11日，当法律出版社编辑朱铁佳老师与我联系，告知法律出版社希望再版本书之时，我的心情十分复杂，欣慰和踌躇满志中，掺着些许忐忑和犹豫。

在深圳市律师协会的资助下，本书第一版于2020年5月作为深圳律师实务丛书之一顺利出版。本书能被读者和编辑认可，是我的荣幸，但因我当时写作经验和精力有限，难免留下一些遗憾（如个别案例太复杂，有些内容意犹未尽），所以我很希望能够弥补这些遗憾，使本书的体系更完整、内容更丰富、语言更通顺，更适合年轻律师阅读。

但是，写作实际上是一件苦差事，工作量大不说，对身体和精神也有很高的要求，一本书往往倾注了作者和编辑大量的精力。本书虽已有第一版，但因《民法典》于2021年1月1日施行，大量司法解释也随之作了相应调整，如果要修改出令人满意的第二版，不但要在第一版的基础上有所创新，而且还必须特别注意相关法律条文的修订细节，并对此做必要的说明。

所以，我当时还是有些犹豫的，也不知道自己还有没有精力和激情，修改出令人满意的第二版。此时，一位朋友一番勉励的话，令我豁然开朗，决定着手修改本书。

为此，我自2022年1月中旬开始，投入全部精力，专门修改本书。此时恰逢深圳发生新一轮新冠肺炎疫情，此轮疫情影响颇大，虽然在2022年春节期间实现了短暂的动态清零，但随后又于2022年2月15日出现了新的确诊病例，此后新增确诊病例日益增加，至2022年3月中旬最为严重，我们办公室所在楼栋也被划分为封控区。为此，深圳市政府决定，在2022年3月

14～20 日，全市除必要人员之外，其他人员居家办公。

2022 年 3 月 14～20 日，我的两个小孩都在家上网课，每天上午和下午，不同老师的讲课声，此起彼伏，十分热闹，我则躲在房间里完成各项工作，并思考如何才能将本书第二版写得更好、更完善，不留遗憾。

此次新冠肺炎疫情期间，两个小孩练就了新的室内娱乐技能——象棋和"斗地主"，并且棋艺、牌技日益精进。就和所有刚学会新游戏的人一样，两人对此十分着迷，每天"下课"之后，强拉我们两个大人应战。于是在此期间，一家人每天中午、下午、晚上，都在"下班""下课"后，以下象棋和玩"斗地主"为乐，没有因此轮新冠肺炎疫情而感到焦虑。

而读五年级的 Sophia 则在我的引导下，开始看《红楼梦》了。于是每天茶余饭后，我便结合曹雪芹的身世、当时的社会背景，与其讨论其中的人物和情节。当听到曹雪芹"披阅十载，增删五次"才创作出《红楼梦》时，Sophia 对曹雪芹惊人的定力和精益求精的精神，赞叹不已；在读完全书后，Sophia 发自内心地喜欢上了《红楼梦》以及其中的很多人物。能够与孩子讨论红楼典故，是我在这段时间感到最快乐的事。

2022 年 3 月的深圳，被新冠肺炎疫情"轻轻撞了一下腰"，导致各行各业人员的出行受阻。恰逢我本年度最重要的一个案件开庭，经多番努力，我依然无法到现场参加庭审，在开庭前又经过反复调试设备，最终以我在深圳通过线上开庭，其他五名律师、全体合议庭成员在现场开庭的方式，顺利开庭。

2022 年 4 月，深圳的新冠肺炎疫情缓和，我根据朱铁佳老师的建议，结合 3 月期间的思考和校对成果，再次对书稿进行了全面修改；2022 年 5 月，深圳已经摆脱了此轮疫情的影响，各行各业恢复如初，此时朱铁佳老师则再次向我反馈了其审核意见，朱铁佳老师专业、细致的审核工作，令我十分敬佩，为此我打起十二分精神，对书稿部分内容进行了再次修改。

经数次修改后，我对本书的体系、内容、语言均较为满意，我已经没有遗憾了。

2022 年，注定将成为令人难忘的一年。这一年，我深刻地体会到，无论外面的形势和个人的境遇如何变化，保持积极乐观的心态，孜孜以求、永不放弃，才是生命应有之义。正所谓"道阻且长，行则将至"，我们在疫情中乐观、执着、奋进的身影，必然会成为多年后的共同记忆。

值此付梓之际，特别感谢法律出版社编辑朱铁佳老师为本书第二版提出的专业、细致的修改意见,感谢沈利芬律师、韦慰律师为本书所做的细致的校对工作,感谢王樟梅律师为本书第一版和第二版相关图片所做的大量工作,感谢闫维航律师对我工作的支持与帮助,感谢我的家人给予我的爱和力量。

阙清华

2022 年 5 月 28 日